KB197330

누구나 쉽게 따라 할 수 있는

심리통계

한유화 · 이우열 공저

Easy for Anyone to Follow

PSYCHOLOGICAL STATISTICS

학지사

● 머리말 ●

    충북대학교 심리학과에서 학부 2학년 학생들을 대상으로 심리통계 과목을 강의해 온 저자들은 이 책에서 각자의 수업 내용을 종합하고 학생들의 질문으로부터 심리통계를 처음 접하는 학생들이 어렵게 느끼는 부분들을 충실히 설명하고자 노력하였습니다. 이미 심리학 전공자들을 위한 훌륭한 기초통계 교재가 여럿 출판되어 있지만 한 학기 동안 두꺼운 교재의 내용을 모두 공부하기에는 어려움이 있다고 생각하였습니다. 무엇보다 저자들은 기초통계 과목에서 소개하는 분석 방법들을 전체적으로 이해하는 데 도움을 줄 수 있는 측정 및 가설검정의 논리나 분석 방법들 사이의 관련성을 파악하는 것이 통계 공부를 오랫동안 지속하는 데 도움이 될 것으로 생각했습니다. 이에 이 책은 저자들의 바람을 담아 기초통계 과목에서 반드시 다루어야 하는 개념들을 소개하는 데 상대적으로 많은 지면을 할애하였고, 분석 방법들은 저자들이 기초통계 수준에서 반드시 필요하다고 판단한 것들만 소개하였습니다. 이 책이 수업에서 심리통계를 배우는 학생들뿐만 아니라 혼자서 심리통계 공부를 시작하는 분들께도 도움이 되기를 소망합니다.

    이 책은 심리통계를 이해하는 데 필요한 개념과 기술통계를 다루는 제1부, 추론통계를 이해하기 위해 필요한 개념과 가설검정 절차의 논리를 다루는 제2부 및 여러 가지 가설검정 도구인 통계분석 방법과 그 과정을 소개하는 제3부로 구성되어 있습니다. 책의 중간중간에는 상자 글을 통해 본문에 소개된 개념과 관련된 배경지식을 제시하였습니다. 각 부의 마지막에는 엑셀, R, jamovi를 활용하여 본문에서 소개된 내용들을 직접 확인해 보는 실습을 제시하였습니다. 이 세 가지 프로그램은 실제로 많이 사용되기도 하고 접근성도 높아 이 책을 통한 연습이 이 프로그램들을 유연하게 호환하여 사용하게 되는 좋은 시작이 될 것으로 생각합니다. 또한 저자들은 '학교 내 고양이 자료'를 직접 만들어

본문과 실습에서 사용하였습니다. 예시가 학문적이지 않다는 비판을 예상할 수 있지만 이 책을 심리학이 아닌 다른 학문 분야에 관심 있는 분들이 읽게 된다면 통계를 공부하면서 다른 심리학적 용어들로 방해를 받을 수 있다는 생각이 들었습니다. 가벼우면서도 기분이 좋아지는 예를 고민하다 저자들의 집 안을 누비는 고양이들을 보고 '학교 내 고양이 자료'를 예시 자료로 사용하였습니다. 한 학문 분야의 (예비) 연구자로서 우리의 연구는 진지해야겠지만 연구를 도와줄 도구를 얻으러 가는 길은 즐거운 편이 더 좋지 않을까요? (고양이를 좋아하신다면요.)

본문에 수식을 옮기는 과정에서 산출된 값들은 특정한 소수점 자리에서 반올림하였습니다. 저자들이 아는 한 제시된 계산 중 수치가 정확히 일치하지 않는 경우는 이 반올림으로 생긴 불일치입니다. 이 외에 저자들이 꼼꼼히 살피지 못한 내용이 있다면 저자들에게 알려 주시면 감사하겠습니다.

책이 만들어지기까지 부족한 저자들의 원고를 기다려 주시고 다듬어 주신 학지사의 한승희 부장님과 이희주 편집자님, 무사히 출판될 수 있도록 도움을 주신 김진환 사장님께 감사의 마음을 전합니다. 이 책에 채워질 내용들을 선별하는 데에는 충북대학교 심리학과 학생들이 심리통계 수업을 수강하며 던져 준 수많은 질문이 많은 도움이 되었습니다. 책을 특별하게 만들어 준 친애하는 우리 학생들에게 깊은 감사를 드립니다. 저자들이 학생이었던 시절부터 좋아하는 일을 업으로 삼을 수 있게 된 지금까지 세상과 부딪힐 때마다 응원과 위로로 기댈 곳이 되어 주신 충북대학교 박광배 교수님과 연세대학교 송현주 교수님께 머리 숙여 감사드립니다. 마지막으로, 저자들이 원고를 쓰는 지루한 시간을 옆에서 낮잠으로 견뎌 준 우리의 사랑하는 고양이 맨발과 양말 그리고 릴리에게 고마움을 전합니다.

2024년 10월
한유화 · 이우열

● 차례 ●

제2부 추론 통계: 개념

제3부 추론통계: 가설검정 도구

제15장 단일표본 Z검정   165

제16장 t검정: 단일표본 t검정   173

제17장 t검정: 독립표본 t검정   181

제 1 부

기술통계

제1장 연구의 기초, 기본 개념

1 개요

이 장에서는 심리학 연구¹⁾를 이해하고 수행하기 위해 필요한 지식 중 통계적 자료 분석 방법과 관련된 개념들을 소개한다. 먼저 심리학 연구의 특성과 심리학 연구에서 통계학의 역할을 소개한다. 다음으로 통계학을 이해하는 데 필요한 심리학 연구의 기본적인 개념과 통계학의 기본적인 개념을 간략히 설명한다. 마지막으로 심리학 연구에서 통계적 추론과 그 전반적인 절차를 설명한다. 이 장에 소개되는 내용은 이 책에서 반복적으로 다루어질 내용이므로 여기서는 간략히 소개한다.

2 심리학 연구와 통계

심리학은 '인간의 행동(behavior)과 심적 과정(mental process)을 과학적으로 연구하는 학문'으로 정의된다. 이 정의는 심리학의 연구대상과 방법을 규정한다. 우리는 이 정의로부터 심리학이 직접적인 관찰이 가능한 인간의 행동과 간접적으로만 관찰이 가능한 인간의 심리적 과정을 연구의 대상으로 하며 이들을 '과학적(scientific)'으로 탐구하는 학문이라는 것을 알 수 있다.

심리학의 연구대상은 무수히 많고 그들을 과학적으로 다루는 방법도 매우 다양하지

---

1) 사회과학의 다른 학문 분야와 마찬가지로 심리학 연구는 양적 연구와 질적 연구로 구분할 수 있다. 양적 연구방법과 질적 연구방법은 그 목적과 활용 영역이 다를 뿐 모두 심리학을 과학적 학문으로 만들어 주는 연구방법이다. 이 책에서는 심리학의 양적 연구방법만을 다룬다.

만, 이 방법들에는 학문적 방법론으로서의 공통된 목적과 그 목적을 달성하기 위한 최소한의 규칙이 있다. 모든 과학적 연구방법은 연구의 대상을 객관적(objective)으로 이해하고자 한다. 즉, 객관적인 지식을 획득하는 것이 모든 과학적 연구방법의 목표이다. 과학적으로 연구하기 위해서 연구자는 연구대상을 '경험(experience)'할 수 있어야 한다. 경험할 수 있다는 것은 관찰(observation)할 수 있다는 것이다. 관찰 가능한 것만이 과학적 연구의 대상이 될 수 있다. 그러나 심리학의 연구대상 중 지능이나 정서, 의도와 같은 심리적 속성은 물리적인 실체가 있는 것이 아니고 인간에 의해 만들어진 개념적인 것이다. 이러한 속성들을 심리학에서는 구성개념(construct)이라고 한다. 심리학적 구성개념은 직접 관찰하는 것이 불가능하다. 이 속성들을 직접 관찰할 수 있도록 만드는 과정을 조작적 정의(operational definition)라고 한다. 조작적 정의는 직접 관찰할 수 없는 변인을 경험이 가능한 구체적인 대상으로 다시 정의하는 과정이며 심리학적 주제를 과학적으로 연구할 수 있게 해 주는 첫 번째 연결고리라고 할 수 있다.

또 다른 연결고리는 측정(measurement)이다. 측정은 대상에 숫자를 부여하는 과정이다. 일정한 규칙에 따라 연구대상의 특정한 수준에 숫자를 부여하면 연구자들은 의사소통 오류를 최소화할 수 있다. 예를 들면, 사람들은 '지능이 높다'고 할 때 '높은 지능'의 수준에 대해서 저마다 다른 양적 추론을 하지만 '지능이 120'이라면 '120점의 지능 점수'의 수준에 대해 약속된 양적 추론(일반적인 사람들의 지능 점수 평균인 100보다 약 1.3 표준편차 높은 지능)을 할 수 있다(지능 점수의 표준편차는 15이다). 측정은 심리학적 연구에 통계 지식을 적용할 수 있게 해 준다. 통계학은 자료의 수집과 요약 및 분석을 다루는 학문이다. 통계적 지식을 활용하여 심리학 연구자들은 자료를 알아보기 쉽게 정리하거나 시각화하고, 수리적으로 요약할 수 있을 뿐만 아니라 그 정보에 기초하여 관찰하지 못한 대상에 대한 추론을 할 수 있다.

3 기본 개념들

1) 변인/변수

변인(variable)은 다양한 값을 가질 수 있는 어떤 속성이다. 심리학의 연구대상은 모두 변인이고, 이 변인들은 각 개인 또는 관찰 단위에서 다른 값을 가진다. 사람에 따라 키와 몸무게가 다르다. 사람들은 지능도 고통을 이겨내는 능력도 서로 다르다. 사람의 키, 몸무게, 지능, 고통 감내력 등은 모두 변인이라고 할 수 있다.

2) 측정

측정은 어떤 변인의 수준에 일정한 규칙을 적용하여 숫자를 부여하는 과정이다. '고양이의 품종'이라는 변인은 다양한 수준을 가질 수 있다. 고양이의 품종은 코리안 숏헤어[2], 먼치킨, 샴, 러시안 블루 등으로 다양하다. 이렇게 다양한 고양이의 품종에 코리안 숏헤어는 1, 먼치킨은 2, 샴은 3, 러시안 블루는 4와 같이 일정한 규칙을 가지고 숫자를 부여한다면 우리는 고양이의 품종을 측정하는 것이다. 측정에 대해서는 제2장에서 더 구체적으로 설명하였다.

3) 표본과 모집단

표본(sample)은 연구자가 관심을 가지는 전체 연구대상의 부분집합으로 연구자가 직접 관찰하는 대상이다. 심리학 연구자는 일반적으로 한 개인보다는 어떤 특성을 공유하는 집단, 또는 인류 전체에 관심을 가진다. 연구자가 관심의 대상 전체를 관찰하는 것은 불가능하거나 현실적인 제약이 있을 수 있으므로 많은 경우에 연구자는 그중 일부를 선택하여 관찰한다. 연구자가 관심 있는 대상 전체는 모집단(population) 또는 전집이라고 한다.

4) 표집과 표집오차

모집단에서 표본을 추출하는 과정을 표집(sampling)이라고 한다. 표집을 하는 방법은 다양하지만, 양적 연구를 위한 모든 표집 방법의 목표는 모집단을 잘 대표하는 표본을 추출하는 것이다. 표본은 모집단의 일부일 뿐이기 때문에 하나의 모집단에서 무수히 많은 표본을 추출할 수 있고, 그렇게 추출된 표본들은 서로 같지 않다. 표집오차(sampling

---

2) 코리안 숏헤어의 정식 명칭은 도메스틱 숏헤어(domestic shorthair)이지만 이 책에서는 익숙한 이름인 코리안 숏헤어를 사용하였다.

error)는 표본들이 서로 달라서 발생하는 차이를 가리키며, '무수히 많은 표본'을 가정한 것에서 알 수 있듯이 이론적인 개념이다. 표집과 표집분포에 대해서는 제11장과 제12장에서 더 구체적으로 설명하였다.

5) 기술통계와 추론통계

통계학은 그 목적에 따라 기술통계(descriptive statistics)와 추론통계(inferential statistics)로 구분할 수 있다. 기술통계는 수집된 자료의 특성을 파악하고 기술하기(describe) 위한 목적의 통계이며, 추론통계는 기술통계와 몇몇 통계적 가정들에 근거하여 연구자가 직접 관찰하지 못한 대상들의 특성을 추론하기 위한 목적의 통계이다.

기술통계는 표본의 자료를 대표하는 중심경향성을 나타내는 통계량과 자료에 포함된 측정값들의 변산성을 나타내는 통계량을 산출하는 절차 또는 결과라고 할 수 있다. 기술통계를 이해하기 위해서는 빈도, 비율, 백분위수, 평균, 중앙값, 최빈값, 범위, 표준편차, 변량/분산, 상관계수, 빈도분포, 산포도 등의 개념을 숙지해야 한다.

심리학 연구자는 일반적으로 자신이 직접 관찰한 표본의 특성뿐만 아니라 표본이 속해 있는 모집단의 특성을 추론하고자 한다. 추론통계는 표본의 특성, 즉 표본의 기술통계량으로부터 연구자가 실제로 관찰하지 못한 모집단의 특성인 모수를 추론하는 과정이다. 추론통계를 이해하기 위해서는 표집변산성, 무선 오차, 신뢰도, 모수, 검정통계량 등의 개념을 알아 둘 필요가 있다.

6) 통계적 추론

연구자는 표본을 통해 얻은 지식을 자신의 표본에만 한정하기보다는 모집단으로 일반화하기를 원한다. 통계적 추론이란 이 일반화의 과정이다. 통계적 추론은 크게 두 과정으로 나누어 볼 수 있다. 첫 번째는 표본의 특성을 바탕으로 모집단의 특성을 추론하는 모수의 추정(parameter estimation) 과정이다. 모수의 추정에서는 표본의 평균이나 표준편차를 이용하여 모집단의 평균이나 표준편차를 추정한다. 두 번째 과정은 어떤 현상에 대한 연구자의 가설이 옳은지 그른지를 확률에 기초하여 판단하는 통계적 가설검정(statistical hypothesis testing) 과정이다. 가설은 어떤 현상 자체 또는 현상의 원인에 대한 확인되지 않은 진술이다. 한 연구자가 '고양이를 반려하는 사람들은 고양이를 반려하지

않는 사람들보다 삶의 만족도가 높다'라는 가설을 세웠다면 이 가설이 모집단에서 옳을
지 그를지에 대해 확률적 추론을 하는 과정이 통계적 가설검정 과정이다. 모수의 추정과
통계적 가설검정 모두 연구자가 직접 관찰하지 않은 대상에 대한 진술을 위한 것이므로
그 타당성을 담보하기 위해서는 몇 가지 논리적 가정이 필요하다. 그중 일부는 표본이
모집단을 잘 대표한다는 것과 관심의 대상이 되는 변인이 모집단에서 특정한 확률분포
를 따른다는 것이다.

4 심리학 연구에서의 통계적 추론

심리학 연구는 사람들 사이의 개인차(individual difference)에 의존한다. 개인차는 사
람들이 가진 어떤 속성에서의 차이를 의미하고 심리학에서는 이것이 곧 정보이다. '차이
(difference)'는 개인 간 속성 수준의 '다름' 또는 개인 내 속성 수준의 '변화'를 의미한다.
심리학자들은 통계학적 지식을 이용하여 이 '차이'를 둘 또는 그 이상으로 구분한다. 가
장 단순한 수준에서 이 '차이'는 '효과(effect)'와 '오차(error)'로 구분할 수 있다. 효과는 연
구자가 의도하거나 기대한 차이이다. 연구자는 효과를 만들어낼 것으로 기대되는 변인
을 조작하거나, 분석에 포함함으로써 관심 있는 변인의 측정값에 반영된 효과와 오차를
구분해 낼 수 있다. 반면에, 오차는 연구자의 조작과 관련 없이 발생하는 차이이다. 오차
는 또다시 측정도구나 자료수집 절차, 참가자의 특성 등에 의해서 체계적으로 발생하는
체계적 오차(systematic error)와 이유를 특정할 수 없는 무선 오차(random error)로 구분된
다. 통계적 가설검정 과정은 연구자가 기대한 차이(효과)가 기대하지 않은 차이(오차)보
다 충분히 큰가를 확률적으로 확인하는 과정이라고 할 수 있다.

5 통계적 가설검정의 일반적인 절차

어떤 연구자가 '고양이를 반려하는 사람들은 고양이를 반려하지 않는 사람들보다 삶

의 만족도가 높다'라는 가설을 검정하고자 20~50대 일반인들을 대상으로 고양이 반려 여부와 삶의 만족도를 측정하였다고 하자. 이 가설은 고양이 반려 여부와 삶의 만족도의 관련성(반려하는 사람들의 만족도가 더 높음)에 대한 진술이다. 이때 연구자가 기대하는 차이, 즉 효과는 '고양이 반려 여부'에 따른 삶의 만족도 차이이고, 연구자가 기대하지 않는 차이인 오차는 고양이를 반려하는(또는 하지 않는) 사람들 사이에 여전히 존재하는 삶의 만족도 차이이다.

효과와 오차를 비교하여 확률적 판단을 내리는 과정은 다음과 같다.

1. 표본 자료를 이용하여 기술통계량을 산출한다.
2. 표본의 기술통계량을 이용하여 모집단의 특성, 즉 모수를 추정한다.
3. 추정값을 이용하여 검정통계량[3]을 계산한다.
4. 특정한 가정[4]과 확률분포[5]에 기초하여 관찰된 검정통계량보다 극단적인 값이 관찰될 확률[6]을 파악한다.
5. 4에서 얻은 확률과 통계적 가설검정을 위한 의사결정 기준[7]을 비교하여 가설에 대해 판단한다.

---

3) 검정통계량(test statistic)은 가설검정을 위해 사용되는 통계량을 가리킨다.
4) 통계적 가설검정은 '영가설이 옳다는 가정'을 하며 이 가정의 내용과 논리에 대해서는 14장에서 설명하였다.
5) 통계적 가설검정에서 이용되는 확률분포는 검정통계량의 속성에 따라 달라진다. 이 책에서는 정규분포, t 분포, 이항분포, F 분포, χ^2 분포를 다룬다. 자세한 내용은 제3부에서 설명하였다.
6) p값(p-value) 또는 유의확률(significance probability)이라고 한다.
7) 통계적 가설검정은 미리 정해진 기준과 자료의 특성을 비교하여 범주적 판단을 내리는 과정이다. 이 과정에서 사용되는 의사결정 기준을 유의수준(significant level)이라고 하며, 이 기준은 연구자가 실제로는 효과가 없는 변인을 효과가 있다고 판단하는 것이 오류일 확률의 최대 허용치에 해당한다. 자세한 내용은 제14장에서 설명하였다.

제**2**장　측정

1　개요

심리학 연구의 대상은 측정을 통해서 수량화되고 통계적으로 분석된다. 이 장에서는 측정의 개념과 속성, 측정의 방법 및 통계분석과의 관련성을 설명한다. 먼저 변인의 분류 방법과 측정의 수준을 소개하고, 숫자의 속성과 측정 수준의 관계, 이들과 통계분석의 관련성을 소개한다.

2　변인의 분류

변인은 맥락에 따라 다양한 방식으로 구분될 수 있다. 여기서는 변인을 실험(experiment), 예측(prediction), 변인 자체에 내재된 속성의 측면에서 구분하는 법을 소개한다.

1) 실험 맥락에서 변인의 분류

실험은 어떤 현상의 원인이라고 생각되는 변인을 조작(manipulation)하고 뒤따르는 결과를 관찰하여 조작된 변인의 수준이 결과 변화와 관련되어 있는지 확인하는 연구방법이다. 이때, 원인으로 간주되는 변인과 결과로서 관찰되는 변인 이외의 변인(제3변인)이 잘 통제(control)된다면 실험에서 관찰된 두 변인은 인과관계일 것으로 생각할 수 있다. 실험에서 조작되는 변인을 독립변인(Independent Variable: IV), 관찰되는 변인을 종속변인(Dependent Variable: DV), 통제되는 변인을 통제변인(control variable)이라고 한다. 독립변인은 그 수준이 연구자에 의해 주어진다(given). 반면에, 종속변인은 그 수준이 독립변인의 수준에 따라 변화할 것으로 예상되므로 독립변인에 종속적이다. 통제변인이 잘 통제되지 못하고 실험에서 결과 변화에 영향을 주었을 가능성이 있다면 그 변인은 오염변인(confounding variable)이라고도 부른다.

2) 예측 맥락에서 변인의 분류

통계학에서 예측은 한 변인의 실제 수준을 알지 못하는 상태에서 가용한 정보를 활용하여 그 수준을 추측하는 것을 의미한다. 예측되는 변인은 예측의 결과이므로 결과변인(outcome variable)이라고 한다. 예측을 위한 정보 역할을 하는 변인들은 예측변인 또는 예언변인(predictor variable)이라고 한다.

3) 변인의 속성에 따른 변인의 분류

변인의 수준이 양적으로 구분된다면 그 변인들을 양적 변인(quantitative variable)이라고 한다. 양적으로 구분된다는 것은 속성을 수량적으로 표현할 수 있고, 따라서 그 속성에 대해 '크다/작다' 또는 '많다/적다'와 같은 표현을 사용할 수 있다는 것이다. 어떤 변인들은 그 속성이 양적으로 표현되지 않는다. 이렇게 변인의 수준이 질적으로만 구분되는 변인들은 질적 변인(qualitative variable)이라고 한다. 질적 변인과 양적 변인의 구분은 변인에 내재된 속성에 따른 것이다. 사람들의 종교나 눈동자 색, 성별 등은 대표적인 질적 변인이다. 질적 변인은 오직 질적인 측면에서만 수준 간 차이가 존재한다. 예를 들면, '눈동자 색'이라는 변인에는 '파랑' '초록' '검정' '갈색' 등의 다양한 수준이 있지만 각 수준은 질적으로 서로 다른 속성일 뿐이다. 또한, 사람들의 키, 몸무게, 발 크기 등은 양적 변인이다. 양적 변인은 해당 속성의 양에서 수준 간 차이가 있다. 예를 들면 '키'라는 변인의 수준은 매우 다양하다. 세 명의 키가 153cm, 156cm, 180cm라고 하면 '키'라는 변인에서 이 세 명의 수준은 양적으로 다르다. 153cm는 156cm보다 작고, 156cm는 180cm보다 작다. 유사한 맥락에서 '눈동자 색'의 '파랑'과 '검정'이라는 두 수준 사이에는 가능한 다른 수준이 없다. 다시 말하면, 두 수준은 연속적이지 않고, 이 점에서 질적 변인은 불연속/이산변인(discrete variable) 또는 범주형 변인(categorical variable)이라고도 한다. 그러나 '키'라는 변인의 153cm와 156cm 사이에는 무수히 많은 다른 수준이 존재할 수 있다. 두 수준이 연속선상에 있다는 점에서 양적 변인은 연속형 변인(continuous variable)이라고도 한다.

3 ⌇ 측정

측정은 어떤 대상에 숫자를 부여하는 임의적(arbitrary)인 과정이다. 측정이 임의적이라는 것은 측정에 사용되는 단위(unit)에 따라 부여되는 숫자가 달라질 수 있다는 것이다. 예를 들면, 사람들의 키를 측정할 때 우리는 센티미터(centimeter: cm)를 단위로 사용할 수도 있고, 미터(meter: m)를 단위로 사용할 수도 있다. 단위가 달라지면 같은 대상을 측정하더라도 부여되는 숫자가 달라진다. 153cm는 1cm, 즉 측정 단위가 153개 있다는 의미이지만, 1m를 단위로 사용한다면 그 측정값은 1.53이 되고, 1m인 측정 단위가 1.53개 있다는 의미가 된다. 단위뿐만 아니라 측정값에 포함될 정보의 수준도 임의적으로 결정될 수 있다. 측정값에 포함되는 정보의 수준을 측정의 수준(level of measurement, Stevens, 1946)이라고 한다. 측정의 수준에 따라 네 가지 척도가 측정에 이용될 수 있다. 명명/명목척도(nominal scale), 서열/순위척도(ordinal scale), 등간/간격척도(interval scale), 비율척도(ratio scale)가 그것이다.

1) 명명척도

명명척도 수준에서의 측정은 어떤 변인의 질적인 속성에 따라 서로 다른 숫자를 부여한다. 따라서 부여된 숫자가 곧 그 속성을 의미하고, 같은 숫자는 같은 속성, 다른 숫자는 다른 속성을 의미한다. 명명척도 수준으로 측정된 변인의 수준 간 차이는 대응되는 측정값의 산술적 차이와 무관하다. 성별에 부여된 숫자, 주민등록번호, 운동선수의 등 번호 등이 명명척도 수준으로 측정된 숫자이다. 어떤 연구자가 참가자의 성별이 남자인 경우 1, 여자인 경우 2라는 숫자를 부여하여 측정하였다면, 이 둘의 측정값 차이 1은 두 참가자의 성별이 다르다는 것 이외에 성별의 어떤 차이와도 관련이 없다.

2) 서열척도

서열척도 수준에서의 측정은 어떤 변인의 속성과 서열에 따라 숫자를 부여한다. 서열 척도로 측정된 변인의 측정값이 같다면 같은 속성과 서열, 다르다면 다른 속성과 서열을 의미하고, 작은 숫자는 큰 숫자보다 해당 속성에서의 서열이 더 높다는 것[1]을 의미한다. 서열척도에서 작은 숫자는 큰 숫자보다 해당 속성에서의 양 또는 정도가 많다는 것을 의미한다. 다만, 그 양이 어느 정도인지에 대한 정보는 없다. 시험 성적을 등수로 나타낸 것이나 백분위수(percentile)가 대표적인 서열척도 수준으로 측정된 값들이다. 한 학생이 수학 시험에서 2등을 했다면 이 학생의 수학 시험 점수는 4등을 한 학생보다 높을 것이지만 수학 시험 점수가 얼마나 높은지 또는 수학적 능력이 얼마나 뛰어난지에 대한 정보는 알 수 없다. 즉, 어떤 변인을 서열척도 수준으로 측정하면 측정된 속성의 양적 수준에서의 대략적인 차이만 알 수 있을 뿐, 차이의 양은 알 수 없다. 그 이유는 서열척도는 양을 파악하기 위해 필요한 단위에 대한 가정을 하지 않기 때문이다.

3) 등간척도

등간척도 수준에서의 측정은 어떤 변인의 속성, 서열뿐만 아니라 속성의 양에 따라 숫자를 부여한다. 등간척도로 측정된 변인의 측정값은 각 속성의 양을 의미하기 때문에 측정값 간 산술적 차이는 곧 해당 속성의 양적 차이와 같다고 간주된다. 이렇게 간주할 수 있는 이유는 등간척도 수준에서의 측정이 단위를 가정하기 때문이다. 어떤 시험의 점수, 태도 점수, 지능 점수, 섭씨온도 등이 등간척도 수준으로 측정된 숫자라고 할 수 있다. 어느 날의 최저 기온이 섭씨 5도이고 최고 기온이 15도라면 이날의 일교차는 10도이다. 일교차 10도는 1도를 단위로 사용했을 때 그 단위로 10개만큼의 차이라는 의미이다. 다른 날의 최저 기온이 0도이고, 최고 기온이 10도라면 이날의 일교차도 역시 10도이다. 이날의 일교차 10도도 1도를 단위로 10개만큼의 차이라는 의미이다. 이 두 날의 측정된 속성(온도)에서의 차이는 같다고 말할 수 있다. 그러나 오늘의 최고 기온이 5도이고 내일의 최고 기온이 10도라고 해서 내일의 최고 기온이 오늘의 두 배라고 할 수는 없다. 등간척도 수준으로 측정된 측정값의 비율적 차이는 측정된 속성에서의 비율적 차이와 대응되

---

1) 어떤 '속성의 양'과 그 양에 따른 '서열'은 다른 의미이다. 이 책에서는 어떤 속성의 양이 많을수록 서열에 작은 숫자를 부여하는 일반적인 규칙을 따랐다.

지 않는다. 0도는 물이 어는 점이지 온도가 '전혀 없는 상태'가 아니기 때문이다. 등간척도 수준으로 측정된 측정값에서 0은 측정된 변인의 속성에서 약속된 어떤 상태일 뿐이다. 이 상태와 대응되는 숫자 0을 상대 영점(relative zero)이라고 한다.

4) 비율척도

비율척도 수준에서의 측정은 어떤 변인의 속성이 전혀 없는 상태를 기준으로 파악된 절대적인 양에 따라 숫자를 부여한다. 비율척도와 등간척도의 차이는 숫자 0의 의미뿐이다. 등간척도 수준으로 측정하는 경우 측정값 0의 의미는 상대 영점이지만 비율척도 수준으로 측정된다면 0은 측정된 속성이 전혀 없는 상태를 의미하는 절대 영점(absolute zero)이 된다. 숫자 0이 절대 영점을 의미하면 측정값 간의 비례적 관계가 측정된 속성 간에서도 유지된다. 키, 몸무게, 부피와 같은 물리적 변인에 대한 측정값은 비율척도 수준에서 측정된 숫자들이다. 이 변인들의 측정값이 0이라는 것은 그 변인이 존재하지 않는 상태를 의미한다. 몸무게가 0kg인 고양이는 존재하지 않는 고양이이다. 또한, 몸무게가 4kg인 고양이는 2kg인 고양이보다 몸무게 측정값이 두 배 크고, 측정값에 대응되는 속성인 실제 무게도 두 배 무겁다.

4 　숫자와 정보

앞에서 설명한 측정의 수준은 측정 대상에 부여된 숫자에 어떤 정보가 포함되어 있느냐에 따라 구분된다는 것을 알 수 있다. 포함된 정보의 양에 따라 명명척도를 가장 낮은 측정의 수준, 비율척도를 가장 높은 측정의 수준이라고 하자. 이제 측정의 수준이 높아질수록 하위 수준의 척도를 이용한 측정값에 포함된 정보는 상위 수준의 척도를 이용한 측정값에 반드시 포함된다는 것을 알 수 있다. 이러한 특징은 우리가 사용하는 숫자에 내재된 네 가지 정보와 관련되어 있다. 그 정보는 동일성(identity), 순위(rank)/서열(order), 양(quantity), 절대 영(absolute zero)의 의미이다.

1) 동일성

같은 숫자는 '동일함'을 의미한다. 즉, 같은 숫자는 질적으로 또는 양적으로 동일한 것을 의미하고, 다른 숫자는 다른 것을 의미한다.

2) 순위/서열

작은 숫자는 큰 숫자와 동일하지 않고, 큰 숫자보다 높은 순위 또는 서열을 의미한다. 순위는 절대적인 양보다는 상대적인 양을 반영한다. 따라서 순위를 비교함으로써 양에 대한 대략적인 추론은 할 수 있지만 순위가 다르다고 해도 그 숫자들이 객관적으로 '얼마나' 다른 것을 나타내는지는 알 수 없다.

3) 양

숫자는 그에 대응되는 양을 나타낸다. 숫자와 양을 대응할 수 있을 때, 숫자 체계는 단위를 가정한다. 숫자 1이 곧 단위인데, 숫자 10은 숫자 1이 10개 있음을 의미한다. 단위를 사용하면 숫자의 차이가 곧 양에서의 차이가 되므로 절대적인 비교를 할 수 있다. 숫자 1과 10은 서로 동일하지 않고, 10은 1보다 양이 많아 높은 서열을 가질 것이며 그 양에서 9만큼의 차이가 있다. 이 양적 차이는 11과 20의 차이와 같다.

4) 절대 영

숫자 영(0)은 '아무것도 없음, 비어있음'을 나타낸다. 이와 같은 의미의 영을 '절대 영'이라고 하는데, 이때의 영은 양을 나타내는 기준(origin)이 된다.

숫자가 가지는 정보에 비추어 우리는 명명척도는 숫자의 네 가지 정보 중 동일성에 대한 정보만을 가지도록 측정하는 방법이고 서열척도는 동일성과 순위의 정보를 가지도록 측정하는 방법이라는 것을 알 수 있다. 또한, 등간척도는 동일성, 순위, 양에 대한 정보를 가지도록 측정하며 비율척도는 숫자가 가질 수 있는 모든 정보를 가지도록 측정한다.

5   측정에서 고려할 점

과학적 연구의 필수적인 과정인 측정에는 중요하게 고려해야 할 점이 두 가지 있다. 첫째는 변인의 본질적 속성이다. 측정은 임의적인 과정이지만 변인의 본질적인 속성을 무시하고 측정되어서는 안된다. 어떤 변인은 변인 자체의 속성이 숫자의 모든 정보를 갖고, 측정을 통해 이 정보들이 숫자에 반영될 수 있다. 예를 들어, '키'와 같은 변인은 절대영의 속성을 가진다. 대상이 존재하지 않는다면 그 대상의 키 또한 존재하지 않는다. 또한, 키는 특정 단위를 이용하여 그 양이 절대적으로 측정될 수 있다. 양이 절대적으로 측정될 수 있으므로 서열과 동일성에 대한 정보는 자연스럽게 알 수 있다. 이처럼 '키'는 본질적으로 숫자의 모든 정보가 포함된 수준의 측정, 즉 비율척도 수준의 측정이 가능한 변인이다. 그러나 어떤 변인은 변인의 속성에 숫자가 가지는 모든 정보가 존재하지 않는다. '눈동자 색'이라는 변인은 다양한 수준을 가지지만 질적으로만 그 수준이 구분된다. 이 변인의 각 수준은 본질적으로[2] 양적인 차원에서 구분되지 않으므로 양에 대한 정보가 없다. 따라서 이 변인의 어떤 수준에 부여된 숫자는 숫자의 정보 중 동일성에 대한 정보만 변인의 속성과 대응될 수 있고 해석상의 의미가 있다. 이 변인은 질적인 구분과 동일성에 대한 정보만을 반영하는 수준의 척도, 즉 명명척도를 이용해 측정하는 수밖에 없다.

앞서 설명했듯이 측정은 임의적인 과정이다. 연구자는 변인의 본질적 속성이 허락하는 한 다양한 방식으로 그 변인을 측정할 수 있다. 특히, 어떤 변인이 숫자의 모든 정보가 포함된 수준으로 측정할 수 있는 변인이라면 숫자의 정보를 감소시키는 방향으로도 측정할 수 있다. 그러나 숫자의 정보를 증가시키는 방향으로는 측정할 수 없다. 다시 말하면, 키는 비율척도 수준으로 측정할 수 있지만, 절대적인 양에 대한 정보는 측정하지 않고 '키가 작다' 또는 '키다 크다'로 상대적인 양에 대해서만 측정하는 것이 가능하다. 다만, 이미 측정된 숫자에 포함되지 않은 정보는 나중에 생성될 수 없으므로 측정 단계에서는 가능하다면 변인의 속성이 허락하는 한 가장 많은 정보를 수집할 수 있는 측정 방법을 선택하는 것이 바람직하다.

---

2) 생물학적 수준에서 양적인 정보를 가지는 변인으로 간주될 수 있으나 여기서는 사람들에게 지각되는 범주로서의 눈동자 색을 의미한다.

　　다음으로 측정에서 고려해야 하는 점은 측정값을 어떻게 분석할 것인지, 즉 분석방법이다. 측정이 명명척도 또는 서열척도 수준으로 이루어진 경우는 측정값이 동일성 또는 동일성과 서열의 정보만을 가지게 된다. 숫자가 가질 수 있는 모든 정보가 포함된 것이 아니므로 이 측정값을 이용하여 수행할 수 있는 분석이 제한적이다. 양에 대한 정보가 포함되지 않은 숫자를 이용하여 수행할 수 있는 의미 있는 분석은 빈도(비율)를 이용하는 것이다. 이 숫자들은 산술적인 계산을 수행하더라도 산출된 숫자의 의미가 불분명하므로 그 숫자는 우리에게 아무런 지식도 제공하지 않는다. 또한, 측정값에 양적 정보가 포함되어 있다면 우리는 이 측정값을 이용하여 다양한 수리적 분석을 수행하고, 의미 있는 해석을 할 수 있다. 숫자가 양에 대한 정보를 포함한다면 산술적인 계산 결과 또한 그 양의 측면에서 해석될 수 있기 때문이다. 따라서 어떤 변인에 대한 측정을 계획할 때는 변인의 속성뿐만 아니라 측정값을 이용하여 어떻게 분석하고, 어떤 수준으로 해석하고자 하는지를 고려해야 한다.

제3장 한 변인의 특징을 기술하기:
범주형 자료

1 개요

제3장부터 제7장까지는 한 변인의 특성을 기술하는 방법을 다룬다. 먼저, 일반적으로 연구자들이 다루는 자료의 형태와 자료의 특성을 파악하기 위한 기술통계를 설명한다. 변인의 특성에 따라 그 변인을 기술하는 법도 달라지는데 제3장에서는 범주형 자료의 특성을 기술하는 법을 소개한다.

2 자료와 기술통계

일반적으로 연구자료는 여러 명의 참가자로부터 수집한 다양한 변인들의 측정값으로 구성되어 있다. 예를 들면, 심리학 연구자료에는 성별이나 나이와 같은 인구통계학적 정보와 함께 우울, 불안, 성격에 대한 측정값이 포함될 수 있다. 연구자는 다양한 프로그램으로 자료를 정리할 수 있다. 엑셀이나 구글 스프레드시트와 같은 프로그램을 예로 들어보자. 이 프로그램들을 이용할 때는 프로그램의 행과 열이 교차하면서 만들어지는 칸에 연구자료의 숫자들이 입력된다. 보통 연구자료의 한 행에는 한 참가자의 자료가 입력되므로 자료의 행 수는 곧 참가자 수가 된다. 한 참가자로부터 측정된 변인들은 그 참가자의 행과 교차하는 열에 입력되고 열의 수는 곧 변인의 수가 된다. 따라서 연구자료는 일반적으로 '참가자 × 변인'의 행렬 형태이고, 이 행렬의 크기가 곧 자료의 크기이다.

[그림 3-1]에 학교 내 고양이 전체 자료가 제시되어 있다. 이 연구자는 학교 안에 서식하는 고양이로부터 자료를 수집하였기 때문에 이 자료의 참가자는 고양이이다. [그림

3-1]을 보면 자료의 첫 행에는 각 열에 입력된 변인들의 이름이 기록되어 있고 아래에 총 36마리 고양이의 정보가 행마다 기록되었다. 또한, 36마리 고양이를 식별하기 위한 고양이 번호와 함께, 서식지, 고양이의 성별, 털 무늬, 털 무늬 유무, 중성화 전과 후에 측정한 몸무게의 총 일곱 개 변인이 입력되어 있다는 것을 알 수 있다. 따라서 이 연구자의 자료에는 $36 \times 7 = 252$개의 정보가 있다.

	A	B	C	D	E	F	G
1	고양이번호	서식지	성별	털무늬	털 무늬 유무	몸무게: 중성화이전	몸무게: 중성화이후
2	1	기숙사	남자	검은색	N	5.4	6
3	2	기숙사	남자	검은색	N	5.3	4.6
4	3	기숙사	남자	치즈태비	Y	3.7	3.8
5	4	기숙사	남자	치즈태비	Y	4.8	4.3
6	5	기숙사	남자	치즈태비	Y	4.2	4.5
7	6	기숙사	남자	고등어	Y	4.3	4.6
8	7	학생회관	남자	치즈태비	Y	4.3	4.3
9	8	학생회관	남자	고등어	Y	3.7	4.5
10	9	학생회관	남자	흰색	N	4	4.6
11	10	학생회관	남자	고등어	Y	4.5	4.3
12	11	학생회관	남자	검은색	N	4.7	5.1
13	12	학생회관	남자	치즈태비	Y	3.6	4.2
14	13	사회대	남자	흰색	N	2.8	3.8
15	14	사회대	남자	회색	N	3.4	4.2
16	15	사회대	남자	흰색	N	2.7	3.6
17	16	사회대	남자	회색	N	1.5	2.9
18	17	사회대	남자	회색	N	2.6	4.5
19	18	사회대	남자	고등어	Y	2.8	4.2
20	19	기숙사	여자	흰색	N	4.3	3.8
21	20	기숙사	여자	검은색	N	4.5	4.7
22	21	기숙사	여자	삼색	Y	3.9	3.7
23	22	기숙사	여자	삼색	Y	3	4.1
24	23	기숙사	여자	삼색	Y	2.2	3.3
25	24	기숙사	여자	삼색	Y	3.9	4.5
26	25	학생회관	여자	흰색	N	3.2	3.3
27	26	학생회관	여자	검은색	N	2.4	2.5
28	27	학생회관	여자	고등어	Y	3.2	4.7
29	28	학생회관	여자	고등어	Y	2.7	3.5
30	29	학생회관	여자	고등어	Y	2.3	2.9
31	30	학생회관	여자	삼색	Y	3	4.3
32	31	사회대	여자	회색	N	3.7	3.8
33	32	사회대	여자	고등어	Y	1.8	3.4
34	33	사회대	여자	삼색	Y	1.4	3.6
35	34	사회대	여자	삼색	Y	2.4	3.9
36	35	사회대	여자	고등어	Y	3.1	4.3
37	36	사회대	여자	삼색	Y	4	4.4

[그림 3-1] 예제 자료: 학교 내 고양이 자료

학교 내 고양이 자료에는 어떤 무늬의 고양이가 가장 많은가? 고양이들은 중성화 이후에 더 무거워졌나? 자료를 보고 이런 질문에 답하기는 쉽지 않다. 이와 같은 질문에 답하기 위해서 우리는 자료를 요약하고 정리해 볼 수 있다. 기술통계는 연구자가 수집한 자료의 특성을 요약하고 정리하기 위해 사용되는 통계이다. 자료의 특성을 기술하는 이 과정은 자료에 포함된 변인들의 분포(distribution)를 파악하는 것을 의미한다. 변인들의 분포를 파악하는 방법은 크게 두 가지가 있다. 하나는 자료의 특징을 숫자로 표현하는 것이다. 자료의 특징을 나타내는 숫자를 기술통계량(descriptive statistics) 또는 요약통계량(summary statistics)이라고 한다. 다른 하나는 그래프(graph, 도표)를 그려서 자료의 특징을 시각화하는 것이다. 자료를 시각화하기 위해서는 우선 자료를 정리하는 과정이 필요하고 여기서도 일종의 요약이 필요하다. 자료를 기술하는 방법은 자료의 특성에 따라 달라진다.

3 ┆ 범주형 자료 기술하기

어떤 변인이 범주형이거나 명명척도 수준으로 측정되었다면 변인의 항목(category)에 속한 사례 수(number of cases) 또는 빈도(frequency)를 정리하여 자료를 요약할 수 있다. 빈도는 범주형 변인의 분포를 파악하기 위한 일종의 요약통계량이다. 학교 내 고양이 자료 중 고양이 번호, 서식지, 고양이 성별, 털 무늬, 털 무늬 유무는 범주형 변인이다. 고양이의 털 무늬를 선택하여 정리해 보자.

연구자는 고양이의 털 무늬를 여섯 가지로 구분하여 측정하였다. 즉, 털 무늬라는 변인의 항목은 여섯 개이다. 털 무늬가 '고등어태비'인 고양이는 6번, 8번, 10번, 18번, 27번, 28번, 29번, 32번, 35번 고양이로 모두 아홉 마리이다. 같은 방식으로 나머지 다섯 가지 털 무늬의 항목에 속하는 고양이의 수를 세어 표로 정리하면 〈표 3-1〉과 같은 고양이 털 무늬의 빈도분포표(frequency table)를 만들 수 있다.

<표 3-1> 빈도분포표

털 무늬	빈도
검은색	5
고등어태비	9
삼색	8
치즈태비	5
회색	4
흰색	5

이제 우리는 '어떤 무늬의 고양이가 가장 많은가?'라는 질문에 쉽게 답할 수 있다. 학교 내 고양이 자료에는 털 무늬가 '고등어태비'인 고양이가 아홉 마리로 가장 많다.

빈도분포표는 다양한 방식으로 시각화될 수 있다. 범주형 변인을 시각화하기에 가장 적절한 그래프는 막대그래프(bar graph, bar chart)이다. 막대그래프는 범주형 변인의 각 항목의 빈도를 막대의 높이로 표현한 그래프이다. 막대그래프를 사용하면 범주형 변인의 항목별 빈도를 한눈에 비교할 수 있다. [그림 3-2]는 털 무늬에 대한 막대그래프로 〈표 3-1〉의 빈도분포표와 동일한 정보를 제공한다.

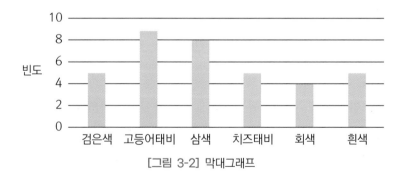

[그림 3-2] 막대그래프

털 무늬의 '고등어태비' 항목의 빈도가 9라는 것은 어떤 의미일까? 털 무늬가 '고등어'인 고양이는 많다고 할 수 있을까? 이 질문에 답하기 위해서는 다른 항목의 빈도를 알고 있거나 전체 빈도를 알고 있어야 한다. 아홉 마리는 변인의 전체 빈도가 36일 때와 50일 때, 100일 때 그 의미가 달라진다. 서른여섯 마리 중 아홉 마리는 많다고 할 수 있지만 100마리 중 아홉 마리는 많다고 하기 어렵다. 전체 빈도를 알고 있다면 각 항목의 빈도를 전체 빈도로 나누어 전체에 대한 각 항목의 비율(proportion)을 산출할 수 있다. 각 항목의 비율은 전체를 기준으로 평가한 빈도의 상대적인 크기를 의미하며 각 항목의 비율을 모두 더하면 1이 된다. 이 비율을 상대빈도(relative frequency)라고도 한다. 비율/상대빈도는 전체 빈도에 대한 정보가 반영된 값이기 때문에 이 값을 이용하면 다른 정보 없이 각 항목의 상대적 크기를 비교할 수 있다. 비율/상대빈도에 숫자 100을 곱한 값을 백분율 (percentage)이라고 한다. 백분율에는 %라는 기호를 붙여서 그 숫자가 백분율임을 나타낸다. 〈표 3-2〉에 비율과 백분율 정보가 포함된 빈도분포표가 제시되었다.

〈표 3-2〉 비율과 백분율이 포함된 빈도분포표

털 색깔	빈도	비율(상대빈도)	백분율
검은색	5	0.139	13.9%
고등어태비	9	0.25	25%
삼색	8	0.222	22.2%
치즈태비	5	0.139	13.9%
회색	4	0.111	11.1%
흰색	5	0.139	13.9%

　범주형 변인을 시각화하기 위해 막대그래프의 높이를 비율/상대빈도 또는 백분율로 표현할 수도 있다. 그렇지만 변인 내 각 항목의 상대적인 크기를 비교할 수 있도록 시각화하고 싶다면 원그래프(pie chart)가 더 적절하다. 원그래프는 각 항목의 빈도가 차지하는 비율을 전체 원에서의 상대적인 넓이로 표현한다. [그림 3-3]은 털 무늬 변인에 대한 원그래프이다. 원그래프를 통해서 학교 내 고양이의 털 무늬는 '고등어태비'와 '삼색' 순서로 빈도가 높고, 이 두 무늬의 고양이의 수를 더하면 전체의 절반에 가깝다는 것을 한눈에 알 수 있다.

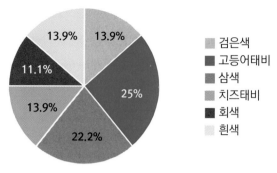

[그림 3-3] 원그래프

제**4**장 한 변인의 특징을 기술하기:
연속형 자료의 중심경향성

1 개요

　연속형이거나 등간척도 이상의 수준으로 측정된 변인이라면 참가자로부터 얻을 수 있는 측정값이 매우 다양하고 그 수가 범주형 변인에서처럼 한정되어 있지 않을 수 있다. 심지어 모든 참가자가 서로 다른 값을 가질 수도 있다. 따라서 연속형 변인은 범주형 변인과 같은 방식으로 자료를 요약하기 어렵다. 연속형 변인의 분포를 파악하기 위한 요약통계량은 범주형 변인보다 다양하다. 연속형 자료는 분포의 중심경향성과 변산성, 모양으로 기술될 수 있다. 여기서는 그중 변인의 중심경향성을 기술하는 방법을 소개한다.

2 중심경향성

　중심경향성(central tendency)은 변인의 대푯값이라고도 한다. 대푯값은 한 변인에 대해서 많은 수의 사례, 즉 자료를 대표하는 하나의 숫자를 가리킨다. 중심경향성을 나타내는 대푯값으로 다음의 통계량을 사용할 수 있다. 최빈값(mode), 중앙값(median), 평균(mean)이 그것이다.

1) 최빈값

　최빈값은 가장 큰 빈도를 갖는 변인의 수준이다. 최빈값은 변인이 범주형일 때 사용할 수 있는 대푯값이다. 학교 내 고양이 자료에서 털 무늬 변인의 최빈값은 무엇일까? 우리는 〈표 3-1〉에서 빈도가 가장 높은 털 무늬는 '고등어'라는 것을 알 수 있다. 반면에, 연속형 변인의 경우 최빈값이 유용하지 않을 수도 있다. 가능한 측정값이 실수 범위일 때 서로 다른 참가자들에게서 정확히 같은 측정값을 얻는 것이 매우 어렵다. 모든 참가자가 서로 다른 측정값을 보고했다면 모든 측정값의 빈도가 1이 되고, 이 경우에 최빈값은 존재하지 않는다.

최빈값을 파악하기 위해 연속형 변인을 범주화할 수 있다. 〈표 4-1〉은 크기순으로 정렬한 중성화 이전 몸무게 변인의 첫 다섯 개와 마지막 다섯 개의 자료를 보여 준다.

〈표 4-1〉 크기순으로 정렬된 중성화 이전 몸무게

고양이번호	몸무게: 중성화 이전
33	1.4
16	1.5
32	1.8
23	2.2
29	2.3
…	…
20	4.5
11	4.7
4	4.8
2	5.3
1	5.4

연속형 변인을 범주화한다는 것은 가능한 측정값들의 범위를 같은 간격의 구간들로 나누고 그 구간에 포함되는 값들을 같은 범주로 취급한다는 의미이다. 이때 사용하는 구간을 '급간(class)'이라고 부른다. 급간의 개수와 간격을 결정하는 방법에는 규칙이 없지만, 자료가 적절히 요약되면서도 자료의 정보가 너무 많이 손실되지 않도록 정한다.

〈표 4-2〉는 급간의 간격을 0.5로 정해서 〈표 4-1〉의 자료를 정리한 것이다.

<표 4-2> 아홉 개 급간을 이용한 빈도분포표

급간	빈도
1.0~1.4	1
1.5~1.9	2
2.0~2.4	4
2.5~2.9	5
3.0~3.4	6
3.5~3.9	6
4.0~4.4	6
4.5~4.9	4
5.0~5.4	2

급간의 간격을 0.5로 정했을 때, 아홉 개의 급간이 만들어졌다. 각 급간의 빈도는 1에서 6까지 다양하다. 급간의 간격과 개수를 이와 같이 설정했을 때, 최빈값은 빈도가 6인 '3.0~3.4kg', '3.5~3.9kg', '4.0~4.4kg' 급간이다. 연속형 변인의 최빈값은 급간을 어떻게 설정하느냐에 따라 달라진다. 급간의 크기를 1로 조정해 보자. 〈표 4-3〉은 급간의 크기를 1로 하여 다시 〈표 4-1〉을 정리한 것이다.

<표 4-3> 다섯 개 급간을 이용한 빈도분포표

급간	빈도
1.0~1.9	3
2.0~2.9	9
3.0~3.9	12
4.0~4.9	10
5.0~5.9	2

이제 급간의 개수는 다섯 개로 줄었다. 〈표 4-3〉에서 최빈값은 빈도가 12인 '3.0~3.9kg' 급간이다.

2) 중앙값

중앙값은 자료를 크기 순서대로 정렬했을 때, 가운데에 위치하는 사례의 측정값으로 정의된다. 중앙값보다 큰 측정값과 작은 측정값의 개수는 같다. 만약 변인의 전체 사례 수가 홀수이면, 중앙값보다 큰 쪽과 작은 쪽의 빈도가 같은 하나의 사례가 있으므로 그 사례의 측정값이 중앙값이 된다. 예를 들어, 다섯 명의 참가자로부터 모은 자료를 크기 순으로 정렬한 것이 '1, 2, 5, 6, 8'이라면, 가운데 위치한 5가 이 자료의 중앙값이 된다. 그렇지만 전체 사례 수가 짝수라면 어떨까? 이전 자료에 하나의 사례가 더 있다고 생각해 보자. 여섯 명의 참가자로부터 모은 자료를 크기순으로 정렬하면 '1, 2, 3, 5, 6, 8'이다. 이 자료는 짝수 개이기 때문에 변인의 정중앙에 있는 사례가 없다. 이 경우 중앙값은 자료의 정중앙에서 가장 가까운 두 개의 값, 즉 3과 5의 평균인 4가 된다. 중앙값을 찾는 이 방법은 수식으로도 표현된다. [수식 4-1]과 [수식 4-2]는 측정값이 작은 것부터 큰 것 순서로 정렬된 변인 X의 전체 사례 수 N이 홀수와 짝수일 때의 중앙값을 각각 수식으로 표현한 것이다.

$$Mdn = X_{\frac{N+1}{2}} \qquad \cdots\cdots\cdots\cdots \text{[수식 4-1]}$$

$$Mdn = \frac{(X_{\frac{N}{2}} + X_{\frac{N}{2}+1})}{2} \qquad \cdots\cdots\cdots\cdots \text{[수식 4-2]}$$

이 책에서 처음 등장하는 수식인 만큼, 수식의 기호들을 자세히 살펴보자. 오른쪽 아래 작게 표시된 아래첨자(subscript)는 변인의 개별 사례를 구분하기 위한 기호이다. X_1은 첫 번째 사례의 X값, X_2는 두 번째 사례의 X값을 나타낸다. [수식 4-1]의 $X_{\frac{N+1}{2}}$은 $\frac{N+1}{2}$번째 위치한 X값이라는 의미이다. 같은 방법으로 [수식 4-2]는 전체 사례 수가 짝수일 때, 중앙값은 $\frac{N}{2}$번째 X값과 $\frac{N}{2}+1$번째 X값을 더해서 2로 나눈 값이라는 의미이다.

〈표 4-1〉은 36마리의 고양이 자료이므로 전체 사례 수가 짝수인 경우에 해당한다. 따라서 중앙값은 18번째 사례의 측정값($X_{\frac{36}{2}} = X_{18} = 3.4$)과 19번째 사례의 측정값 ($X_{\frac{36}{2}+1} = X_{19} = 3.6$) 평균인 3.5가 된다. 중앙값은 서열척도 이상의 척도로 측정된 변인

에 대해 사용할 수 있고, 서열에 의해서만 결정되는 값이기 때문에 극단값의 영향을 비교적 덜 받는 중심경향성 지수이다.

3) 평균

평균(또는 산술평균, arithmetic mean)은 모든 사례의 측정값을 더한 후 전체 사례 수로 나눈 값으로 정의된다. 전체 사례 수가 N인 변인 X의 산술평균은 기호로 $\overline{X}$ 로 표기하며, [수식 4-3]과 같이 정의된다.

$$\overline{X} = \frac{\sum_{i=1}^{N} X_i}{N} \qquad \cdots\cdots\cdots\cdots \text{[수식 4-3]}$$

수식에 포함된 기호 가운데 X_i는 변인 X의 i번째 값이라는 의미이다. i는 측정값의 순서(또는 특정 사례)를 일반적으로 나타내기 위한 기호이다. $\sum$는 그리스 문자의 대문자 시그마(sigma)이다. 이 기호는 영어 알파벳의 S에 대응되고, '모두 더하기(summation)'의 의미가 있다. 그러므로 $\sum_{i=1}^{N}$은 '첫 번째($i=1$)부터 N번째($i=N$)까지의 모든 값을 더하기'라는 뜻이다. 따라서 [수식 4-3]은 [수식 4-4]와 같이 풀어쓸 수 있다. [수식 4-4]를 통해서 평균의 정의가 수식에 표현된 것과 다르지 않음을 알 수 있다.

$$\overline{X} = \frac{\sum_{i=1}^{N} X_i}{N} = \frac{X_1 + X_2 + \dots + X_N}{N} \qquad \cdots\cdots\cdots\cdots \text{[수식 4-4]}$$

학교 내 고양이의 중성화 이전 몸무게의 산술평균은 다음과 같이 계산된다.

$$\text{중성화 이전 몸무게 평균} = \frac{5.4 + 5.3 + \cdots + 3.1 + 4}{36} = \frac{123.3}{36} = 3.425$$

평균은 각 측정값의 양이 반영되는 중심경향성 지수이다. 따라서 등간척도 이상의 척도로 측정된 변인에 대해 사용하는 것이 적절하고, 극단값의 영향을 크게 받는다.

Q. 수식이 왜 필요한가요?

통계가 어렵다고 생각되는 이유 중 하나는 수식을 이해해야 하기 때문입니다. 사람은 누구나 익숙지 않은 것을 마주할 때 어려움을 겪습니다. 수식에 관한 몇 가지 사실을 아는 것이 도움이 될 수 있습니다. 첫 번째 사실은 수식은 언어일 뿐이라는 것입니다. 언어의 목적은 의사소통이고 의사소통이 잘 되려면 전달하려는 정보의 손실이 없어야(또는 적어야) 합니다. 수식은 정보를 정확하고 효율적으로 전달하는 방법입니다. 예를 들어, 평균의 의미는 '한 변인의 측정값을 모두 더하여 사례 수로 나눈 값'입니다. 이 내용은 [수식 4-3]과 같은 정보를 제공하지만 수식은 훨씬 더 간결하다는 것을 알 수 있습니다. 복잡한 통계량일수록 그것을 언어적으로 기술하는 것보다 수식으로 기술할 때 더 간결해집니다. 두 번째 사실은 수식에 포함된 기호들은 임의적으로 정해진다는 것입니다. 수식을 적은 사람은 수식에 사용된 모든 기호의 의미를 알려 주어야 합니다. 수식의 기호가 정의되지 않았다면 아마도 그 기호가 관행적으로 어떤 의미를 갖는 기호이기 때문일 수 있습니다. 일반적으로 종속변인을 Y, 독립변인을 X로 표기합니다. 마지막 사실은 수식의 기호는 모두 숫자로 바뀔 수 있다는 것입니다. 자료를 수집한 후에 자료의 어떤 수치들이 어떤 기호와 대응되는지 파악해 본다면 통계량의 산출 과정이나 분석 방법을 더 잘 이해하는 데 도움이 될 수 있습니다.

제5장 한 변인의 특징을 기술하기: 연속형 자료의 변산성

1 개요

여기서는 연속형 변인의 측정값들이 퍼져있는 정도를 나타내는 변산성에 대해 다룬다. 변산성 지수로 범위(range), 사분위 범위(interquartile range), 편차(deviation), 편차제곱합(sum of squared deviations), 분산(variance), 표준편차(standard deviation)를 설명한다.

2 변산성

대푯값은 변인의 전체적인 경향성을 보여 주는 좋은 정보이다. 그러나 대푯값만으로는 자료의 정보를 충분히 전달할 수 없다. 어떤 변인의 평균이 10이라고 하자. 10은 이 자료에서 얼마나 '전형적인' 숫자일까? 모든 참가자가 10과 유사한 반응을 보였다면, 10은 이 자료를 잘 대표한다고 할 수 있다. 그렇지만 참가자들의 측정값이 10과 매우 달라도 평균 10이 산출될 수 있다. 이 경우 10은 자료를 잘 대표한다고 할 수 있을까? 참가자들의 측정값이 평균과 매우 다르다는 것은 임의로 하나의 자료를 선택했을 때, 평균과 차이가 큰 숫자들도 쉽게 선택된다는 것이다. 이 경우 10은 자료의 모든 값을 고려하여 계산된 값 중 하나일 뿐, 자료를 대표하는 전형적인 숫자라고 말하기 힘들 수도 있다. 이 문제는 자료의 변산성을 함께 보고함으로써 해결할 수 있다. 변산성(variability)은 자료의 측정값들이 퍼져있는 정도를 나타낸다. 변산성이 작다는 것은 자료들이 밀집되어 분포하고 있음을 의미한다. 반면에, 변산성이 크다는 것은 자료가 넓은 범위에 퍼져있음을 의미한다.

1) 범위

범위는 변인의 최댓값과 최솟값의 차이를 의미한다. 따라서 최댓값에서 최솟값을 뺀 값으로 산출된다. 여섯 명의 참가자로부터 수집된 자료가 '1, 1, 2, 3, 4, 5'라면 범위는 5−1=4가 된다. 범위를 최솟값과 최댓값 사이의 구간으로 표현하기도 한다. 이 경우에 범위는 [1, 5]가 된다.

범위는 서열척도 이상의 척도로 측정된 변인에 대해 사용할 수 있다. 범위는 계산이 간단하다는 장점이 있지만 극단값의 영향을 매우 크게 받아 불안정하며, 최댓값과 최솟값 사이에 있는 자료의 변산성에 대해 알 수 없어서 불완전하다는 단점이 있다. 범위가 같더라도 분포의 퍼진 정도가 매우 다른 자료가 존재할 수 있다.

학교 내 고양이 자료의 중성화 이전 몸무게의 최솟값은 1.4kg, 최댓값은 5.4kg이다. 따라서 이 자료의 범위는 5.4−1.4=4.0(kg) 또는 [1.4, 5.4]로 표현할 수 있다.

2) 사분위 범위

사분위 범위를 사용하면 극단값의 영향을 크게 받는 범위의 단점을 보완할 수 있다. 사분위 범위를 산출하기 위해서는 먼저 사분위수(quartile)를 찾아야 한다. 사분위수는 자료를 크기순으로 정렬했을 때 전체 자료를 4등분하는 값들이다. 사분위 범위는 3사분위수와 1사분위수의 차이이다. 크기순으로 정렬된 자료를 4등분했을 때 작은 값부터 1/4번째에 위치하는 값을 1사분위수(Q_1), 작은 값부터 2/4번째에 위치하는 값을 2사분위수(Q_2), 작은 값부터 3/4번째 위치한 값을 3사분위수(Q_3)라고 한다. 2사분위수는 자료를 2등분하는 값이므로 중앙값과 같다.

사분위수와 함께 최솟값과 최댓값의 다섯 개 숫자를 보고하면 연구자는 자료의 분포를 더 잘 이해할 수 있게 되는데, 이것을 다섯 숫자 요약(five-number summary)이라고 부른다. 다섯 숫자 요약은 복잡한 계산이 필요 없으므로 컴퓨터가 널리 보급되기 이전 시대에 요약통계량으로 흔히 사용되었다.

사분위수는 자료를 크기순으로 나열했을 때 특정 위치에 놓인 값을 의미하지만, 실제로 사분위수가 자료에 포함된 숫자이기 위해서는 자료의 크기가 '4의 배수+1'이 되어야 한다. 자료의 크기가 다섯 개라면 크기순으로 정렬했을 때 두 번째에 위치한 값이 1사분위수, 네 번째에 위치한 값이 3사분위수가 된다. 만약 자료의 크기가 '4의 배수+1'이 아니라면 1사분위수와 3사분위수는 짝수 개 자료의 중앙값을 찾는 방법과 같은 보간(interpolation)을 통해 얻어진다. 보간이란 구하려는 숫자가 실제 자료에는 포함이 되어 있지 않지만, 추측이나 계산을 통해 그 값을 산출하는 것을 말한다.

사분위수가 크기순으로 정렬된 자료를 4등분하는 값인 것과 마찬가지로, 자료를 100등분하면 각 위치의 값을 나타내는 백분위수(percentile)를 얻을 수 있다. 자료를 100등분했을 때 전체의 1/4번째 값은 25/100번째 값이므로 1사분위수는 25백분위수, 2사분위 값은 50백분위수, 3사분위 값은 75백분위수와 동일하다.

학교 내 고양이 자료의 전체 사례 수는 36이다. 1사분위수의 위치는 크기가 작은 값부터 큰 값 순서로 정렬했을 때 가장 작은 값부터 중앙값 사이의 자료에서 한가운데이기도 하다. [그림 5-1]에 크기가 작은 것부터 정렬된 고양이 몸무게 자료의 중앙값은 18.5번째 위치한 값이므로, 1사분위수의 위치는 $\frac{1+18.5}{2}=9.75$이다. 9번째 값(2.7)과 10번째 값(2.7)의 간격에서 3/4 지점에 해당하는 값인 2.7이 자료의 1사분위수가 된다. 3사분위수도 같은 방법으로 찾아진다. 3사분위의 위치는 $\frac{18.5+36}{2}=27.25$이다. 27번째 값인 4.2와 28번째 값인 4.3의 간격에서 1/4 지점인 4.225이다. 사분위 범위는 3사분위수와 1사분위수의 차이이므로 4.225−2.7=1.525이다. 또는 [2.7, 4.225]와 같이 보고할 수 있다. 사분위 범위도 서열에 기초한 값이기 때문에 서열척도 이상의 수준으로 측정된 변인에 대해 사용할 수 있다.

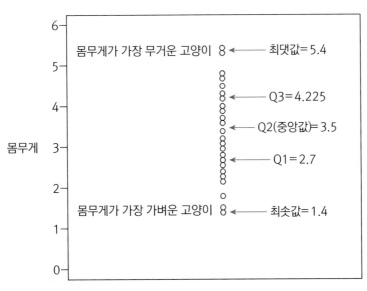

[그림 5-1] 다섯 숫자 요약

3) 편차

편차는 자료의 개별 측정값과 평균의 차이이며 [수식 5-1]과 같이 정의된다. 모든 개인에 대해서 계산되기 때문에 각 개인의 편차점수(deviation score)라고도 한다. [수식 5-1]은 '변인 X의 i번째 값의 편차 D_i는 i번째 X값 X_i와 변인 X의 평균 $\overline{X}$ 의 차이와 같다'는 의미이다.

$$D_i = X_i - \overline{X}$$
                                                        .... [수식 5-1]

편차점수를 이용하여 변인의 변산성을 기술할 수 있다. 편차점수는 각 개인이 평균과 떨어진 정도를 의미하기 때문에 자료를 대표하는 값과 개인의 측정값이 다른 정도를 반영한다. 어떤 개인이 자료 전체의 대푯값과 유사하다면 그 개인의 편차점수는 작을 것이고, 대푯값과 크게 다르다면 편차점수는 클 것이다. 즉, 편차점수는 평균을 기준으로 자료의 변산성을 기술하는 값이다. 따라서 평균보다 큰 값은 양수, 작은 값은 음수가 된다.

편차점수는 모든 개인에 대해 계산되기 때문에 이 값들을 하나의 통계량으로 요약하여 더 집약적으로 표현할 수 있다. 어떻게 하면 편차점수로 계산된 변산성을 요약할 수 있을까? 가장 간단한 방법은 모든 개인의 편차점수를 더하는 것이다. 이 값을 편차합(sum of deviations)이라고 하고 [수식 5-2]와 같이 정의한다.

$$편차합 = \sum_{i=1}^{N} D_i = \sum_{i=1}^{N}(X_i - \overline{X})$$
                                                        .... [수식 5-2]

편차합은 변산성 지수로 사용하기에는 부적절하다. 평균을 중심으로 하기 때문에 자료에 상관없이 편차합은 언제나 0이다. 따라서 편차합을 변산성 지수로 선택하면 언제나 자료의 변산성이 0이라는 잘못된 결론을 내리게 된다.

4) 편차제곱합

변산성 지수가 0이 되지 않게 하는 방법으로 편차점수의 부호를 없애는 방법을 생각해 볼 수 있다. 부호를 없애기 위해 편차점수를 절댓값으로 만들거나 제곱할 수 있다. 편차점수를 제곱한 값을 편차제곱(squared deviation)이라고 부른다. 개인의 편차제곱을 모두 더한 것을 편차제곱합(sum of squares, SS)이라고 한다. [수식 5-3]은 편차제곱합을 기술한다.

$$편차제곱합(SS) = \sum_{i=1}^{N}(X_i - \overline{X})^2 \qquad \text{............} \quad [수식 5-3]$$

편차제곱합은 편차점수를 제곱하기 때문에 평균과의 차이에 대한 양적 정보만 남고 차이의 방향(평균보다 작은지 큰지)에 대한 정보는 사라진다. 따라서 편차제곱합이 0이 되는 경우는 변산성이 전혀 없어서 모든 측정값이 평균과 같을 때뿐이다. 이외의 모든 경우에 편차제곱합은 변산성, 즉 자료에 평균과 다른 값이 많이 존재할수록 커진다. 〈표 5-1〉은 학교 내 고양이 자료의 중성화 이전 몸무게 변인의 편차점수와 그 값을 제곱한 편차제곱을 보여 준다. 모든 편차제곱을 더한 값은 35.9075로 더 이상 0이 아니다.

<표 5-1> 중성화 이전 몸무게의 편차와 편차제곱

고양이 번호	몸무게: 중성화 이전	편차계산식	편차: 중성화 이전	편차제곱: 중성화 이전
1	5.4	5.4-3.425	1.975	3.901
2	5.3	5.3-3.425	1.875	3.516
3	3.7	3.7-3.425	0.275	0.076
4	4.8	4.8-3.425	1.375	1.891
5	4.2	4.2-3.425	0.775	0.601
6	4.3	4.3-3.425	0.875	0.766
7	4.3	4.3-3.425	0.875	0.766
8	3.7	3.7-3.425	0.275	0.076
9	4.0	4.0-3.425	0.575	0.331
10	4.5	4.5-3.425	1.075	1.156
11	4.7	4.7-3.425	1.275	1.626
12	3.6	3.6-3.425	0.175	0.031
13	2.8	2.8-3.425	-0.625	0.391
14	3.4	3.4-3.425	-0.025	0.001

15	2.7	2.7-3.425	-0.725	0.526
16	1.5	1.5-3.425	-1.925	3.706
17	2.6	2.6-3.425	-0.825	0.681
18	2.8	2.8-3.425	-0.625	0.391
19	4.3	4.3-3.425	0.875	0.766
20	4.5	4.5-3.425	1.075	1.156
21	3.9	3.9-3.425	0.475	0.226
22	3.0	3.0-3.425	-0.425	0.181
23	2.2	2.2-3.425	-1.225	1.501
24	3.9	3.9-3.425	0.475	0.226
25	3.2	3.2-3.425	-0.225	0.051
26	2.4	2.4-3.425	-1.025	1.051
27	3.2	3.2-3.425	-0.225	0.051
28	2.7	2.7-3.425	-0.725	0.526
29	2.3	2.3-3.425	-1.125	1.266
30	3.0	3.0-3.425	-0.425	0.181
31	3.7	3.7-3.425	0.275	0.076
32	1.8	1.8-3.425	-1.625	2.641
33	1.4	1.4-3.425	-2.025	4.101
34	2.4	2.4-3.425	-1.025	1.051
35	3.1	3.1-3.425	-0.325	0.106
36	4.0	4.0-3.425	0.575	0.331
합계			0	35.9075

편차합과는 달리 변산성이 커질수록 큰 값을 갖고, 변산성이 없는 경우를 제외하고는 0이 되지 않기 때문에 편차제곱합은 자료의 변산성을 나타내는 지수로 적절하게 사용될 수 있다. 다만, 편차제곱합은 모든 사례의 편차제곱을 더한 값이기 때문에 전체 사례 수가 커질수록 변산성과 무관하게 점점 커지는 경향이 있다. 편차제곱합의 이 특성은 편차제곱합이라는 변산성 지수가 변산성 이외 요소의 영향을 받는다는 것을 의미하고 따라서 자료의 크기가 다른 자료의 변산성을 직접 비교하기 어렵게 한다.

5) 분산

편차제곱합을 사례 수로 나눈 값을 분산(또는 변량)이라고 한다. 이 값은 '편차제곱의 평균'이라고 할 수 있다. [수식 5-4]는 자료의 크기가 N인 변인 X의 분산을 정의한다.

$$Var(X) = \frac{\sum_{i=1}^{N}(X_i - \overline{X})^2}{N}$$ ·············· [수식 5-4]

편차제곱합을 자료의 전체 사례 수로 나누어 주었기 때문에 분산은 '각 사례가 평균적으로 자료의 평균과 떨어진 정도의 제곱된 값'이라는 의미가 있다. 제곱된 값이긴 하지만 변산성을 반영하기 때문에 자료의 크기가 다른 두 자료의 변산성을 분산을 이용하여 직접 비교할 수 있다. 위에서 계산된 편차제곱합은 35.9075이므로, 이 값을 우리 자료의 크기인 36으로 나누면 중성화 이전 몸무게의 분산은 0.997이다.

6) 표준편차

분산은 '제곱된 변산성'을 의미하기 때문에 숫자의 단위가 모호하다. 제곱된 값이므로 우리는 이 값의 제곱근을 구하여 다시 측정값의 척도로 이해할 수 있다. 즉, 분산에 제곱근을 취하면 각 측정값이 평균으로부터 떨어진 정도라는 의미가 있는 변산성 지수가 된다. 이 값이 표준편차이다. [수식 5-5]는 자료의 크기가 N인 변인 X의 표준편차를 정의한다.

$$SD(X) = \sqrt{\frac{\sum_{i=1}^{N}(X_i - \overline{X})^2}{N}}$$ ·············· [수식 5-5]

학교 내 고양이 자료의 중성화 이전 몸무게 변인의 표준편차는 분산 0.997의 제곱근인 0.999이고 이 값은 36마리 고양이의 중성화 이전 몸무게가 이들의 평균으로부터 떨어진 정도는 평균적으로 0.999kg이라는 의미로 해석할 수 있다.

제**6**장　한 변인의 특징을 기술하기: 연속형 자료의 모양

1 개요

분포의 모양(shape)은 중심경향성과 변산성으로 나타낼 수 없는 분포의 특징들을 반영한다. 분포의 모양은 자료가 치우친 정도(왜도, skewedness)와 자료가 하나 또는 몇 개의 값에 집중된 정도(첨도, kurtosis)라는 통계량으로 기술할 수 있다. 여기서는 왜도와 첨도를 다루는 대신 자료의 분포를 시각화하는 방법과 시각화된 결과를 통해 분포의 모양을 확인하는 방법을 소개한다.

2 히스토그램

4장에서 최빈값을 찾는 방법을 설명하기 위해 연속형 변인에 대한 빈도분포표를 만드는 방법을 다루었다. 그 과정은 측정값을 일정한 급간으로 범주화한 후 임의로 만든 급간의 빈도를 표로 만드는 것이었다. 이렇게 만들어진 빈도분포표를 이용하면 범주형 자료를 시각화한 것과 마찬가지로 막대의 높이가 빈도 또는 상대빈도가 되도록 그래프를 그릴 수 있다. [그림 6-1]은 〈표 4-3〉에 제시된 빈도분포표를 이용하여 그린 막대그래프이다.

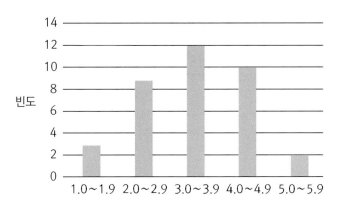

[그림 6-1] 빈도분포표로 그린 막대그래프

연속형 변인의 분포를 이해하기 위해 그린 막대그래프를 히스토그램(histrogram)이라고 부르는데 [그림 6-1]이 완전한 형태의 히스토그램이 되기 위해서는 추가적인 절차가 필요하다. 연속형 변인의 측정값은 연속적이다. 연속적인 값들은 무한하므로 연구자가 수집한 자료에 모든 값이 포함될 수도 없지만 [그림 6-1]을 보면 중성화 이전 몸무게의 값들이 연속적인 것처럼 생각되지 않는다. 이 점을 보완하기 위해 막대들의 경계가 서로 맞닿을 수 있도록 시각화한다.

그렇게 하려면 자료의 최소 단위를 파악하여 급간의 범위를 약간 수정해야 한다. 학교 내 고양이 자료의 몸무게는 소수점 첫째 자리까지 측정되어 있으므로 소수점 첫째 자리가 최소 단위이다. 급간의 범위 수정을 위해서는 이 단위의 1/2을 각 급간의 하한에서 빼고, 상한에 더해준다. 다섯 번째 급간을 예로 들어보자. 학교 내 고양이 자료에서 최소 단위의 1/2은 0.05이므로 이 값을 4.0에서 빼고(3.95), 4.9에 더하여(4.95) 급간을 다시 결정한다. 이렇게 수정된 급간의 하한계와 상한계를 정확한계(exact limit)라고 한다. 정확한계를 이용한 빈도분포표를 〈표 6-1〉에 제시하였고, 이 급간을 이용하여 그린 히스토그램을 [그림 6-2]에 제시하였다. 정확한계를 이용하면 히스토그램의 막대가 모두 맞닿아 있으며 막대가 맞닿은 부분의 값은 자료에 존재하지 않게 된다.

<표 6-1> 정확한계를 이용한 빈도분포표

정확한계를 이용한 급간	빈도
$0.95 \leq$ 몸무게 < 1.95	3
$1.95 \leq$ 몸무게 < 2.95	9
$2.95 \leq$ 몸무게 < 3.95	12
$3.95 \leq$ 몸무게 < 4.95	10
$4.95 \leq$ 몸무게 < 5.95	2

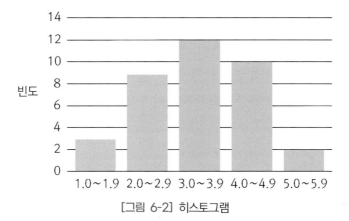

[그림 6-2] 히스토그램

히스토그램의 막대 중앙에 점을 찍고 이 점을 연결하면 [그림 6-3]과 같이 하나의 선으로 분포의 모양을 표현할 수 있게 된다. 이 선으로 된 그래프를 빈도절선도표(frequency polygon)라고 한다.

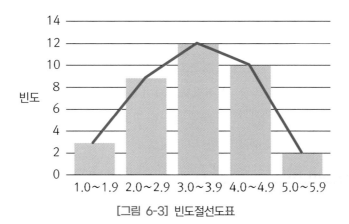

[그림 6-3] 빈도절선도표

　　히스토그램 또는 빈도절선도표의 모양이 곧 연속형 변인의 분포 모양이다. 분포는 봉우리의 유무 또는 개수와 치우쳐진 정도에 따라 다른 이름으로 불리기도 한다. 만약 모든 급간에서 빈도가 고르게 나타난다면 히스토그램은 윗부분이 평평한 사각형 모양으로 그려질 것이다. 이와 같은 분포는 균등분포(uniform distribution)라고 한다([그림 6-4] 왼쪽). 자료에 하나의 특정 값과 그 주변의 값에 응답한 참가자가 많다면 히스토그램에는 하나의 봉우리만 나타날 것이다. 이러한 분포를 단봉분포(unimodal distribution)라고 부른다([그림 6-4] 가운데). 자료에 높은 빈도의 응답이 두 개의 값에서 관찰되고 그 값들이 서로 떨어져 있다면, 그림에서 우리는 두 개의 봉우리를 보게 된다. 이러한 분포를 이봉분포(bimodal distribution)라고 부른다([그림 6-4] 오른쪽). 봉우리가 두 개 이상인 분포를 다봉분포(multimodal distribution)라고 부른다. 다봉분포는 한 변인에서 특성이 이질적인 하위 집단이 존재할 가능성을 보여 주고, 그렇다면 전체 자료의 특성을 하나의 숫자로 요약한 대푯값은 자료를 잘 대표하지 못할 수도 있다.

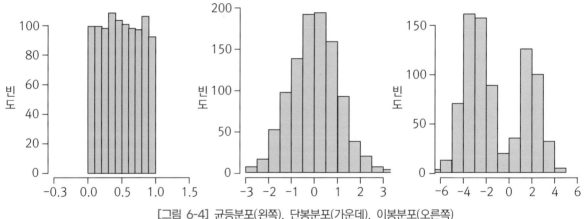

[그림 6-4] 균등분포(왼쪽), 단봉분포(가운데), 이봉분포(오른쪽)

　　히스토그램은 분포의 치우친 정도 또는 대칭성을 보여 주기도 한다. 분포가 대칭인 정도는 왜도 또는 비대칭도라고 한다. 히스토그램이 좌우대칭이라면 대칭(symmetric)분포라고 하고, 오른쪽으로 꼬리가 길 때 오른쪽으로 편포되었다(right-skewed) 또는 정적으로 편포되었다(positively skewed)고 한다. 반대로 왼쪽으로 꼬리가 길 때 왼쪽으로 편포되었다(left-skewed) 또는 부적으로 편포되었다(negatively skewed)고 한다([그림 6-5]). 분포가 대칭인 정도는 자료의 이상값(outlier)과도 관련이 있다. 이상값은 대다수의 반응과 떨어진 값, 즉 자료의 전체적인 경향보다 너무 크거나 너무 작은 값을 가리킨다(이상값을 포함하고 있는 자료의 히스토그램 예는 [그림 6-8]에서 참고할 수 있다).

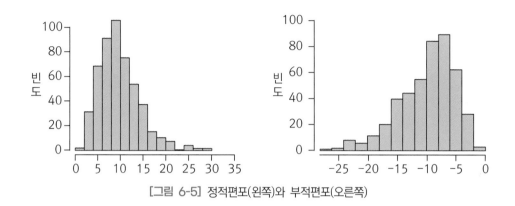

[그림 6-5] 정적편포(왼쪽)와 부적편포(오른쪽)

[그림 6-2]는 중성화 이전의 고양이 몸무게가 단봉분포이며, 이상값 없이 비교적 대칭적이라는 것을 보여 준다.

3 줄기잎그림

줄기잎그림(stem-and-leaf plot)은 사례 수가 작을 때 쉽게 분포의 모양을 파악할 수 있는 그림이다. 줄기잎그림은 측정값의 마지막 자리를 잎, 그 나머지 자리를 줄기로 나누어 그림으로 표현한다. [그림 6-6]은 학교 내 고양이 자료의 중성화 이전 몸무게 변인에 대한 줄기잎그림이다. 이 자료는 소수점 첫째자리까지 측정되었으므로, 소수점 이하의 숫자들이 잎, 일의 자리 숫자들이 줄기가 된다. [그림 6-6]의 줄기와 잎 사이의 직선은 줄기와 잎에 해당하는 숫자들을 구분하는 역할을 한다. 이렇게 만든 그림은 시계 반대 방향으로 90도 회전하면 앞에서 그린 히스토그램([그림 6-2])과 대략적으로 비슷한 모양이 된다. 줄기잎그림은 빈도분포표를 먼저 만들 필요 없이 원자료로부터 간단하게 만들 수 있다는 장점이 있다. 그러나 사례 수가 수백 개가 넘는다면, 손으로 줄기잎그림을 그리기는 쉽지 않을 것이다.

```
1 | 4
1 | 58
2 | 2344
2 | 67788
3 | 001224
3 | 677799
4 | 002333
4 | 5578
5 | 34
```

[그림 6-6] 줄기잎그림

4 상자그림

상자그림(boxplot)은 자료의 분포를 보여 주는 또 하나의 고전적인 그림이다. 상자그림은 앞에서 언급한 다섯 개의 요약통계량(중앙값, 1사분위수, 3사분위수, 최댓값, 최솟값)을 사용하기 때문에 통계량들을 알고 있다면 간단하게 그림을 그릴 수 있다. [그림 6-7]은 학교 내 고양이 자료의 중성화 이전 몸무게 변인에 대한 상자그림이다. 상자의 아랫부분은 1사분위수, 윗부분은 3사분위수, 상자 가운데에 그려진 선은 중앙값이다. 그리고 상자에서 아래와 위로 수염처럼 그려진 직선의 한계는 각각 최솟값과 최댓값이다. 이상값이 있는 자료에서 상자그림의 수염 끝부분은 최솟값과 최댓값이 아니다. 수염의 하한계는 '1사분위수－(1.5×사분위 범위)'로 계산되며, 상한계는 '3사분위수＋(1.5×사분위 범위)'로 계산된다. 이 기준을 벗어나는 점은 이상값으로 취급되고 점으로 표시한다.

상자그림은 히스토그램만큼 분포의 모양을 부드럽게 표현할 수는 없지만, 분포의 특징을 잘 보여 줄 수 있다. 분포의 모양이 대칭이라면 중앙값을 중심으로 상자의 넓이와 수염의 길이가 위아래로 같을 것이다. 또한, 상자는 3사분위수와 1사분위수로 그 경계가 결정되기 때문에 그 안에는 전체 자료의 50%가 포함되어 있다. [그림 6-7]에는 추가로 자료의 평균을 x로 표시하였다.

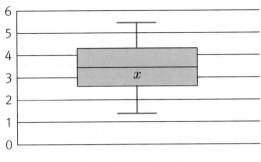

[그림 6-7] 상자그림

5 중심경향성 지수들의 특징 비교

자료의 최빈값, 중앙값, 평균의 특성에 기초하여 이들의 관계에 따라 분포의 모양을 대략적으로 추론할 수 있다. 어떤 자료가 대칭분포이면서 단봉분포라면 최빈값, 중앙값, 평균은 모두 분포의 같은 위치(가운데)에 놓일 것이다([그림 6-8] 왼쪽). 그렇지만 분포가 편포되어 있다면 평균은 봉우리에서 가장 멀리에 위치하고 최빈값은 봉우리가 가장 높은 곳에, 중앙값은 평균과 최빈값 사이에 존재하게 된다([그림 6-8] 가운데).

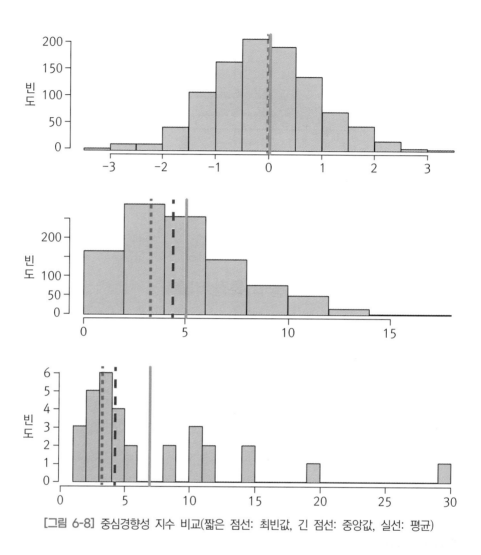

[그림 6-8] 중심경향성 지수 비교(짧은 점선: 최빈값, 긴 점선: 중앙값, 실선: 평균)

　최빈값은 빈도가 가장 큰 값으로 정의되므로 분포의 나머지 값들에는 전혀 영향을 받지 않는다. 중앙값은 자료의 순위만 반영하기 때문에 이상값이 있더라도 중앙값에는 영향을 주지 않는다. 또한, 히스토그램을 그릴 때 막대의 높이가 상대빈도가 되도록 하면 히스토그램의 전체 면적은 1이 된다. 중앙값은 이 면적을 반씩 나누는 값이다. 평균은 모든 측정값의 영향을 받기 때문에 중심경향성 지수 가운데 이상값과 분포가 편포된 정도에 가장 민감하다. 자료에 이상값이 존재하는 경우 평균은 대부분의 측정값으로부터 멀리 떨어져서 위치할 수도 있다(그림 6-8 오른쪽).

제7장 표준점수

1 개요

　연구자는 기술통계량을 활용하여 개인에 대한 추가적인 정보를 얻을 수 있다. 한 집단의 참가자들에게서 어떤 변인의 기술통계량을 계산하였고 한 개인의 측정값을 안다고 가정하자. 연구자는 기술통계량을 이용하여 집단 안에서 그 개인의 상대적 위치를 파악할 수 있다. 예를 들면, 심리통계 강사가 학생 30명의 중간시험 점수를 수집했다고 하자. 강사는 중간시험 점수의 중심경향성과 변산성 지수를 통해 반 학생의 중간시험 점수 특징을 확인할 수 있다. 이 정보는 다른 반과 이 반의 특징을 비교할 때 유용하다. 이 강사는 중간시험 점수의 평균과 표준편차를 이용해서 강사가 지난해에 가르친 학생들 또는 다른 학교 학생들과 이 반을 전반적으로 비교할 수 있다. 강사가 이 반의 개별 학생에게 관심이 있다면 어떨까? 중간시험에서 70점을 받은 학생은 동료 학생들과 비교했을 때 얼마나 성취도가 높은 학생일까? 점수의 상대적인 크기나 위치를 파악하기 위해 유용하게 활용할 수 있는 방법이 표준화(standardization)이다. 이 장에서는 표준화와 표준점수(standard score)를 다룬다.

2 표준화

　'중간시험에서 70점을 받은 학생은 동료 학생들과 비교했을 때 얼마나 성취도가 높은 학생일까?'라는 질문에 답하기 위해서는 몇 가지 정보가 더 필요하다. 성취도가 높거나 낮다는 것은 상대적인 판단이기 때문이다. 필요한 첫 번째 정보는 단위(unit)이다. 여러분이 만나게 될 사람의 키가 2미터(meter)라는 사실을 알게 된다면 여러분은 그 사람을 만나기 전에도 그 사람의 키가 대단히 크다는 것을 알 수 있다. 그 이유는 여러분이 미터라는 단위에 익숙해서 그 양을 파악할 수 있기 때문이다. 만약, 그 사람의 키가 6피트(feet) 7인치(inch)라고 들었다면 피트 단위에 익숙하지 않은 사람들은 2미터라는 말을 들었을 때처럼 그 사람의 키를 해석하지 못했을 것이다. 다음으로 필요한 정보는 비교를 위한 기준점이다. 여러분이 2미터의 키가 크다는 것을 알 수 있는 이유는 미터법에 익숙할 뿐만 아니라 평균적인 사람들의 키에 대한 지식이 있기 때문이다. 이 지식은 2미터라는 키의 해석을 위한 기준이 된다. 만약 여러분이 어떤 고양이의 몸무게가 9킬로그램(kg)이라는 말을 들었다면 어떨까? 여러분이 킬로그램이라는 단위에 익숙하다고 할지라도 고양이의 평균 몸무게에 대한 지식이 없다면 이 고양이의 몸무게에 대해 해석할 수 없고, 놀라지도 않았을 것이다(만약, 고양이를 반려하고 있다면 분명히 놀랐을 것이다!).

단위와 기준점이 다르다면 그것을 알더라도 자료들을 서로 비교하기 어렵다. 예를 들면, "중간시험에서 70점, 기말시험에서 60점을 받았을 때 어느 시험의 성취도가 더 높은 것일까?" 단순하게 숫자만 비교한다면 70점이 60점보다 높은 점수이기 때문에 중간시험의 성취도가 더 높다고 할 수 있다. 그러나 중간시험이 기말시험보다 쉬워서 많은 학생이 70점 이상을 받았지만, 기말시험은 어려워서 50점이 안 되는 점수를 받은 학생들이 많다면 어떨까? 중간시험에서의 성취도가 더 높다고 하기 어려울 것이다. 중간시험과 기말시험은 평균이 다르므로 개별 측정값을 직접 비교하면 측정값의 의미를 잘못 이해하게 된다. 중간시험과 기말시험의 평균이 같더라도 개별 측정값을 직접 비교하는 것이 틀린 결론으로 이어질 수 있다. 예를 들면, 중간시험은 기말시험보다 평균에 가까운 점수를 받은 학생이 많고, 기말시험은 중간시험보다 넓은 범위에 점수들이 고르게 퍼져있을 수 있다. 두 시험의 평균이 40점으로 같지만, 중간시험은 40점과 60점 사이에 99%의 학생이 분포해 있고, 기말시험은 50%의 학생만 40점과 60점 사이에 분포하고 있는 상황을 가정해 보자. 이 경우 중간시험에서 받은 70점은 매우 특별하게 높은 점수이지만 기말시험의 70점은 중간시험만큼 특별한 점수라고 보기 어렵다. 즉, 중간시험과 기말시험의 변산성이 다른 것도 개별 측정값의 단순 비교를 어렵게 한다.

표준화는 개별 측정값의 의미 해석을 위한 기준점은 평균, 단위는 표준편차가 되도록 개별 측정값을 변환하는 방법이다. 서로 다른 평균과 변산성을 가지는 자료는 자료의 개별 측정값에 의미를 부여하기 위한 기준점과 단위가 다르다. 따라서 서로 다른 기준점과 단위를 가지는 자료의 측정값을 비교하기 위해서는 기준점과 단위를 통일해야 한다. 표준화를 거친 점수는 개별 측정값이 각 자료의 평균으로부터 떨어진 거리를 각 자료의 표준편차를 단위로 표현한다. [수식 7-1]은 변인 X의 원점수 X_i를 표준점수 Z_i로 변환하는 방법을 기술한다. X_i는 i번째 참가자의 변인 X의 원점수를 의미하고 $\overline{X}$는 변인 X의 평균, $SD(X)$는 변인 X의 표준편차를 의미한다.

$$Z_i = \frac{X_i - \overline{X}}{SD(X)}$$ ·············· [수식 7-1]

앞의 공식을 사용하여 개인의 원점수를 변환한 점수를 표준점수 또는 z점수(z-score)라고 부른다. 원점수의 평균과 표준편차에 관계없이 표준점수의 평균은 0, 표준편차는 1이다. 표준점수는 서로 다른 평균과 표준편차를 갖는 자료를 평균은 0, 표준편차는 1인 점수체계에서 표현하므로 표준점수를 이용하면 기준점과 단위가 다르더라도 측정값들의 상대적 크기를 비교할 수 있다. 〈표 7-1〉은 학교 내 고양이 자료의 중성화 이전과 이후 몸무게 변인의 원점수(몸무게)와 표준점수(표준화된 몸무게)를 보여 준다.

〈표 7-1〉 몸무게의 원점수와 표준점수

고양이	몸무게: 중성화 이전	Z_중성화 이전	몸무게: 중성화 이후	Z_중성화 이후
1	5.4	1.978	6	2.920
2	5.3	1.877	4.6	0.796
3	3.7	0.275	3.8	−0.417
4	4.8	1.377	4.3	0.341
5	4.2	0.776	4.5	0.645
6	4.3	0.876	4.6	0.796
7	4.3	0.876	4.3	0.341
⋮	⋮	⋮	⋮	⋮
32	1.8	−1.627	3.4	−1.024
33	1.4	−2.028	3.6	−0.720
34	2.4	−1.026	3.9	−0.265
35	3.1	−0.325	4.3	0.341

36	4	0.576	4.4	0.493
	평균: 3.425 표준편차: 0.999	평균: 0 표준편차: 1	평균: 4.075 표준편차: 0.659	평균: 0 표준편차: 1

〈표 7-1〉에서 다음과 같은 표준점수의 특징을 확인할 수 있다. 첫째, 표준점수의 부호는 평균을 기준으로 한 상대적인 위치를 나타낸다. 표준점수가 양수이면 평균보다 크고 표준점수가 음수이면 평균보다 작은 점수를 의미한다. 둘째, 원점수가 평균과 떨어진 정도는 표준편차를 단위로 표현되어 있다. 1번 고양이의 중성화 이전 몸무게 표준점수가 1.978이라는 것은 이 고양이의 몸무게가 평균보다 표준편차를 단위로 1.978개만큼 크다는 의미이다. 표준점수는 기준점과 단위가 통일된 점수이기 때문에 표준점수를 사용하면 서로 다른 집단, 변인 등의 값들을 편리하게 비교할 수 있다. 예를 들어, 3번 고양이의 몸무게는 중성화 이전 3.7kg에서 중성화 이후 3.8kg로 증가했지만, 표준점수로는 0.275에서 −0.417로 감소하였다. 이는 고양이들의 평균 몸무게가 3.425kg에서 4.075kg으로 증가해서, 집단 내에서 이 고양이의 위치는 오히려 낮아졌음을 의미한다. 또한, 7번 고양이의 몸무게는 중성화 이전과 이후 모두 4.3kg로 변화가 없었지만, 표준점수로는 0.876에서 0.341로 감소하였다. 이는 7번 고양이의 몸무게가 중성화 이전에는 집단 내에서 무거운 편이었으나 중성화 이후 다른 고양이들이 전체적으로 몸무게가 증가하면서 좀더 평균에 가까워졌음을 의미한다.

표준점수들의 평균은 언제나 0이기 때문에 음수인 점수도 존재할 수 있다. 또한, 평균으로 인식되어야 하는 0은 상식적으로 사람들이 이해하는 0점과 다른 의미가 있다. 따라서 z점수를 그대로 사용하기보다는 다른 표준점수체계로 바꾸어 의사소통하기도 한다. 예를 들면, 웩슬러 지능검사 점수는 평균이 100이고, 표준편차가 15인 표준점수체계이고, T점수체계는 평균이 50이고, 표준편차는 10이다. 이 표준점수체계의 점수들은 z점수에 원하는 점수체계의 표준편차를 곱하고 평균을 더하여 산출된다. 이 과정은 모두 점수를 직관적으로 이해하기 위한 과정으로 이해할 수 있다.

제8장   두 변인 사이의 관계 기술하기: 범주형 자료가 포함된 관계

 1 개요

변인 사이의 관계를 아는 것은 세상을 이해하는 데 도움이 된다. 연구자들은 종종 관심 있는 현상이 왜 일어나는지 알고자 하는데, 그것은 곧 결과로서 관찰되는 현상(종속변인)과 원인이라고 생각되는 변인(독립변인)의 관계를 파악함으로써 가능해진다. 다음은 연구 질문의 몇 가지 예시이다.

- "왼손잡이는 여성보다 남성이 더 많은가?"
- "성별에 따른 평균 키의 차이가 있는가?"
- "학생의 동기는 수업성취도에 영향을 미치는가?"

앞의 질문들은 각각 범주형 변인(성별)과 범주형 변인(주로 사용하는 손)의 관계, 범주형 변인(성별)과 연속형 변인(키)의 관계, 연속형 변인(동기)과 연속형 변인(성취도)의 관계에 대한 것이다. 두 변인 사이의 관계를 기술하는 방법은 관계를 알아보고자 하는 변인의 특성에 따라 달라진다. 제8장과 제9장에서는 두 변인 사이의 관계를 기술하는 법을 다룬다. 제8장에서는 범주형 자료가 포함된 관계를 기술하는 방법을 두 개의 범주형 변인의 관계 및 범주형 변인과 연속형 변인의 관계를 기술하는 법으로 나누어 소개한다. 한 변인에 대한 기술통계에서와 마찬가지로 관계를 기술하기 위해서도 통계량과 그래프를 이용할 수 있다.

2 범주형×범주형

관련성을 확인하려는 두 변인이 모두 범주형 변인일 때 참가자의 반응은 두 변인에 대해서 명명척도 수준으로 측정된다. 두 변인이 모두 명명척도 수준으로 측정되었으므로 두 범주형 변인의 관련성은 참가자가 두 변인의 어떤 항목에 반응하였는지 그 반응양상(패턴)의 빈도를 이용하여 파악할 수 있다. 〈표 8-1〉은 학교 내 고양이 자료의 36마리 고양이의 성별과 털 무늬를 보여 준다. 이 표를 두 변인의 각 항목들이 서로 교차하도록 변형하여 교차된 항목에 속하는 빈도를 기록하면 〈표 8-2〉와 같은 교차분할표(cross-table) 또는 유관표(contingency table)를 얻을 수 있다.

<표 8-1> 원자료

고양이번호	성별	털 무늬
1	남	검은색
2	남	검은색
3	남	치즈태비
4	남	치즈태비
5	남	치즈태비
…	…	…
32	여	고등어태비
33	여	삼색
34	여	삼색
35	여	고등어태비
36	여	삼색

<표 8-2> 성별과 털 무늬의 교차분할표

	검은색	고등어태비	삼색	치즈태비	회색	흰색	합계
남	3	4	0	5	3	3	18
여	2	5	8	0	1	2	18
합계	5	9	8	5	4	5	36

학교 내 고양이 자료의 성별과 털 무늬는 각각 두 개와 여섯 개의 항목을 각 수준으로 가지므로 이 두 변인에 대한 교차분할표는 2×6=12개의 셀(cell)로 구성된다. 셀은 두 변인의 항목 조합을 의미한다. 첫 번째 셀에 제시된 빈도 3을 셀빈도(cell freqeuncy)라고 하는데 성별이 남자이면서 털 무늬가 검은색인 고양이는 세 마리라는 의미이다. 셀들의 그 외곽에는 각 변인의 항목별 합계와 전체 합계가 제시된다. 이 빈도들은 주변빈도 또는 외곽빈도(marginal frequency)라고 한다. 주변빈도는 다른 변인의 어떤 항목에 응답이 있는지를 고려하지 않은 빈도, 즉 한 변인에서 특정 항목의 빈도를 의미한다.

변인 사이의 관계는 조건부 비율(conditional proportion)을 통해 파악할 수 있다. 조건부 비율은 '한 변인의 특정한 항목 중' 다른 변인의 항목 비율이다. 〈표 8-3〉에서 '남자 고양이 중'이 조건에 해당하고, 이 조건에서 털 무늬가 검은색인 고양이의 비율이 조건부 비율 중 하나가 될 수 있다. 이 비율은 각 셀의 빈도를 조건에 해당하는 항목의 합계로 나누어서 계산한다. 〈표 8-3〉에 고양이 성별에 따른 털 무늬의 조건부 비율이 제시되었다. 고양이의 성별이 조건에 해당하므로 남자 고양이 중 각 털 무늬를 가지는 고양이의 비율과 여자 고양이 중 각 털 무늬를 가지는 고양이의 비율을 계산한다. 고양이 성별이 교차분할표의 행에 제시되어 있으므로 행에 대한 비율을 산출한 것이다.

〈표 8-3〉 조건부 비율

	검은색	고등어태비	삼색	치즈태비	회색	흰색	합계
남	3/18	4/18	0/18	5/18	3/18	3/18	18/18
여	2/18	5/18	8/18	0/18	1/18	2/18	18/18
합계	5/36	9/36	8/36	5/36	4/36	5/36	36/36

조건부 비율은 어떻게 범주형 변인 사이의 관련성을 보여 줄 수 있을까? 고양이의 성별과 털 무늬가 관련 있다면 조건부 비율들은 어떤 양상일까? 남자 고양이인 경우와 여자 고양이인 경우에 고등어태비, 삼색, 치즈태비 등의 털 무늬 항목에서 다르게 관찰될 것이다. 즉, 한 변인의 각 항목에서 다른 변인의 조건부 비율 분포가 서로 다르다면 '관계있음'의 증거가 된다. 〈표 8-3〉에서는 여자 고양이 중에는 털 무늬가 삼색인 고양이가 8/18이지만 남자 고양이 중에는 삼색인 고양이가 전혀 없다. 또한, 남자 고양이 중에는 털 무늬가 치즈태비인 고양이가 가장 많지만, 여자 고양이 중에서는 삼색인 고양이가 가

장 많다. 반대로, 한 변인의 각 항목에서 다른 변인의 조건부 비율 분포가 유사하다면 '관계없음'의 증거로 삼을 수 있다. 한 변인의 항목에 따라 다른 변인의 조건부 비율 분포가 달라지지 않는다면 이 두 변인의 관계를 '독립적(independent)'이라고 한다.

두 범주형 변인의 관계를 막대그래프로 시각화할 수 있다. 두 변인 중 '조건'에 해당하는 변인을 막대의 색으로, 다른 변인을 X축에 나타내고, 빈도를 Y축에 제시하는 방법이 일반적이다. 이렇게 하면 셀빈도를 막대의 높이로 나타낼 수 있고, 같은 색 막대 높이의 분포가 한 조건에서의 빈도분포가 된다. 만약 두 변인이 독립적이라면 색으로 구분된 막대들의 높이(빈도)의 분포는 유사하다. [그림 8-1]은 〈표 8-2〉의 교차분할표를 막대그래프로 제시한 것이다. 초록색 막대 높이의 분포가 회색 막대 높이의 분포와 다른 것을 한눈에 확인할 수 있고, 이것은 성별과 털 무늬가 독립이 아니라는 것을 의미한다. 만약 털 무늬와 성별이 독립이었다면, 성별에 따른 털 무늬의 빈도분포 양상이 일정했을 것이다.

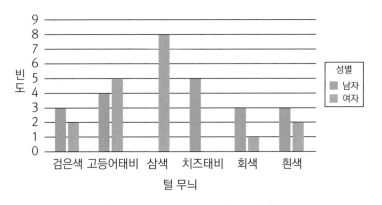

[그림 8-1] 교차분할표로 그린 막대그래프(단위: 빈도)

3 범주형 × 연속형

관련성을 확인하려는 두 변인이 범주형 변인과 연속형 변인일 때 참가자의 반응은 각각 명명척도 수준과 등간척도 이상의 수준으로 측정된다. 범주형 변인과 연속형 변인 사이의 관계는 범주형 변인의 '항목에 따른' 연속형 변인의 '중심경향성 차이'로 파악할 수 있다. 〈표 8-4〉는 학교 내 고양이 자료의 36마리 고양이의 성별과 중성화 이전 몸무게를 측정한 자료를 보여 준다. 이 자료를 남자 고양이와 여자 고양이의 자료로 나누어 몸무게의 기술통계량을 계산하면 〈표 8-5〉와 같은 결과를 얻을 수 있다.

〈표 8-4〉 성별과 몸무게 원자료

고양이 번호	성별	몸무게: 중성화 이전
1	남	5.4
2	남	5.3
3	남	3.7
4	남	4.8
5	남	4.2
⋮	⋮	⋮
32	여	1.8
33	여	1.4
34	여	2.4
35	여	3.1
36	여	4.0

〈표 8-5〉 성별에 따른 몸무게 요약통계량

성별	몸무게 평균	표준편차	통합된 표준편차
남	3.794	0.999	0.925
여	3.056	0.851	

〈표 8-5〉에서 남자 고양이의 몸무게는 평균적으로 3.794kg, 여자 고양이의 몸무게는 평균적으로 3.056kg이라는 것을 알 수 있다. 남자 고양이의 몸무게가 여자 고양이의 몸무게보다 0.738kg 무겁다는 것은 고양이의 성별과 몸무게가 관련이 있다는 것을 시사한다. 그렇다면 이 관계는 '얼마나' 강한 관계일까? 관계의 강도(magnitude)를 보여 주는 통계량을 효과크기(effect size)라고 한다. 관계를 파악하려는 두 변인이 범주형과 연속형이라면 범주형 변인의 각 항목 간 평균 차이로 효과크기를 산출할 수 있다. 즉, 남자 고양이와 여자 고양이의 평균 몸무게 차이는 그 자체로 효과크기이다. 따라서 이 차이가 클수

록 성별과 몸무게의 관계는 크다고 할 수 있다.

앞 장에서 공부한 바에 따르면 숫자의 의미를 파악하기 위해서는 단위가 필요하다. 효과크기 역시 단위에 익숙하지 않다면 그 크기를 이해하기 어렵다. 따라서 연구자들은 원점수 체계의 효과크기(원점수의 차이) 대신 표준화된 효과크기(standardized effect size)를 사용하고, 일반적으로 효과크기란 표준화된 효과크기를 의미한다. 표준화된 효과크기는 두 집단의 평균 차이를 전체 자료의 표준편차(통합된 표준편차, pooled standard deviation)[1]로 나누어 산출할 수 있다. 이렇게 산출한 효과크기는 표준편차 단위로 표현된 평균 차이라는 의미를 갖는다. 이 값을 Cohen's d라고 한다(Cohen, 1988). 〈표 8-5〉의 자료로 계산된 Cohen's d는 0.798이다. 이 숫자는 '남자 고양이의 중성화 이전 몸무게가 여자 고양이의 중성화 이전 몸무게보다 0.798 표준편차만큼 무겁다'는 의미이다.

〈표 8-5〉의 평균을 그래프로 그리면 범주형 변인과 연속형 변인의 관계를 시각화할 수 있다. 범주형 변인이 포함되어 있으므로 막대그래프가 적절하다. 막대그래프는 x축에는 범주형 변인인 고양이의 성별, y축은 연속형 변인에 대한 요약통계량인 몸무게 평균이 제시되도록 그린다. [그림 8-2]에 〈표 8-5〉의 고양이의 성별에 따른 평균 몸무게를 나타내는 막대그래프가 제시되었다. 그림을 통해 우리는 남자 고양이가 여자 고양이보다 무겁다는 것을 알 수 있다.

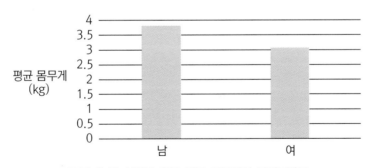

[그림 8-2] 성별에 따른 평균 몸무게의 막대그래프

---

1) 전체 자료의 표준편차는 두 집단의 표준편차를 통합한 표준편차이다. 통합된 표준편차는 두 집단의 표준편차 사이의 중간지점에 해당하지만, 더 정확히는 두 집단의 사례 수가 고려된 가중평균(weighted average)이다. 이는 17장에서 더 자세히 설명하였다.

| 제9장 | 변인 사이의 관계 기술하기: 연속형 × 연속형 |

1 개요

관련성을 확인하려는 두 변인이 모두 연속형일 때 두 변인은 등간척도 이상의 수준으로 측정된다. 이것은 두 변인의 양에 대한 정보를 활용하여 관련성을 파악할 수 있다는 의미이기도 하다. 따라서 '한 변인의 크기(양)가 변화'할 때 다른 변인의 크기가 변화하는지, 어떻게 변화하는지를 파악함으로써 두 변인의 관련성을 기술할 수 있다. 그중에서도 한 변인의 크기가 커짐에 따라 다른 변인의 크기가 비례하여 변화하는 관계를 선형적 관계(linear relationship)라고 한다. 이 장에서는 두 연속형 변인의 선형적 관계를 보여 주는 통계량인 공분산과 상관계수를 설명한다. 그리고 두 연속형 변인의 관계를 시각화하여 보여 주는 산포도를 소개한다.

2 통계량

1) 공분산

두 연속형 변인 사이의 선형적 관계를 보여 주는 통계량으로 공분산 또는 공변량이 있다. 공분산(covariance)은 '두 변인의 편차곱의 평균'으로 정의되고, 두 개의 연속변인 X와 Y의 공분산은 [수식 9-1]과 같이 표현된다.

$$Cov(X, Y) = \frac{\sum\limits_{i=1}^{N}(X_i - \overline{X})(Y_i - \overline{Y})}{N} \quad \text{·············· [수식 9-1]}$$

〈표 9-1〉은 학교 내 고양이 자료에 속한 36마리 고양이의 중성화 전과 후에 측정한 몸무게와 두 변인의 편차를 보여 준다. 중성화 이전 몸무게의 평균은 3.425이고, 중성화 이후 몸무게의 평균은 4.075이다. 중성화 전과 후의 몸무게 공분산을 [수식 9-1]에 따라 계산한 값은 $\frac{[(1.975) \cdot (1.925) + (1.875) \cdot (0.525) + ... + (0.575) \cdot (0.325)]}{36} = 0.481$ 이다.

〈표 9-1〉 중성화 이전 몸무게와 중성화 이후 몸무게 원자료

고양이 번호	몸무게: 중성화 이전	몸무게: 중성화 이후	편차: 중성화 이전	편차: 중성화 이후
1	5.4	6	1.975	1.925
2	5.3	4.6	1.875	0.525
3	3.7	3.8	0.275	−0.275
4	4.8	4.3	1.375	0.225
5	4.2	4.5	0.775	0.425
⋮	⋮	⋮	⋮	⋮
32	1.8	3.4	−1.625	−0.675
33	1.4	3.6	−2.025	−0.475
34	2.4	3.9	−1.025	−0.175
35	3.1	4.3	−0.325	0.225
36	4	4.4	0.575	0.325

공분산은 각 변인의 변산성 중 두 변인이 공유하는 부분을 의미한다. 공분산은 선형적 관계가 강할수록 절댓값이 커지고, 약할수록 0에 가까워진다. 한 변인의 분산은 제곱된 변산성이기 때문에 언제나 양수이지만 공분산은 분산과 달리 부호를 가질 수 있다. [수식 9-1]에 기술된 바와 같이 공분산은 두 변인의 편차를 곱한 값에 기초하여 계산되기 때문이다. 공분산의 부호가 양수이면 두 변인이 같은 방향으로 변화한다는 것을 의미하고, 음수이면 두 변인이 변화하는 방향이 반대라는 것을 의미한다.

중성화 전과 후의 몸무게 공분산인 0.481은 양수이므로 중성화 전에 측정한 고양이의 몸무게와 중성화 후에 측정한 고양이의 몸무게는 같은 방향으로 변화하는 관계, 즉 정적 관계(positive relationship)라는 것을 알 수 있다. 중성화 전과 후의 고양이 몸무게가 정적인 관계라는 것은 중성화 전에 평균보다 무거웠던 고양이가 중성화 후에도 평균보다 무거운 경향이 있다는 것이다. 즉, 중성화 전 몸무게가 증가할수록 중성화 후 몸무게도 증가한다(또는 중성화 전 몸무게가 감소할수록 중성화 후 몸무게도 감소한다). 그렇다면 이 관계는 얼마나 강한 관계일까? 이 강도는 공분산을 통해 알기 어렵다. 앞에서 다루었듯이 숫자는 상대적이어서 단위와 기준점을 모른다면 해석하기 어렵기 때문이다. 사실 공분산의 단위는 두 변인의 측정 단위를 서로 곱한 것이다. 이 단위는 실제적인 의미를 갖지 않을 때가 많다. 학교 내 고양이 자료에서 두 변인은 모두 몸무게이고, kg 단위로 측정되었으므로 이들의 공분산 단위를 군이 명시하자면 kg의 제곱이다.

2) 상관계수

❖ 계산식

공분산은 두 변인의 선형적 관계를 보여 주지만 그 숫자의 크기를 의미 있게 해석하기는 어렵다. 모호한 단위의 문제는 공분산을 표준편차 단위로 표현해 줌으로써 해결할 수 있다. 공분산이 두 변인의 표준편차로 몇 개만큼인지 표현하는 것이다. [수식 9-2]와 같이 공분산을 두 변인의 표준편차 곱으로 나누어 준 값을 상관계수(correlation coefficient), 특히 Pearson 상관계수(Pearson's r)라고 한다. 상관계수는 두 변인의 표준편차 단위로 표현된 공분산이고, 표준화된 관계의 강도, 즉 효과크기이다.

$$r_{XY} = \frac{Cov(X, Y)}{SD(X) \cdot SD(Y)} \qquad \text{............ [수식 9-2]}$$

학교 내 고양이 자료에서 중성화 전과 후 몸무게의 표준편차는 각각 0.999와 0.659이므로 [수식 9-2]에 따라 상관계수를 계산하면 $\frac{0.481}{0.999 \cdot 0.659} = 0.730$을 얻는다.

상관계수를 계산하는 또 다른 방법은 표준점수를 이용하는 것이다. 상관계수는 [수식

9-3]과 같이 '두 변인의 표준점수 곱의 평균'으로도 정의될 수 있다. 수식에 사용된 기호 Z_{X_i}와 Z_{Y_i}는 각각 i번째 참가자의 X와 Y에 대한 표준점수를 의미한다. [수식 9-2]와 [수식 9-3]은 항상 같은 결과를 산출한다.

$$r_{XY} = \frac{\sum_{i=1}^{N} Z_{X_i} Z_{Y_i}}{N}$$ ············· [수식 9-3]

〈표 9-2〉는 학교 내 고양이의 중성화 전과 후 몸무게의 표준점수와 표준점수의 곱을 보여 준다.

<표 9-2> $ZxZy$

고양이 번호	몸무게: 중성화 이전(x)	몸무게: 중성화 이후(y)	Zx	Zy	$ZxZy$
1	5.4	6	1.978	2.920	5.774
2	5.3	4.6	1.877	0.796	1.495
3	3.7	3.8	0.275	-0.417	−0.115
4	4.8	4.3	1.377	0.341	0.470
5	4.2	4.5	0.776	0.645	0.500
...	...	...	...	...	...
32	1.8	3.4	−1.627	−1.024	1.666
33	1.4	3.6	−2.028	−0.720	1.461
34	2.4	3.9	−1.026	−0.265	0.272
35	3.1	4.3	−0.325	0.341	−0.111
36	4	4.4	0.576	0.493	0.284

[수식 9-3]에 따라 상관계수를 계산하면 변인 $Z_x \cdot Z_y$의 평균인 0.730을 얻는다. [수식 9-2]를 사용했을 때와 [수식 9-3]을 사용했을 때의 결과가 같은 것은 우연이 아니다. 두 방법 모두 계산 결과는 '편차곱의 평균을 표준편차 단위로 표현한 것'이라는 의미가 있다. 계산식이 다르게 보이는 것은 단지 사칙연산의 순서가 바뀌었기 때문이다.

상관계수의 해석

상관계수의 크기는 어떻게 해석할까? 상관계수는 언제나 −1과 1 사이의 값을 가진다. 상관계수가 1 또는 −1이라는 것은 '완벽한 선형관계'를 의미한다. 완벽하다는 말의 의미는 한 변인의 측정값이 주어지면 다른 변인의 측정값을 오차 없이 예측할 수 있다는 것이다. 공분산과 마찬가지로 양의 부호의 상관계수는 두 변인이 같은 방향으로 변화하는 정적관계(positive correlation)를, 음의 부호의 상관계수는 두 변인이 다른 방향으로 변화하는 부적관계(negative correlation)를 의미한다. 상관계수가 0이라면 '선형적 관계가 없다'는 의미이다.

상관계수는 효과크기에 대한 통계량으로 널리 쓰이기 때문에 그 크기에 대해 참고할 만한 기준이 제시되어 있다. Cohen(1988)은 상관계수의 절댓값이 0.1~0.3 사이이면 약한 관계, 0.3~0.5 사이이면 중간 정도의 관계, 0.5를 넘으면 강한 관계라는 기준을 제시하였다. 다만, 이 기준은 절대적인 기준이 아니므로 상관의 크기에 대해서는 학문영역과 변인의 특성에 따라 판단하는 것이 바람직하다.

학교 내 고양이 자료에서 중성화 전과 후에 측정한 몸무게의 상관계수는 $r = 0.730$이다. 이 숫자는 Cohen(1988)의 기준에 따르면 매우 강한 정적 상관관계라고 판단할 수 있다. 중성화 이전에 측정한 몸무게가 무거운 고양이는 중성화 이후에 측정한 몸무게도 무거울 것으로 기대할 수 있다.

상관계수 해석의 주의점

상관계수를 해석할 때는 몇 가지 주의할 점이 있다. 다음과 같은 점들에 주의를 기울이지 못하면 상관계수는 변인 사이의 실제 관계를 왜곡할 수도 있다.

첫째, Pearson 상관계수는 두 변인이 연속형일 때, 즉 등간척도 이상의 수준으로 측정되었을 때, 두 변인의 선형적 관계 강도를 보여 주는 통계량이다. 만약 변인 사이의 관계가 비선형적(=곡선적)이라면 Pearson 상관계수가 두 변인의 관계를 잘 보여 주지 못할 수도 있다. [그림 9-1]의 A와 B의 관계는 깨끗한 곡선형 관계이다. B의 변화 패턴은 A가 0에서 5일 때까지는 증가하다가 A가 6에서 10일 때까지는 일정하게 감소하는 것이다. 일정한 패턴이 있는 관계는 의미가 있을 수 있다. 그러나 A와 B의 상관계수는 0.099로 작은 크기이다. 이것은 자료를 자세히 관찰하지 않고 상관계수를 사용한다면 실제로 의미 있는 관계가 있지만, 그것을 발견하지 못할 수 있다는 것을 보여 준다.

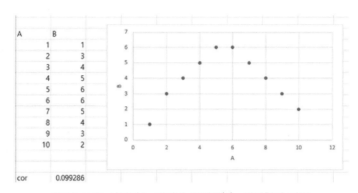

[그림 9-1] 상관계수 해석의 유의점(1): 비선형적 관계

둘째, 상관계수는 이상값에 취약하다. 하나의 이상값이 상관계수를 크게 변화시킬 수 있다. [그림 9-2]에 제시된 두 그림은 X가 1부터 10까지 변화함에 따라 변화하는 Y값을 나타낸다. [그림 9-2]의 두 그림은 X가 1일 때부터 9일 때까지의 Y값은 모두 같고, X가 10일 때의 값만 왼쪽 그림에서는 Y=10, 오른쪽 그림에서는 Y=0이다. 두 그림의 상관계수는 얼마나 다를까?

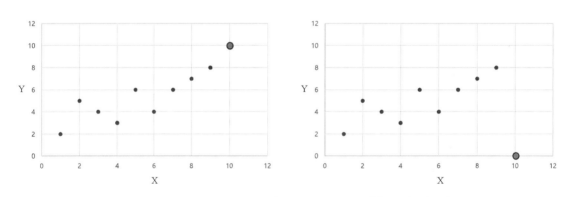

[그림 9-2] 상관계수 해석의 유의점(2): 이상값

[그림 9-3]에 [그림 9-2]를 그리기 위한 원자료와 두 변인의 상관계수가 제시되었다. [그림 9-2]의 왼쪽에 제시된 그림의 상관계수는 0.874로 강한 선형적 관계를 의미한다. 하지만 왼쪽에 제시된 그림과 아홉 개의 숫자가 일치하는 오른쪽에 제시된 그림의 상관계수는 0.190이다. 이 숫자는 Cohen의 지침에 따르면 약한 관계이다. 이처럼 상관계수는 자료에 포함된 단 하나의 값으로도 크게 영향을 받을 수 있다. 따라서 연구자는 상관계수를 산출하기 전에 자료에 포함된 이상값을 살펴봐야 한다.

A	B		A	B
1	2		1	2
2	5		2	5
3	4		3	4
4	3		4	3
5	6		5	6
6	4		6	4
7	6		7	6
8	7		8	7
9	8		9	8
10	10		10	0
cor	0.873698		cor	0.189934

[그림 9-3] 상관계수 해석의 유의점(2): 이상값

셋째, 자료의 범위가 제한되어 자료가 현실을 잘 반영하지 못하는 경우 상관계수가 크게 바뀔 수 있다. 미국의 대학수학능력시험인 SAT 점수와 그 학생의 30세 때의 소득 사이의 관계가 잘 알려진 예이다. 두 변인은 실제로 선형적 관계가 있다. 하지만 만약 대학생만을 대상으로 상관계수를 산출한다면, 이 선형적 관계를 발견하지 못하거나 과소추정할 가능성이 크다. [그림 9-4]는 중성화 이전 몸무게의 전체 범위를 포함하는 자료와 4kg 이상의 고양이만 포함된 자료의 산포도가 시각적으로 어떻게 다른지 보여 준다. 전체 자료에서의 상관계수는 0.73이지만 4kg 이상의 고양이 자료에서의 상관계수는 0.60이다.

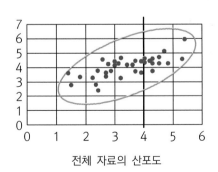

전체 자료의 산포도

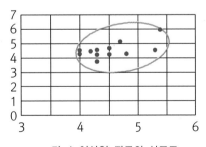

x가 4 이상인 자료의 산포도

[그림 9-4] 상관계수 해석의 유의점(3): 범위의 제한

3   산포도

두 연속형 변인의 관계를 시각화하는 방법은 산포도(scatter plot)를 그리는 것이다. [그림 9-1]과 [그림 9-2]에서 제시되었던 그래프가 산포도인데, 두 변인의 측정값을 각각 X축과 Y축으로 설정하고 개별 사례를 좌표 위에 점으로 표시한다. [그림 9-5]는 중성화 전과 후 몸무게의 산포도를 보여 준다.

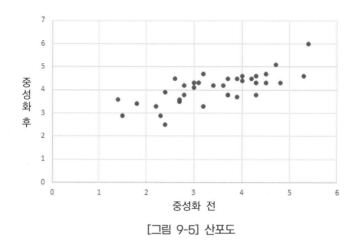

[그림 9-5] 산포도

산포도의 점들 사이를 지나는 가상의 선을 그리면 산포도를 통해 관계를 확인할 수 있다. 만약 두 변인의 관계가 강하다면 가상의 선 주위에 점들이 가깝게 모여있는 양상을 확인할 수 있다. 반면에, 관계가 약하다면 평면 위에 점들이 넓게 퍼져있는 양상이 나타난다. 산포도 위 점들을 지나는 가상의 선이 왼쪽 아래에서 오른쪽 위로 그려진다면 정적관계, 왼쪽 위에서 오른쪽 아래로 그려진다면 부적관계를 나타낸다. [그림 9-5]의 모든 점들로부터 거리가 가까운 하나의 직선을 그리면, 그 직선은 왼쪽 아래에서 오른쪽 위로 올라갈 것이다. 그러므로 중성화 전과 후의 고양이 몸무게는 강한 정적관계라고 말할 수 있다.

산포도는 상관계수의 해석 시 유의할 점에서 언급한 것처럼 상관계수를 해석하기 전 변인의 관계를 탐색하기 위해 사용될 수 있다. 산포도는 두 변인 사이의 관계가 선형관계가 아니더라도 그것을 보여 줄 수 있다. 선형관계를 찾을 때와 마찬가지로 자료 전체를 잘 설명하는 곡선을 찾을 수 있고, 그 곡선을 함수식으로 잘 표현할 수 있으면, 두 변인은 곡선형 관계가 있다고 말할 수 있다. 산포도를 통해 자료 대다수와 떨어진 이상값을 찾을 수도 있다.

실습

[Part I 기술통계: 엑셀]

실습 1　엑셀 소개
○ 목표: 엑셀 소개, 연산, 함수, 파일형식(txt, csv, xlsx) 이해하기

실습 2　하나의 범주형 자료 기술
○ 목표: 빈도분포표(COUNTIF 함수), 상대빈도분포표, 막대그래프, 원그래프 그리기

실습 3　하나의 연속형 자료 기술
○ 목표: 요약통계량 구하기: AVERAGE, MEDIAN, VAR.P, STEEV.P, QUARTILE.INC, MIN, MAX
　　　　－ 그래프 그리기: 상자그림, 히스토그램
　　　　－ 피벗테이블(피벗차트)
　　　　－ COUNTIFS 함수
　　　　－ 자료 정렬

실습 4　표준화
○ 목표: 표준점수 구하기
　　　　－ STANDARDIZE 함수

실습 5　두 변인 사이의 관계 기술
○ 목표: 변인 특성에 따라 관계를 파악하기
　　　　－ 교차분할표
　　　　－ 산포도
　　　　－ COVARIANCE.P 함수, CORREL 함수

예제자료

이 책의 Part I과 Part III 실습을 위해서 학교 내 고양이 자료를 예제자료로 사용한다. 이 자료는 저자의 개인 웹페이지(https://sites.google.com/view/wooyeollee)에서 내려받을 수 있다. 예제자료의 파일 이름은 'catweight.txt'이고, 변인과 변인 사이가 탭(tab)으로 분리된 텍스트 파일 형식이다.

변인 소개

subnum: 고양이 번호
place: 서식지(dorm: 기숙사, center: 학생회관, soc: 사회대)
gender: 고양이의 성별(m: 남성, f: 여성)
coat: 털 무늬(black: 검은색, mackerel: 고등어, three: 삼색, cheese: 치즈태비, gray: 회색, white: 흰색)
pattern: 털 무늬 유무[Y: 털 무늬 있음(고등어, 삼색, 치즈태비), N: 털 무늬 없음(검은색, 회색, 흰색)]
weight1: 중성화 이전 몸무게(단위: kg)
weight2: 중성화 이후 몸무게(단위: kg)

사례 수(N): 36

[Part I 기술통계: 엑셀]

[실습 1] 엑셀 소개

○ 목표: 엑셀 소개, 연산, 함수, 파일형식(txt, csv, xlsx) 이해하기

마이크로소프트 엑셀(Microsoft Excel)은 스프레드시트(spreadsheet) 프로그램이다. 엑셀은 상용 프로그램이고 구글 시트(Google Sheets), 한컴오피스 한셀과 같이 유사한 기능을 갖는 대안적인 프로그램이 있다. 스프레드시트는 자료를 정리하고 자료로부터 정보를 추출하는 데 사용되는 프로그램이다. 실습의 Part I에서는 엑셀을 사용하여 자료를 기술하는 방법을 설명한다. 엑셀에는 많은 기능이 있지만 이 책에서는 자료를 기술하는 방법을 위주로 다룬다.

엑셀을 처음 시작하고, 새 문서를 열면 다음과 같은 격자무늬 시트(sheet)가 보인다. 이 시트의 한 칸 한 칸을 셀(cell)이라고 부른다. 셀은 개별 정보가 입력되는 장소이다. 각 셀은 열과 행을 따서 이름을 붙인다. 시트의 위쪽에는 열 마다 A, B, C와 같이 열 이름이 붙어있고 왼쪽에는 1, 2, 3과 같이 행 번호가 붙어있다. 셀 이름은 A1, B2와 같이 열 이름과 행 번호를 붙여서 만들어진다. 예를 들어, 다음 그림에서 값을 입력할 수 있도록 상자로 선택된 셀 이름은 B5이다.

연산

엑셀을 사용해서 수학적 연산을 할 수 있다. 엑셀로 연산을 하는 방법은 셀에 등호(=)를 입력하고 계산식을 쓰는 것이다. 예를 들어, 다음 그림과 같이 선택된 셀에 '=2+3'이라고 입력하고 엔터를 치면, 5라는 계산 결과가 셀에 입력된다.

셀에 입력된 정보를 이용하여 연산을 할 수도 있다. 엑셀 연산에서 숫자 대신에 셀 이름을 입력하면 된다. 예를 들어, A1부터 A5의 셀에 차례대로 1, 2, 3, 4, 5라는 숫자를 입력하고 A6에 '=A1+A2+A3+A4+A5'를 입력하면 A1부터 A5에 입력된 정보인 1, 2, 3, 4, 5의 합인 15가 산출된다. 각 셀의 숫자가 바뀌면 계산 결과도 바뀐다.

엑셀에서는 함수(function)를 통해 필요한 연산을 쉽게 수행할 수 있다. 함수는 연산들의 조합이라고 생각할 수 있다. 엑셀은 자주 쓰이는 계산식을 함수로 만들어 제공한다. 예를 들어, sum 함수는 지정된 범위에 포함된 모든 값을 더하는 함수이다. 다음 그림과 같이 '=sum(A1:A5)'라고 입력하는 것은 '=A1+A2+A3+A4+A5'를 입력하는 것과 같은 결과를 산출한다. 콜론(:)은 '~부터 ~까지'를 의미하는 기호이다.

파일 저장하기/불러오기

엑셀에서 만든 자료를 저장하는 기본적인 파일 형식은 엑셀 통합 문서(확장자 .xlsx)이다. 엑셀
창에서 '파일 → 다른 이름으로 저장' 클릭 후, 다음 그림처럼 경로를 지정하고, 파일 이름을 입력
하고, 파일 형식을 엑셀 통합 문서로 설장하고, '저장' 버튼을 누르면 지정된 폴더에 엑셀파일이
생성된다.

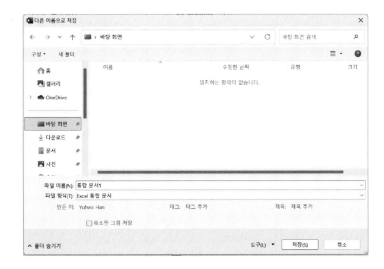

저장된 엑셀 파일을 불러오려면 '파일 → 열기 → 찾아보기'를 클릭하고 파일이 들어있는 폴더를
경로로 설정한 후 불러오려는 파일을 선택하고 '열기' 버튼을 누른다.

엑셀은 다른 형식의 파일을 엑셀로 불러오거나 저장할 수 있다. 그 이유는 자료 정리와 분석을 위한 다양한 프로그램들과의 호환성을 위해서이다. 엑셀 통합 문서 형식은 다른 프로그램과 호환성이 낮지만, 텍스트 파일(.txt)과 쉼표로 분리된 값(CSV) 파일(.csv) 형식은 대부분 통계 프로그램에서 불러올 수 있다. 엑셀에서 텍스트 파일과 CSV 파일을 저장하기 위해서는 통합 문서 형식으로 저장할 때와 마찬가지로 '파일 → 다른 이름으로 저장' 클릭 후, 저장할 파일 형식을 '텍스트(탭으로 분리)' 또는 'CSV(쉼표로 분리)'를 선택한다. 텍스트 형식이나 CSV 형식으로 된 자료파일을 불러올 때도 '파일 → 열기 → 찾아보기'를 클릭하고 불러올 파일 형식을 '모든 파일'로 바꾸어 불러오려는 파일을 선택한다.

[실습 2] 하나의 범주형 자료 기술

○ 목표: 빈도분포표(countif 함수), 상대빈도분포표, 막대그래프, 원그래프 그리기

'catweight.txt' 파일을 엑셀로 불러오면 다음과 같은 화면이 보인다. 자료에는 'subnum' 'place' 'gender' 'coat' 'pattern' 'weight1' 'weight2'의 7개 변인이 포함되어 있다. 이 가운데 범주형 변인은 'place' 'gender' 'coat' 'pattern'이다. 이 가운데 털 무늬(coat) 변인의 특징을 살펴보도록 하겠다.

	A	B	C	D	E	F	G
1	subnum	place	gender	coat	pattern	weight1	weight2
2	1	dorm	m	black	N	5.4	6
3	2	dorm	m	black	N	5.3	4.6
4	3	dorm	m	cheese	Y	3.7	3.8
5	4	dorm	m	cheese	Y	4.8	4.3
6	5	dorm	m	cheese	Y	4.2	4.5
7	6	dorm	m	mackerel	Y	4.3	4.6
8	7	center	m	cheese	Y	4.3	4.3
9	8	center	m	mackerel	Y	3.7	4.5
10	9	center	m	white	N	4	4.6
11	10	center	m	mackerel	Y	4.5	4.3
12	11	center	m	black	N	4.7	5.1
13	12	center	m	cheese	Y	3.6	4.2
14	13	soc	m	white	N	2.8	3.8
15	14	soc	m	gray	N	3.4	4.2
16	15	soc	m	white	N	2.7	3.6

빈도분포표 만들기

빈도분포표를 만들기 위해서는 각 범주의 빈도를 계산해야 한다. countif 함수를 사용해서 빈도를 구할 수 있다. 털 무늬에 대한 빈도분포표를 만들기 위해서 먼저 털 무늬의 범주를 적당한 셀에 입력한다. 다음 그림에서는 I2부터 I7까지의 셀에 털 무늬 변인의 모든 항목을 입력하였다. 다음으로 J2에 '=countif(D2:D37, I2)'라고 입력하면 black 항목의 빈도가 표시된다. 구문의 의미는 털 무늬 변인의 전체 자료(D2부터 D37까지) 중 I2의 입력된 값('black')으로 코딩된 셀의 개수를 표시하라는 의미이다. 마찬가지로 고등어 무늬 항목의 빈도는 J3에 '=countif(D2:D37, I3)'을 입력하여 구할 수 있다.

	SUM	∨ : × ✓ fx		=COUNTIF(D2:D37,I2)						
	A	B	C	D	E	F	G	H	I	J	K
1	subnum	place	gender	coat	pattern	weight1	weight2		범주	빈도	
2	1	dorm	m	black	N	5.4	6		black	=COUNTIF(D2:D37,I2)	
3	2	dorm	m	black	N	5.3	4.6		mackerel	9	
4	3	dorm	m	cheese	Y	3.7	3.8		three	8	
5	4	dorm	m	cheese	Y	4.8	4.3		cheese	5	
6	5	dorm	m	cheese	Y	4.2	4.5		gray	4	
7	6	dorm	m	mackerel	Y	4.3	4.6		white	5	
8	7	center	m	cheese	Y	4.3	4.3				
9	8	center	m	mackerel	Y	3.7	4.5				
10	9	center	m	white	N	4	4.6				
11	10	center	m	mackerel	Y	4.5	4.3				

비율 또는 상대빈도를 나타내기 위해서는 빈도를 전체 참가자 수로 나누어준다. 다음 그림과 같이 K열에 비율 열을 만들고 K2부터 K7까지의 셀에 각각 '=J2/36' …… '=J7/36'을 입력하면 각 항목의 비율이 계산된다.

	A	B	C	D	E	F	G	H	I	J	K
1	subnum	place	gender	coat	pattern	weight1	weight2		범주	빈도	비율
2	1	dorm	m	black	N	5.4	6		black	5	=J2/36
3	2	dorm	m	black	N	5.3	4.6		mackerel	9	0.25
4	3	dorm	m	cheese	Y	3.7	3.8		three	8	0.2222222
5	4	dorm	m	cheese	Y	4.8	4.3		cheese	5	0.1388889
6	5	dorm	m	cheese	Y	4.2	4.5		gray	4	0.1111111
7	6	dorm	m	mackerel	Y	4.3	4.6		white	5	0.1388889
8	7	center	m	cheese	Y	4.3	4.3				
9	8	center	m	mackerel	Y	3.7	4.5				
10	9	center	m	white	N	4	4.6				
11	10	center	m	mackerel	Y	4.5	4.3				

빈도에 대한 막대그래프를 그리기 위해서는 먼저 마우스로 빈도분포표 전체를 범위로 설정하고
'삽입 → 추천 차트 → 모든 차트'에서 막대그래프를 선택한다. 예제에서는 I2부터 J7까지 범위
를 설정하면 된다.

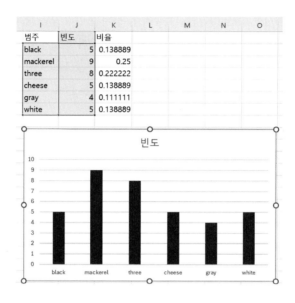

막대그래프를 그릴 때와 같은 방법으로 원그래프를 그릴 수 있다. 빈도분포표를 범위로 설정하고
'삽입 → 추천 차트 → 모든 차트'에서 원그래프를 선택한다.

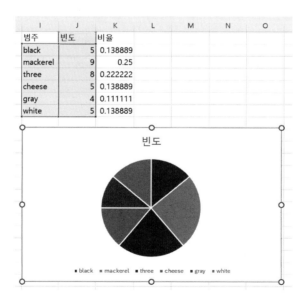

[실습 3] 하나의 연속형 자료 기술

○ 목표: 요약통계량 구하기: average, median, var.p, stdev.p, quartile.inc, min, max
　　　　－ 그래프 그리기: 상자그림, 히스토그램
　　　　－ 피벗테이블(피벗차트)
　　　　－ countifs 함수
　　　　－ 자료 정렬

학교 내 고양이 자료에서 연속형 변인은 'weight1' 'weight2'이다. 이 중 중성화 이전 몸무게(weight1) 변인의 특징을 살펴보자. 연속형 변인의 특징을 요약하는 통계량은 평균, 중앙값, 최솟값, 최댓값, 사분위 범위, 표준편차 등이 있다. 엑셀 함수를 사용해서 이들 통계량을 쉽게 구할 수 있다. 다음에 중성화 이전 몸무게(weight1) 변인에 대한 요약통계량을 구하기 위한 함수식과 그 결과를 제시하였다.

평균	=AVERAGE(F2:F37)
중앙값	=MEDIAN(F2:F37)
최솟값	=MIN(F2:F37)
최댓값	=MAX(F2:F37)
1사분위수	=QUARTILE.INC(F2:F37, 1)
3사분위수	=QUARTILE.INC(F2:F37, 3)
분산	=VAR.P(F2:F37)
표준편차	=STDEV.P(F2:F37)

	A	B	C	D	E	F	G	H	I	J
1	subnum	place	gender	coat	pattern	weight1	weight2			
2	1	dorm	m	black	N	5.4	6		평균	3.425
3	2	dorm	m	black	N	5.3	4.6		중앙값	3.5
4	3	dorm	m	cheese	Y	3.7	3.8		최솟값	1.4
5	4	dorm	m	cheese	Y	4.8	4.3		최댓값	5.4
6	5	dorm	m	cheese	Y	4.2	4.5		1사분위수	2.7
7	6	dorm	m	mackerel	Y	4.3	4.6		3사분위수	4.225
8	7	center	m	cheese	Y	4.3	4.3		분산	0.997431
9	8	center	m	mackerel	Y	3.7	4.5		표준편차	0.998714
10	9	center	m	white	N	4	4.6			
11	10	center	m	mackerel	Y	4.5	4.3			

모든 구문에는 자료의 범위 F2:F37이 포함되어 있다. 사분위수를 구하기 위해 엑셀 함수는 quartile.inc와 quartile.exc를 사용할 수 있다. 두 함수는 사분위수를 구하기 위한 보간법에 차이가 있다. 이중 제4장에서 설명한 사분위수를 구하는 함수는 quartile.inc이다. 표준편차를 구하기 위한 엑셀 함수 역시 stdev.p와 stdev.s의 두 종류가 있다. stdev.p는 편차제곱합을 표본크기로 나눈 숫자이고, stdev.s는 편차제곱합을 (표본크기−1)로 나눈 숫자이다. 만약 연구자가 자료의 특성에만 관심이 있다면 stdev.p를 사용하고, 모집단에 대한 추론에 관심이 있다면 stdev.s를 사용한다.

히스토그램을 그리기 위해서 변인 전체를 범위로 설정하고 '삽입 → 추천 차트 → 모든 차트'에서 히스토그램을 선택한다. x축을 두 번 클릭하면 엑셀 창 오른쪽에 '축 서식'이 나타난다. '계급구간 너비' 또는 '계급구간 수'를 사용해서 막대의 너비 또는 개수를 조정한다. 다음 그림은 계급구간 너비를 0.5로 설정한 히스토그램이다. x축의 괄호와 대괄호 사이에 있는 값들이 각각 계급구간의 하한과 상한이다. '[' 기호는 이상, ']'기호는 이하, '('기호는 초과를 각각 의미한다.

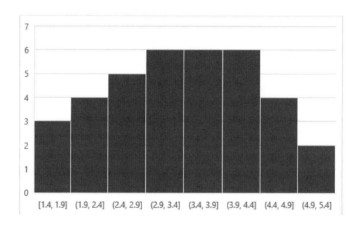

[실습 4] 표준화

○ 목표: 표준점수 구하기
　- standardize 함수

엑셀에서 연산 공식과 함수를 사용해서 원점수를 표준점수로 변환할 수 있다. 표준점수는 원점수에서 평균을 빼고 표준편차로 나눈 값이다. 표준점수를 구하기 위한 절차는 1) 변인의 평균과 표준편차 계산, 2) 원점수에서 평균을 뺀 값인 편차점수를 계산, 3) 편차점수를 표준편차로 나누어 표준점수를 계산하는 것이다. 중성화 이전 몸무게 변인(weight1)을 표준점수로 변환해 보자.

연산을 이용하기

1) 변인의 평균과 표준편차 계산

　J2, J3에 각각 '=average(F2:F37)' '=stdev.p(F2:F37)' 구문을 입력

2) 원점수에서 평균을 뺀 값인 편차점수를 계산

　K2에 '=F2-J$2'를 입력

　*$기호는 채우기 핸들을 사용해서 수식을 복사할 때 평균값이 포함된 J2가 J3, J4, …로 변화하지 않도록 만든다.

　*채우기 핸들(fill handle)이란 셀에 담긴 내용을 행이나 열에 걸쳐서 빠르게 복사하기 위한 버튼이다. 복사하려는 행을 마우스로 지정하면 보이는 셀의 오른쪽 아래에 작은 네모가 채우기 핸들이다. 채우기 핸들을 클릭하고 드래그하여 위아래로 움직이거나 양옆으로 움직이면 주변 셀들에 정보가 복사하여 채워진다. 이때, 참조되는 셀은 평행이동하여 정보가 채워진다.

3) 편차점수를 표준편차로 나누어 표준점수를 계산

　L2에 '=K2/J$3'를 입력

4) 모든 참가자의 편차점수와 표준점수 계산

　K2와 L2를 범위로 지정하고 채우기 핸들을 클릭하여 마지막 참가자의 자료 행인 L37까지 드래그

숫자 표시 방법(셀 서식) 지정

화면에 출력되는 값들의 숫자 자릿수 또는 양식을 지정할 수 있다. 편차점수와 표준점수를 소숫점 둘째자리까지 표시하기 위해서는 셀 서식을 이용하여 설정을 변경한다. 자릿수를 설정하고자 하는 셀 범위를 지정하고 '오른쪽 클릭 → 셀 서식 → 표시형식 → 숫자'에서 소수점 아래 자릿수를 지정하면 된다.

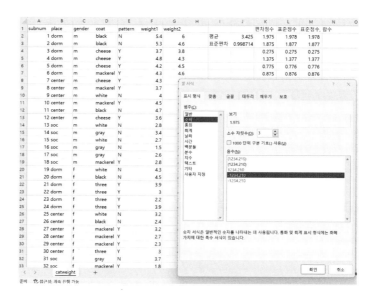

함수를 이용하기

엑셀 함수 standardize를 사용해서 표준점수를 산출할 수 있다. 이 함수를 이용하기 위해서는 평균과 표준편차가 필요하다. 따라서 다음 두 단계로 표준점수를 계산한다.

1) 변인의 평균과 표준편차 계산

 J2, J3에 각각 '=average(F2:F37)' '=stdev.p(F2:F37)' 구문을 입력

2) 함수를 이용하여 표준점수 계산

 표준점수를 입력할 셀(M2)을 선택한 후 '=standardize(F2,J$2,J$3)'를 입력

 *F2는 원점수 J$2는 평균, J$3은 표준편차이다.

3) 모든 참가자의 표준점수 계산

 M2를 범위로 지정하고 채우기 버튼을 클릭하여 M37까지 드래그

[실습 5] 두 변인 사이의 관계 기술

○ 목표: 변인 특성에 따라 관계를 파악하기
- 교차분할표
- 산포도
- covariance.p 함수, correl 함수

교차분할표[gender*coat]

엑셀로 교차분할표를 만들기 위해 피벗테이블을 이용할 수 있다. 피벗테이블은 자료를 쉽게 요약할 수 있는 도구이다.

자료 전체(A1부터 G37까지)를 범위로 지정하고 '삽입 → 피벗테이블'을 클릭한 후 확인 버튼을 누른다. 다음은 이 단계까지 실행했을 때 보이는 화면이다.

피벗 테이블 필드에서 관심 변인인 gender와 coat 옆의 체크박스를 선택한다. 피벗 테이블 필드 아래의 '행' 부분에 coat와 gender가 들어가 있는 것이 보일 것이다. 그중 gender를 드래그하여 '열' 부분으로 옮긴다. 이 단계까지 실행하면 다음과 같은 화면이 보인다. 화면 왼쪽에 내용이 비어 있는 표가 만들어졌다.

표 안에 사용자가 원하는 통계량을 넣기 위해서 체크박스 옆의 gender를 끌어서 직접 '값' 부분으로 옮기면 다음과 같이 왼쪽에 교차분할표가 만들어진다. 교차분할표에 두 변인의 각 수준이 교차하는 셀에 해당하는 사례의 '개수'가 입력되어 있음을 확인할 수 있다.

조건에 따른 요약통계량[gender*weight1]

성별(gender)에 따른 중성화 이전 몸무게(weight1)의 평균을 구하고 막대그래프를 그려 보자. 피벗 테이블 필드에서 gender와 weight1의 체크박스를 선택한다. 여기까지 수행했을 때의 화면은 다음과 같다. 피벗 테이블에 제시된 통계량은 합계이다.

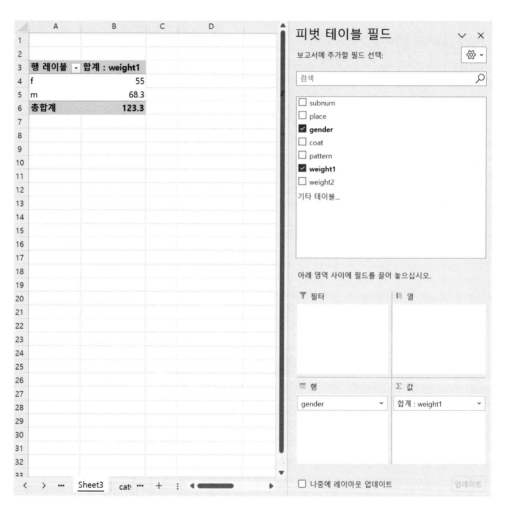

성별에 따른 중성화 이전 몸무게 평균을 구하려면 '값' 부분의 '합계:weight1'을 클릭해서 '값 필드 설정'을 선택한다. 새로 생기는 창에서 '선택한 필드의 데이터'를 평균으로 선택하고 확인 버튼을 누르면 피벗 테이블에 보이는 요약 통계량이 평균으로 바뀐다. 피벗 테이블을 범위로 지정하고 '삽입 → 추천차트 → 묶은 세로 막대형'을 선택하면 성별에 따른 중성화 이전 몸무게 평균이 막대 그래프로 표현된다.

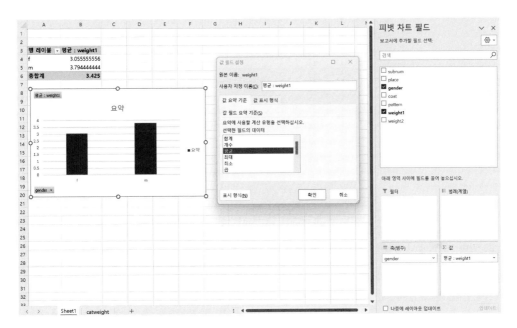

두 연속형 변인의 관계[weight1*weight2]

엑셀에서 산포도를 그리기 위해서 두 연속변인 전체를 범위로 지정하고 '삽입 → 모든 차트'에서 '분산형'을 선택하고 확인 버튼을 누른다. 다음 그림은 weight1과 weight2의 관계를 보여 주는 산포도이다.

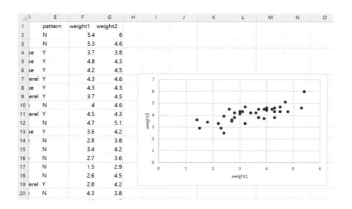

엑셀 함수를 이용해서 두 연속변인의 관계를 나타내는 요약통계량인 공분산과 상관계수를 산출할 수 있다. 엑셀에서 공분산을 구하는 함수는 covariance.p와 covariance.s가 있다. covariance.p는 자료에 대한 기술을 목적으로 할 때 사용하고, covariance.s는 모수에 대한 추론통계량을 구할 때 사용한다. 본 실습에서는 covariance.p를 사용하자. 엑셀에서 상관계수를 구하는 함수는 correl이다. weight1과 weight2의 공분산과 상관계수를 구하는 함수식은 각각 '=covariance.p(F2:F37, G2:G37)'과 '=correl(F2:F37, G2:G37)'이다. 두 함수식에는 관계를 파악하려는 두 변인의 전체 자료 범위를 입력한다. 다음은 공분산과 상관계수를 구한 화면이다.

| 공분산 | =covariance.p(F2:F37, G2:G37) |
| 상관계수 | =correl(F2:F37, G2:G37) |

	E	F	G	H	I	J
1	pattern	weight1	weight2			
2	N	5.4	6		공분산	0.480625
3	N	5.3	4.6		상관계수	0.729951
4	se Y	3.7	3.8			
5	se Y	4.8	4.3			
6	se Y	4.2	4.5			
7	erel Y	4.3	4.6			
8	se Y	4.3	4.3			
9	erel Y	3.7	4.5			
10	N	4	4.6			

제2부

추론통계: 개념

제10장 확률과 확률분포

1 개요

연구자는 기술통계를 통해 자료로부터 자신의 가설에 대한 판단근거가 되는 유용한 정보를 얻을 수 있다. 하지만 기술통계만으로는 연구 참가자가 아닌 사람들에게 자신의 연구 결과를 일반화하여 진술할 수 없다. 많은 연구자는 모집단에 관심이 있으므로 자신의 연구를 통해 얻은 결론을 단지 자신의 표본의 특징을 기술하는 데 그치지 않고 모집단으로 일반화하기를 원한다. 연구자가 실제로 관찰하지 못한 모집단의 사람들에게 연구 결과를 일반화하는 것은 어떻게 가능할까? 이 과정이 추론통계이다. 통계적 추론(statistical inference)은 연구자가 표본 자료를 이용해서 모집단의 특성을 추측하는 것을 말한다. 이 과정은 모집단의 특성(중심경향성과 변산성 등)을 추정하는 모수 추정과 연구자 가설에 대한 근거가 모집단에서 관찰될 가능성을 평가하는 통계적 가설검정으로 구분될 수 있다. 추론통계의 일부 개념과 가정은 확률에 기초하고 있다. 따라서 추론통계에 대한 진술은 확률적으로 이루어진다. 이 장에서는 확률의 의미와 확률을 다룰 때 필요한 도구인 확률분포를 소개한다.

2 확률

확률이란 무엇일까? 이 질문은 여러분도 답하기 쉽지 않지만, 철학자들도 답이 분명하지 않다. 확률은 정의가 분명하지 않고 다양한 관점으로 이해될 수 있다. 다양한 관점에도 불구하고 공통적으로 확률은 '불확실성(uncertainty)'과 관련이 있다. 우리는 확률을 아직 일어나지 않은 일에 대한 가능성을 이야기할 때 사용한다.

확률을 이해하기 위해 시행(trial), 사건(event), 표본공간(sample space)의 개념을 알 필요가 있다. '실험실에 찾아오는 참가자가 안경을 쓰고 있을 확률'을 예로 들어 보자. 시행은 실험실에 온 참가자가 안경을 썼는지 관찰하는 행위이다. 시행은 곧 관찰이다. 한 번의 관찰에서 가능한 경우는 안경을 쓰거나 쓰지 않은 것이므로 관찰자는 둘 중 하나를 관찰하게 된다. 참가자가 안경을 쓴 것 또는 쓰지 않은 것, 즉 관찰 가능한 경우 하나하나를 사건이라고 한다. 가능한 모든 사건들의 집합을 표본공간이라고 부른다. 실험실에 찾아오는 참가자가 안경을 쓰고 있을 확률을 알기 위한 실험의 표본공간에는 참가자가 안경을 쓴 것 또는 쓰지 않은 것의 두 사건이 포함된다. 표본공간에 포함된 각 사건에는 발생 가능성에 따라서 일종의 가중치가 부여된다.

확률은 0과 1 사이의 숫자로 표현된다. 확률에서 0과 1은 '확실함'을 의미한다. 참가자가 안경을 쓰고 있을 확률이 1이라는 것은 실험실에 찾아오는 모든 참가자가 안경을 쓰고 있을 것을 확실하게 알 수 있다는 것을 의미한다. 반대로 참가자가 안경을 쓰고 있을 확률이 0이라는 것은 실험실에 찾아오는 모든 참가자가 안경을 쓰지 않을 것이 확실하다는 것이다. 불확실성이 없는 상황은 확률을 이용해 기술할 필요가 없다. 그러나 현실에서는 실험실에 찾아오는 참가자들이 안경을 쓴 사람일 가능성과 쓰지 않은 사람일 가능성이 모두 존재한다. 확률은 어떤 사건이 관찰될 가능성을 0과 1 사이의 숫자로 표현한 것이다. 이 책에서 사용되는 확률은 '빈도주의적 관점'을 따른 것이다. 이 관점에서 확률은 '무수히 많은 시행을 반복했을 때, 특정 사건이 관찰되는 비율'로 정의한다.

Q. 확률은 무엇인가요?

확률은 추상적이면서도 철학적인 개념입니다. 세상에는 확률을 바라보는 다양한 관점이 있고 그 관점에 따라 전혀 다른 의미를 가지기도 합니다(이정모, 1992). 확률의 개념은 관점에 따라 다르게 정의되기 때문에 확률을 논의할 때에는 그 정의가 분명해야 합니다. 다음의 세 가지 정의는 서로 다른 확률에 대한 관점을 반영합니다.

1) 고전적 확률(classical probability): 고전적인 확률의 정의는 우리에게 가장 익숙한 확률의 개념입니다. 여기서는 '어떤 사건 A가 일어날 '확률'은 모든 가능한 사건(예를 들면, A, B, C, D, E, F)의 경우의 수에 대한 그 사건(A)의 경우의 수를 나타내는 비율'로 정의하고,

'모든 사건이 일어날 가능성은 모두 동일하다'고 가정합니다. 주사위를 한 번 던져서 1이 나올 확률을 이 관점에서 이해해 봅시다. 주사위를 던졌을 때 관찰할 수 있는 모든 가능한 사건은 1부터 6까지의 각 숫자입니다. 즉, 여섯 개의 가능한 사건이 있습니다. 그중 우리가 관심 있는 사건은 1, 하나입니다. 고전적인 의미의 확률은 '주사위를 던져서 1이 나올 확률은 주사위를 한 번 던졌을 때 가능한 여섯 가지 사건에서 우리가 관심 있는 하나의 사건을 나타내는 비율'이므로 1/6입니다. 고전적 정의에서는 주사위를 던져서 가능한 어떤 사건이 일어날 가능성(1이 나올 가능성, 2가 나올 가능성 …… 6이 나올 가능성)이 모두 같다고 가정합니다. 이것은 어떤 사건이 일어날 가능성이 다른 사건이 일어날 가능성보다 크거나 작지 않아서 전체 가능성을 각 사건이 고르게 나누어 갖는다는 의미이기 때문에 각 사건이 일어날 확률을 모두 더하면 1이 됩니다. 이 개념을 이용하면 동전을 한 번 던져서 앞면이 나올 확률이나 카드 게임에서 이미 나온 카드를 보고 내가 상대보다 더 높은 패를 가질 확률 등을 계산할 수 있습니다.

2) 빈도적 확률(frequentist probability): 확률의 빈도적 정의는 '많은 실험(experiment)을 반복했을 때 관찰할 수 있는 관심 있는 사건의 상대빈도(relative frequency)의 극한값(limit)'입니다. 주사위를 던져서 1이 나올 확률을 빈도적 관점에서 다시 이해해 봅시다. 빈도적 관점에서 주사위를 한 번 던져서 1이 나올 확률은 '주사위를 한 번 던지는 실험을 많이 반복했을 때' 주사위를 한 번 던지는 실험을 수행한 전체 횟수에 대한 1이 나온 횟수의 비율입니다. 주사위를 여러 번 던지는 것이 한 번의 실험이 될 수도 있습니다. 주사위를 열 번 던져서 1이 세 번 나올 확률은 빈도적 관점에서 어떻게 이해할 수 있을까요? 이 확률은 주사위를 열 번 던지기를 많이 반복했을 때 전체 실험 횟수에 대한 한 번의 실험에서 1이 세 번 나온 횟수의 비율입니다. 주사위 열 번 던지기를 100번 했고(실험 수=100) 그중 1이 세 번 나온 실험이 25개였다면, 이때의 확률은 25/100이 됩니다. 확률을 빈도적으로 정의할 때 두 가지 가정을 합니다. 하나는 관심 있는 사건(열 번 던져서 1이 세 번 나오는 사건)은 일어나거나 일어나지 않거나 둘 중 하나라는 것입니다. 일어난다면 관심 있는 사건의 횟수가 증가하고, 일어나지 않았다면(열 번 던져서 1이 다섯 번 나왔다면) 관심 있는 사건의 횟수는 증가하지 않습니다. 다른 하나는 각 실험의 결과가 무선적(random)이라는 가정입니다. 이렇게 빈도적 관점은 실험에 작용하는 체계적인 영향이 없고, 관심 있는 사건은 발생하거나 하지 않는 많은 실험을 가정하는 관점입니다. 일상생활에서도 빈도적 정의가 사용되는 경우가 있습니다. 우리는 어떤 운동 선수의 능력을 보여 주는 통계치(예를 들면 야구 선수의 타율, 농구 선수의 3점슛 성공률)로 그 선수의 가치를 평가하는데 이것은 자료가 많이 모일수록 그 선수의 능력을 반영하는 통계치가 하나의 숫자로 수렴할 것이라는 빈도적 관점을 반영한 숫자입니다.

3) 주관적 확률(subjective probability): 주관적 확률은 베이지안 확률이라고도 합니다. 주

관적 확률은 어떤 사건이 발생할 가능성에 대한 개인적인 믿음이나 판단을 수량화한 것으로 정의할 수 있습니다. 주관적 확률은 수학적으로 정의되지 않으며 판단자의 의견과 과거의 경험에 따라 결정됩니다. 확률의 고전적 정의를 모르는 누군가가 주사위를 던지는 일을 할 때마다 1이 나오는 경험을 다른 숫자들이 나오는 경험보다 월등히 많이 했다면, 이 사람은 자신의 경험에 기초하여 주사위를 한 번 던져서 1이 나올 확률을 다른 숫자들이 나올 확률보다 높게 추정할 수 있습니다. 주관적 확률은 개인의 믿음이기 때문에 정답이 없습니다. 같은 사건에 대한 주관적 확률의 추정은 개인의 경험에 따라 다를 수 있습니다. 예를 들면, 한국과 아르헨티나의 축구 경기에서 한국이 이길 확률은 사람에 따라 다르게 추정될 수 있습니다. 축구를 잘 알고 많이 본 사람은 한국이 이길 가능성을 축구를 전혀 모르는 사람보다 낮게 추정할 것입니다.

3 ꞏ 확률분포

추론통계는 연구자가 직접 관찰하지 못한 모집단의 특성이나 모집단에서의 변인 간 관계를 파악하기 위한 절차이기 때문에 추론통계에 대한 진술은 언제나 확률적으로 이루어진다. 연구자들은 확률적 진술을 위해 확률분포(probability distribution)의 도움을 받는다.

확률분포는 실험[1])에서 관찰 가능한 사건이 발생할 확률을 함수[2])로 만든 것이며, 이를 시각화한 그래프를 가리키기도 한다. 확률분포를 나타내는 함수는 변인의 특성에 따라 범주형 변인(예: 동전 던지기)의 경우에는 확률질량함수(probability mass function), 연속형 변인(예: 키)의 경우에는 확률밀도함수(probability density function)라고 한다.

제3장과 제6장에서 관찰된 범주형 변인과 연속형 변인의 분포를 기술하는 방법으로서 막대그래프와 히스토그램을 각각 소개했다. 확률질량함수와 확률밀도함수도 그래프

---

1) 통계학에서 (확률)실험은 표본공간과 결과의 불확실성이 주어진 상태에서 결과를 발생시키는 일련의 행위를 가리킨다. 여러 번의 시행이 하나의 실험이 되기도 하고 하나의 시행이 하나의 실험이 되기도 한다.

2) 함수의 가장 기본적인 형태는 다음과 같다: $f(x) = y$. 함수는 x에 어떤 값을 넣으면 규칙에 따라서 y 값이 산출되는 도구이다. 확률분포에서 x는 개별 사건이다. 동전 던지기를 한다면 x는 동전을 한 번 던졌을 때 (한 번의 시행에서) 관찰할 수 있는 사건, 즉 앞면 또는 뒷면이 되고 y는 x에 따라 달라지는데, x가 앞면일 때 또는 뒷면일 때의 확률이다.

로 나타낼 수 있다([그림 10-1]). 이 책에서는 확률질량함수 그래프와 확률밀도함수 그래프를 간단히 확률분포 그래프(probability distribution graph)라고 부르겠다. 확률질량함수는 범주형 변인에 대한 확률분포이므로 막대그래프가 만들어진다. 확률질량함수 그래프의 Y축은 확률을 나타낸다. 확률질량함수 그래프에서는 각 사건이 발생할 확률이 곧 막대의 높이이므로 특정 사건이 발생할 확률을 쉽게 확인할 수 있다. 확률밀도함수는 연속형 변인에 대한 확률분포이므로 대응되는 그래프는 히스토그램이다. 확률밀도함수 그래프의 Y축은 밀도3)라고 부른다. 확률밀도함수 그래프에서는 특정 값을 얻을 확률은 0이기 때문에(각주 3 참조), 특정 범위에서 그래프 곡선 아래의 넓이가 확률을 나타낸다. 확률분포 그래프는 추상적인 개념인 확률을 눈에 보이는 개념인 막대 높이 또는 넓이로 바꿈으로써 연구자들이 구체적으로 확률을 다룰 수 있도록 도와준다. 확률분포 그래프가 있다면 연구자들은 막대의 높이를 더하거나 적분을 통해 얻는 곡선 아래의 넓이로 구하고자 하는 확률을 계산할 수 있다.

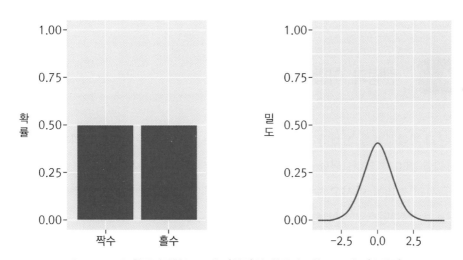

[그림 10-1] 확률질량함수 그래프(왼쪽)와 확률밀도함수 그래프(오른쪽)

---

3) 연속형 변인의 경우 값들 사이(예를 들면, 1과 2 사이)에 무수히 많은 다른 값이 존재할 수 있는 까닭에 특정한 값이 관찰될 확률이 정의되지 않고 특정한 범위에서만 확률이 정의된다. 연속형 변인에 대한 확률분포 함수에 의해서 산출되는 하나의 값은 밀도라고 한다. 예를 들어, 무선적으로 뽑힌 한 사람의 키를 측정했을 때 그 사람의 키가 정확히 165.00cm일 확률은 얼마일지 생각해보면 된다. 165cm는 성인남녀에게서 흔히 관찰될 수 있는 전형적인 키이지만, 그렇다고 하더라도 어떤 사람도 키를 측정했을 때 오차 없이 165cm를 기록하기는 굉장히 어려울 것이다.

통계학에서는 사례 수가 커질수록 현실 세계에서 수집되는 변인의 분포 모양이 점점 닮아갈 것이라 가정하는 확률분포를 이용한다. 이를 이론적 확률분포(theoretical probability distribution)라고 부른다. 연구논문들에서 쉽게 볼 수 있는 Z, t, F, χ^2 등은 이론적 확률분포의 종류이다. 이론적 확률분포는 수학적 함수이므로 확률분포 그래프로 나타낼 수 있다.

연구자가 이론적 확률분포를 사용하기 위해서는 관심 변인이 사례 수가 커질수록 특정 이론적 확률분포를 닮아간다는 가정을 필요로 한다. 이는 관점을 바꾸면 연구자의 변인이 그 이론적 확률분포로부터 무선적으로 추출되었다고 볼 수도 있고, 다른 표현으로 '변인이 이론적 확률분포를 따른다(follow)'라고 쓰기도 한다. 변인이 이론적 확률분포를 따른다는 가정이 참이라면, 연구자는 그 변인의 특징을 잘 이해할 수 있게 되고, 연구자가 실제로 수집하지 않은 자료에 관해서도 이야기할 수 있게 된다. 자료와 이론적 확률분포를 타당하게 대응시키는 것은 추론통계의 중요한 부분이다.

4 랜덤과 이항분포

이론적 확률분포를 이해하기 위해서는 랜덤(random), 즉 '무선적인'이라는 개념을 먼저 이해할 필요가 있다. 랜덤이라는 표현은 일상생활에서도 자주 사용된다. 예를 들어, 친구들끼리 커피를 마시고 누가 계산할지를 각자의 운명(또는 우연)에 맡기고자 할 때, 우리는 흔히 '랜덤으로' 결정하자고 한다. '무선적으로' 또는 '랜덤으로'라는 말은 정확히 어떤 의미일까?

사건이 랜덤으로 발생한다는 것은 주어진 확률분포에서 '확률적으로' 사건이 발생한다는 것이다. 동전을 던지거나, 친구들끼리 제비뽑기를 하는 것은 랜덤 실험(random experiment)이다. 표본공간의 각 사건(동전의 앞면 또는 뒷면이 나오는 것, 친구들 중 누군가가 뽑히는 것)이 일정한 확률을 갖는다고 가정한 실험이기 때문이다. 랜덤 실험으로 무언가를 판단한다면 우리는 그 결과를 우연 탓으로 돌릴 수 있다. 따라서 어떤 개인의 의지가 의사결정에 반영되는 것이 적절하지 않은 다양한 상황(예를 들어, 축구경기에서 누가 먼저 공격할지를 결정해야 할 때)에서 유용하게 사용된다.

이론적 확률분포를 무선적으로 사건을 만들어내는 도구로 이해할 수도 있다. 랜덤 실험에서는 확률분포에서 개별 사건에 부여된 확률에 따라 결과가 산출된다. 랜덤 실험의 특징은 개별 시행의 결과는 불확실하지만, 그 시행을 무수히 많이 반복한 결과의 분포는 다시 확률분포와 같아진다는 것이다. 동전 던지기 실험을 예로 들어보자.

동전을 열 번 던지면 앞면을 몇 번이나 관찰할 수 있을까? 이 실험은 동전 던지기라는 랜덤 시행을 열 번 하는 실험이다. 동전이 공정하다면 동전을 한 번 던졌을 때 앞면이 관찰될 확률은 0.5이고, 열 번을 던지는 동안 같은 확률로 앞면이 관찰된다면 열 번 던졌을 때 앞면은 다섯 번 관찰될 것으로 기대할 수 있다. 그렇지만 직접 동전 던지기를 열 번 해보면 언제나 앞면이 다섯 번 나오지는 않는다. 한 번 나오기도 하고, 다섯 번 나오기도 하고, 아홉 번 나올 수도 있다. 이 '실험'의 표본공간을 생각해보면, 앞면은 영 번부터 열 번까지 모두 11개의 사건이 가능하다.

앞의 실험 결과는 이항분포(binomial distribution)라는 이론적 확률분포를 따른다. [수식 10-1]은 이항분포(Binomial(N,π))의 확률질량함수이다.

$$p(x) = \binom{N}{x}\pi^x (1-\pi)^{(N-x)}$$
      ············ [수식 10-1]

[수식 10-1]에서 N은 실험에서 동전을 던지는 횟수(시행 수), x는 관심 사건인 앞면을 관찰하는 횟수, π는 관심 사건인 앞면이 나올 확률, $\binom{N}{x}$는 N번의 시행 가운데 앞면을 x번 관찰하는 경우의 수이며, $\frac{N!}{x!(N-x)!}$로 계산한다. 실험에 따라 달라지는 N과 π를 모수라고 부른다. 앞의 동전 던지기 예시에서는 $N=10$, $\pi=0.5$가 된다. 모수가 결정되면, [수식 10-1]은 x에 관한 함수가 되어서 x에 0부터 10까지 대입하면 앞면이 영 번 나올 확률, 한 번 나올 확률 …… 아홉 번 나올 확률, 열 번 나올 확률을 각각 산출할 수 있다. 이렇게 산출된 확률들을 이용하여 그린 막대그래프가 확률분포 그래프이다([그림 10-2]).

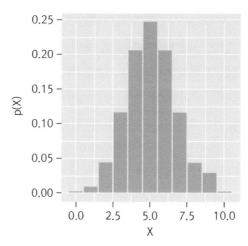

[그림 10-2] N=10이고 π=0.5인 이항분포의 확률분포 그래프

이항분포 함수를 사용해서 가상적인 실험을 해 보자. 컴퓨터를 사용해서 동전 던지기를 열 번 하는 실험을 10회, 100회, 1,000회, 10,000회 반복하고, 앞면을 관찰한 횟수의 분포를 관찰하였다. 이 결과를 [그림 10-3]에 막대그래프로 제시하였다.

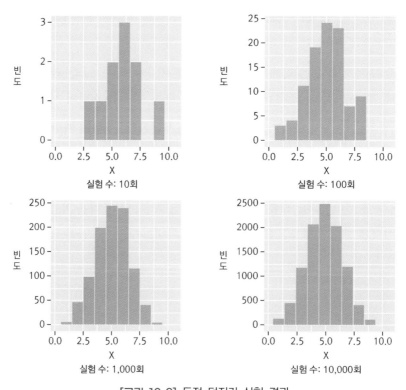

[그림 10-3] 동전 던지기 실험 결과

동전을 열 번 던지는 실험을 반복하는 횟수를 증가할수록 그래프는 어떻게 변화하는가? 실험을 반복하는 횟수가 많아질수록 막대그래프의 모양이 어떤 모양으로 수렴한다. 또한, 실험을 반복하는 횟수가 늘어날수록 동전을 열 번 던졌을 때 앞면이 다섯 번 나오는 빈도가 가장 높고 앞면이 다섯 번보다 적거나 많이 관찰되는 빈도는 점점 낮아지는 양상이 더 강하게(더 안정적으로) 관찰된다. 이렇게 동전을 열 번 던지는 실험을 '무수히 많이' 반복한다면 우리는 동전을 열 번 던졌을 때 앞면이 관찰될 확률에 대한 이론적 확률분포를 얻을 수 있다.

한 번의 시행이 포함된 랜덤 실험에서 우리는 그 결과를 예측하기 위해 우연에 의존해야 한다. 그렇지만 이 실험이 충분한 수만큼 반복된다면 우리는 그 결과가 평균적으로 어떨지 이론적 확률분포에 기초하여 비교적 안정적으로 예측할 수 있다.

5 정규분포

가우시안 분포(Gaussian distribution)라고도 하는 정규분포(normal distribution)는 연속형 변인에 관한 이론적 확률분포이다. 키나 몸무게와 같은 변인들이 정규분포를 따른다. [수식 10-2]는 정규분포($N(\mu, \sigma^2)$)에 대한 확률밀도함수, 즉 정규확률밀도함수(normal probability density function)이다.

$$f(x) = \frac{1}{\sqrt{2\pi\sigma^2}} e^{-\frac{(x-\mu)^2}{2\sigma^2}}$$ ············· [수식 10-2]

정규확률밀도함수는 x에 변인의 값을 넣으면 x의 밀도를 산출한다. π와 e는 약 3.141과 2.716의 크기를 갖는 무리수로 보통의 숫자처럼 취급된다. 모수 μ와 σ^2는 정규확률밀도함수가 정의하는 이론적 확률분포의 평균과 분산이다. 평균과 분산이 정해지면 정규확률밀도함수를 이용해서 모든 가능한 x에 대한 밀도를 산출할 수 있고, x와 밀도의 관계를 그래프로 표현할 수 있다. [그림 10-4]는 평균과 분산이 서로 다른 정규분포를 보여 준다.

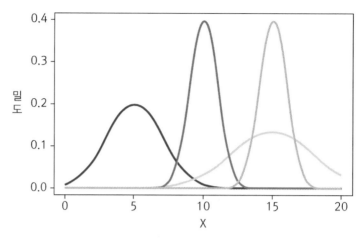

[그림 10-4] 정규분포의 확률분포 그래프

[그림 10-4]에서 모수가 달라지면 이론적 확률분포의 모양과 위치가 달라진다는 것을 확인할 수 있다. 모수 μ는 그래프의 중심, 즉 위치(location)를 결정한다. 그래서 μ가 서로 다른 두 그래프는 위치가 일치하지 않는다. 모수 σ^2은 그래프가 퍼진 정도를 결정한다. σ^2이 커질수록 그래프가 양옆으로 넓게 퍼지고 봉우리가 낮다. [그림 10-4]의 짙은 회색 그래프와 옅은 초록색 그래프는 모양이 같고 한 그래프를 평행이동하면 서로 완전히 겹쳐진다. 이것은 두 그래프가 μ는 다르지만 σ^2은 같다는 것을 의미한다. 옅은 분홍색 그래프와 옅은 회색 그래프는 위치는 같지만 퍼진 정도가 같지 않다. 따라서 두 그래프가 μ는 같고 σ^2은 서로 다르다는 것을 알 수 있다.

[그림 10-4]에서 확인할 수 있듯이 정규분포는 그 평균과 분산에 따라 다양한 위치와 모양으로 그려질 수 있다. 그럼에도 불구하고 모든 정규분포는 다음과 같은 특징을 공유한다. 1) 정규분포는 종 모양이다. 평균에서 밀도가 가장 높고 평균에서 멀어질수록 밀도가 낮아진다. 2) 정규분포는 좌우대칭이다. 3) 정규분포의 범위는 $-\infty$부터 $+\infty$까지이다. 마지막으로 가장 유용한 특징은 4) 정규분포는 평균으로부터 ± 1 표준편차 떨어진 구간 안에 전체 사례의 약 68%가 존재하고(곡선 아래 면적이 약 0.68이고), ± 2 표준편차 떨어진 구간 안에 전체 사례의 약 95%, ± 3 표준편차 떨어진 구간 안에 전체 사례의 약 99.7%의 사례가 존재한다는 것이다. 이 특성을 이용하면 우리는 정규분포하는 어떤 자료에서 무선적으로(랜덤으로) 선택된 값이 일정한 구간(평균 ± 1 표준편차 또는 평균 ± 2 표준편차) 안에 존재할 가능성에 대한 대략적인 확률추론을 할 수 있다([그림 10-5]).

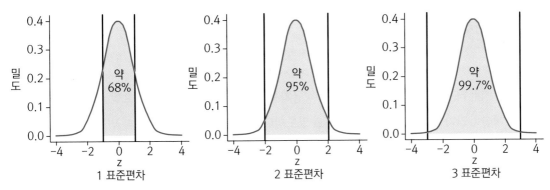

[그림 10-5] 정규분포의 표준편차 범위

　　확률밀도함수를 사용하여 확률을 추론할 때 누적확률(cumulative probability)을 이용하면 편리하다. 누적확률은 확률분포 그래프에서 변인의 가장 작은 값부터 연구자가 관심 있는 값까지의 범위에 해당하는 넓이를 가리킨다. X의 가장 작은 값(음의 무한대)부터 10까지 X의 누적확률은 기호로 $P(X < 10)$과 같이 쓴다. 누적확률을 사용하면 특정 구간의 확률을 계산할 수 있다. 예를 들어 정규분포에서 평균 주위로 ±1 표준편차 사이의 값이 관찰될 확률은 68%(0.68)인데 이 정규분포의 평균이 0이고 표준편차가 1이라면 이 확률은 $P(Z < 1)$에서 $P(Z < -1)$을 빼면 구할 수 있다([그림 10-6]).

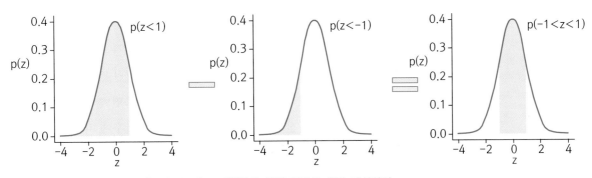

[그림 10-6] 누적확률로 특정 구간의 확률 계산하기

6 표준정규분포

컴퓨터가 널리 보급되기 이전에 정규확률밀도함수는 복잡해서 필요할 때마다 확률을 계산하기가 쉽지 않았다. 특히 확률밀도함수에서 확률은 곡선 아래의 면적이기 때문에 확률을 알기 위해서는 적분을 이용해야 했다. 그런데 정규확률밀도함수의 평균과 분산을 특정 숫자로 고정하면 함수가 간단해진다. 평균이 0이고 분산이 1로 고정된 정규분포를 표준정규분포(standard normal distribution, Z-distribution)라고 한다. [수식 10-3]은 표준 정규분포의 확률밀도함수인 표준정규확률밀도함수(standard normal probability density function)이다.

$$f(z) = \frac{1}{\sqrt{2\pi}} e^{-\frac{z^2}{2}}$$ ·············· [수식 10-3]

표준정규분포는 정규분포 $N(0,1)$과 같지만 특별히 Z라는 기호로 나타낸다. 평균과 분산을 0과 1로 고정하기 위해서는 측정값을 그대로 사용하지 않고 z 점수를 사용하면 된다(따라서 [수식 10-3]의 변수는 x가 아닌 z이다). 앞에서 공부했듯이 z 점수의 평균은 0이고 표준편차는 1(분산=1)이다.

어떤 변인이 정규분포를 따른다면 그 변인의 z 점수는 표준정규분포를 따른다[4]. 반대로 표준정규분포는 원 변인의 평균과 표준편차가 주어지면 다시 정규분포로 변환할 수 있다. 이 특성을 이용해서 부록 1의 표준정규분포표(Z table)를 사용하면 정규분포를 따르는 변인에 대한 확률 추론이 편리해진다. 표준정규분포표에는 z 점수에 따른 누적확률이 정리되어 있다. 이 표를 활용하는 방법은 부록 1에 함께 수록하였다.

---

[4] 그러나 정규분포를 따르지 않는 변인을 표준화한다고 해서 표준화된 새로운 변인이 정규분포를 따르게 되는 것은 아니다. 표준화는 원자료의 선형변환에 불과하기 때문에 분포의 형태를 전혀 변화시키지 못한다.

제11장 표집

1 개요

추론통계는 연구자가 수집한 자료의 특성을 통해 수집하지 않은 대상의 특성에 관해 이야기하는 것과 관련된 개념이다. 관찰하지 않은 것을 이야기하는 것이 어떻게 가능할까? 이것이 가능하기 위해서는 연구자의 자료가 어떤 모집단으로부터 어떻게 추출된 것인지에 대한 지식과 모집단을 잘 대표한다는 가정이 필요하다. 이 장에서는 모집단으로부터 표본을 추출하는 방법을 다룬다.

2 표집

모집단은 연구자가 관심을 가지는 연구대상 전체이고 표본은 모집단의 부분 집합이다. 연구자가 모집단 전체로부터 자료를 수집하여 연구하는 것을 전수조사(population study)라고 하는데 이 경우에는 연구 결과가 곧 모집단에서의 결과이다. 따라서 전수조사에서는 계산된 통계량이 곧 모수이고, 관찰된 차이 또는 관련성이 곧 모집단에서의 결과이므로 모수의 추정이나 통계적 추론 과정이 필요하지 않다. 연구자가 모집단 전체를 관찰하는 것은 불가능한 경우가 많으므로 연구자는 거의 언제나 그중 일부인 자신의 표본만 관찰하고 자료를 수집한다. 모집단으로부터 표본을 선택하는 과정을 표집 또는 표본 추출(sampling)이라고 한다. 연구자는 개인을 표집할 수도 있고 집단이나 사건(event)을 표집할 수도 있다. 표집되는 개인, 집단 또는 사건을 표집 단위(sampling unit)라고 한다. 표집 단위는 모집단을 구성하는 표집 대상의 최소 단위를 의미한다. 표집 단위는 연구의 목적과 주제에 따라 결정된다. 표집 단위가 무엇이든 모집단의 다양한 속성이 표본에 고르게 반영되지 않는다면 표본의 특성으로부터 추론된 모집단의 특성을 신뢰할 수 없다. 표본이 모집단의 속성을 잘 반영하는 정도를 표본의 대표성(representativeness of a sample)이라고 한다. 표본의 대표성이 높을수록 통계적 추론 결과를 신뢰할 수 있다. 대표성이 높은 표본을 얻는 방법은 타당한 표집 방법을 선택하는 것이다.

3 표집 방법

표본을 추출하는 방법을 표집 방법(sampling method) 또는 표집 계획(sampling design)이라고 한다. 표집 방법은 크게 확률 표집(probability sampling)과 비확률 표집(non-probability sampling)으로 구분할 수 있다. 확률 표집과 비확률 표집의 가장 중요한 차이는 모집단에 속한 모든 대상이 표집될 가능성을 확률적으로 추론할 수 있는지 여부이다.

확률 표집은 연구자가 모집단에 속한 대상이 표집될 확률을 사전에 알고 있는 상태에서 표집하는 방법이다. 확률 표집의 전제조건은 연구자가 표집을 위해 모든 연구대상의 명단을 가지는 것이다. 표집에 사용된 명단을 표집 틀(sampling frame)이라고 하는데, 확률 표집은 표집 틀이 모집단과 일치하는 완전한 표집 틀을 사용해야 한다. 확률 표집은 비용과 시간이 많이 소요되지만 이렇게 추출된 표본은 모집단을 잘 대표할 수 있고 표본의 결과는 모집단으로 타당하게 일반화될 수 있다.

비확률 표집은 모집단에 속한 대상이 표집될 가능성을 추론할 수 없는 표집 방법이다. 비확률 표집은 확률 표집보다 표본의 모집단 대표성이 낮고 표본의 결과를 모집단으로 일반화할 때의 타당성이 낮다. 이와 같은 단점에도 불구하고 비확률 표집을 사용하는 이유는 주로 현실적인 이유이다. 연구자들은 확률 표집을 하는 것이 가능하지 않거나 시간과 비용의 문제가 있을 때 비확률 표집을 사용한다. 비확률 표집을 사용했을 때 연구자는 표본의 대표성에 문제가 없는지 주의를 기울여야 한다.

1) 확률 표집 방법들

❖ 단순 무선 표집

단순 무선 표집(simple random sampling)의 특징은 모집단에 속한 모든 대상이 표집될 확률이 동일하다는 것이다. 무선 표집을 하는 가장 일반적인 방법은 난수표(random number table)를 이용하는 것이다. 무선 표집은 확률 표집의 대표적인 방법이며 모집단의 모든 대상이 표집 틀에 포함되어야 한다. 난수표를 이용한 표집은 표집 틀의 모든 대상들에 차례로 숫자를 부여한 후, 난수표에서 차례로 표본의 크기(sample size, 표본의 사례 수)만큼의 숫자를 선택하여 선택되는 숫자를 부여받은 대상을 추출하는 것이다. 단순 무선 표집은 표본의 편향(bias)이 작지만, 현실적으로는 제약이 많은 방법이다. 단순 무선 표집을 위해서는 완전한 표집 틀이 마련되어야 하는데 이것이 현실적으로 불가능한 경우가 많고 가능하더라도 경제적, 시간적, 공간적인 이유로 연구자가 직접 표본을 관찰하기 어려울 수 있다.

❖ 체계적 표집

체계적 표집(systematic sampling)은 표집 틀의 대상들을 일정한 간격으로 표본의 크기만큼의 사례를 표집하는 방법이다. 예를 들어, 전체 표집 틀의 크기가 1,000이고 이 중 100명을 표집할 계획이라면 매 열 번째 대상을 표집할 수 있다. 이 방법은 단순 무선 표집보다는 쉬운 방법이지만 표집 틀의 목록이 어떤 특성에 따라 배열되어 있다면 체계적인 표집 편향이 유발될 수 있다. 극단적으로, 표집 틀의 대상 성별이 번갈아 배열되어 있다고 생각해 보자. 이 상황에서 매 열 번째 대상을 표집하는 체계적 표집을 한다면 짝수 번째 대상의 성별은 언제나 남성 또는 여성일 것이므로 표본이 모집단의 성별을 고르게 반영하지 못하고 특정 성별로만 구성되어 편향될 수 있다.

❖ 층화 표집

층화 표집(stratified sampling)은 전체 모집단을 모집단 내의 하위 집단(subgroup)으로 나누어 각 집단에서 무선 표집하는 방법이다. 집단을 나누는 데 사용된 집단 변인을 층화 변인(stratified variable)이라고 한다. 층화 표집은 층화 변인의 모든 수준으로부터 사례를 표집하는 방법이므로 층화 변인이 연구 결과에 영향을 줄 수 있는 경우에 유용할 수 있다. 이 경우 층화 변인은 통계분석에 포함되는 것이 바람직하다. 그뿐만 아니라 모집단에서 층화 변인의 각 수준이 다른 비율로 존재할 때 층화 표집을 한다면 이 비율을 고려하여 모집단을 잘 대표하는 표본을 추출할 수 있다. 층화 표집은 효율적으로 모집단 대표성이 높은 표본을 추출할 수 있지만 층화 표집을 하기 위해서는 모집단에 대한 정보가 많이 필요하다는 단점이 있다.

❖ 군집 표집

군집 표집(clustered sampling)은 개별적인 대상을 표집하지 않고 집단을 단위로 표집하여 그 집단에 속한 개별 대상들을 모두 표본에 포함하는 방법이다. 층화 표집과 마찬가지로 군집 표집을 위해서도 모집단 내의 집단 구성에 대한 지식이 필요하다. 예를 들면, 한국의 대학생들에게 관심이 있는 연구자는 한국의 대학 몇 개를 표집하고, 그 대학 재학생 모두를 표본에 포함할 수 있다. 군집 표집은 두 단계로 이루어질 수도 있다. 두 단계 군집 표집에서는 군집을 표집한 후 군집 내의 개별 대상들을 무선 표집하여 표본을 구성한다. 군집 표집은 단순 무선 표집보다 효율적이지만 특징들이 서로 유사한 참가자들이 추출될 수 있는 단점이 있다.

2) 비확률적 표집 방법들

❖ 편의 표집

편의 표집(convenience sampling)은 참가자의 가용성에 기초하여 표본을 추출하는 방법으로 연구자에게는 가장 편리한 표집 방법이다. 연구자는 연구에 참여하기를 희망하는 사람들로 표본을 구성할 수 있다. 편의 표집한 표본은 연구자가 관심을 가지는 변인에 대한 대표성이 낮을 수 있고 따라서 표본이 편향될 수 있다.

❖ 할당 표집

할당 표집(quota sampling)은 모집단에서 연구자가 관심을 가지는 특정한 변인의 수준별 비율을 파악하여 그 비율에 따라 표집하는 방법이다. 층화 표집과는 달리 각 수준의 대상이 무선적으로 표집되지 않기 때문에 대표성이 낮을 수 있고 표본 편향이 발생할 수 있다.

✤ 판단 표집

판단 표집(judgment sampling)은 주관적이며 선택적인 표집 방법이다. 연구자는 표집 대상의 특성에 기초하여 표본에 포함할지를 판단한다. 이 방법은 질적 연구를 위해 유용하게 사용될 수 있지만, 연구자가 표집 대상을 잘못 판단할 수도 있으며 표본 편향에 취약하다.

✤ 눈덩이 표집

눈덩이 표집(snowball sampling)은 한 사람을 표집하여 그로부터 다음 표집 대상을 선정하고 이 절차를 반복함으로써 표본의 사례 수를 증가시키는 방법이다. 표집을 할 때마다 표본이 커지는 것이 눈덩이가 커지는 것과 같아 붙여진 이름이다. 이 방법은 사회과학 연구에서 쉽게 만나기 어려운 연구대상을 관찰하기 위해 자주 사용된다. 눈덩이 표집은 표집 틀을 확정하기 어려울 때 유용하지만 표집 편향에 매우 취약하다.

4 ┇ 표집 편향

앞에서 설명한 것처럼 표본은 모집단을 특성을 잘 대표해야 한다. 그러나 표집 방법에 따라 우연히 또는 체계적으로 표본이 편향되어 있을 수 있다. 편향된 표본(biased sample)이란 모집단의 일부 특징만을 과도하게 담고 있는 표본이다. 연구자의 표본이 편향되었다면, 연구자는 모집단에 대해 부정확한 추론을 하게 된다.

다음과 같은 이유로 표집 편향(sampling bias)이 발생할 수 있다. 만약 표집 틀이 표집 시점에 작성되지 않았다면 '현재'의 모집단 특성이 잘 반영되지 않을 수 있다. 쉽게 접근하기 어려운 집단의 사람들은 표집이 어렵고 표집이 되더라도 중도에 탈락하여 자료가 누락되기 쉽다. 표본에 속한 사람들의 반응률이 낮다면 표본의 특성은 모집단의 특성을 잘 대표하지 못하고 편향될 수 있다. 자발적인 참가를 원하는 사람과 그렇지 않은 사람의 심리적 상태가 다를 수 있으므로 사전에 동의를 얻어 표집하는 절차조차도 표집 편향을 유발할 수 있다.

제12장 표집분포

1 ⸢ 개요

연구자가 수집한 표본으로부터 얻은 결과를 모집단에 일반화하기 위해서는 추론통계가 필요하다. 모집단의 특성을 잘 보존하고 있는 표본은 대표성이 높아 일반화의 타당성을 높여주고, 대표성이 높은 표본을 구성하는 좋은 방법 중 하나가 확률 표집 방법이다.

표본에서의 연구 결과가 모집단에서의 결과와 '얼마나' 가까운지 우리는 어떻게 알 수 있을까? 이 질문은 다음 질문과도 같다: 연구자 표본의 기술통계량은 연구자가 실제로 관심이 있는 모집단의 기술통계량을 얼마나 정확히 알려 줄까? 표본은 모집단의 일부이지만 모집단과 완전히 같지는 않기 때문에 표본의 기술통계량이 모집단의 기술통계량과 완전히 일치하지는 않을 것이다. 표본 통계량과 모집단 통계량의 차이는 얼마나 될까? 표본 통계량들의 분포인 표집분포(sampling distribution)가 이 질문에 답하는 데 좋은 도구가 된다. 이 장은 표집분포를 다룬다.

2 ⸢ 개념들

1) 모수와 추정값

모수(parameter)는 모집단의 통계량으로 모집단의 특성이다. 즉, 모집단을 대상으로 자료를 수집하는 것이 가능한 경우에만 확인할 수 있다. 그러나 연구자가 모집단 전체를 대상으로 자료를 수집하는 경우는 매우 드물어서 연구자가 알고자 하지만 실제로는 알려지지 않은 경우가 대부분이다.

통계량(statistic)은 맥락에 따라서 자료의 특징을 기술하는 함수 또는 자료의 특징을 기술하는 값을 의미한다. 함수로서의 통계량이 모수에 대한 추론을 위해 사용되면 그것을 추정량(estimator)이라고 한다. 수집된 자료에 추정량을 적용하여 계산된 값을 추정값(estimate)이라고 한다. 즉, 연구자는 표본에서 산출한 추정값을 통해 모집단의 특징인 모수를 추론하고자 한다.

2) 기호

통계학에서는 흔히 그리스 문자를 사용하여 모수를 표현한다. 모집단의 평균을 모평균(population mean)이라고 부르는데, 이 값은 평균을 의미하는 'mean'의 앞글자 m에 대응되는 그리스 문자 μ(mu)로 표기한다. 모집단의 표준편차인 모표준편차(population standard deviation)는 표준편차를 의미하는 'standard deviation'의 앞글자 s에 대응되는 σ(sigma)로, 모집단의 분산인 모분산(population variance)은 표준편차를 제곱한 값이므로 σ^2으로 표기한다.

3) 표집분포와 표집변산성

모수에 대한 추정값은 실제 모수와 얼마나 얼마나 가까울까? 우리는 표본 평균 $\bar{x}$가 모평균 μ와 얼마나 가까운지 어떻게 알 수 있을까? 이 추론을 위해서는 표본과 모집단의 관계를 알아야 한다. 그렇지만 모집단은 직접 관찰할 수 없으므로 특별한 가정에 의존해야 한다. 그것은 연구자의 표본이 속한 모집단에서 무수히 많은 다른 표본이 추출된다는 가정이다.

연구자의 표본이 아닌, 같은 모집단에서 추출된 다른 표본의 특성을 생각해 보자. 새로운 가상의 표본은 같은 모집단으로부터 추출되었을 것이므로 어떤 특성은 공유하겠지만 이 가상의 표본 역시 모집단의 일부이고, 연구자의 표본과는 별개의 대상으로 구성되었으므로 다른 점이 있을 것이다. 예를 들면, 학교에 사는 고양이의 평균 몸무게에 관심이 있는 연구자가 36마리의 고양이를 수집하여 표본을 구성하고 몸무게를 측정했더니 평균 3.425kg이었다. 이 연구자가 또 다른 고양이 36마리의 몸무게를 측정한다면 연구자는 이전 표본의 평균인 3.425와 같지는 않더라도 이와 유사한 평균을 얻을 수 있을 것으로 예상할 수 있다. 이 절차를 여러 번 반복한다면 각 표본에서 서로 다른 표본 평균들이 산출될 것이다. 이렇게 같은 모집단으로부터 추출된 여러 개의 표본 평균이 서로 다른 정도를 표집변산성(sampling variability)이라고 한다. 표집변산성 개념은 표본 평균뿐만 아니라 표준편차나 표본에서의 반응 비율 등 모든 통계량에 대해서 적용된다. 이렇게 무수히 많은 '표본 평균'을 이용하면 표본 평균들의 분포를 만들 수 있다. 이 분포를 표본 평균의 표집분포라고 한다. 표집분포는 표본 통계량들의 분포를 의미한다. 이 분포는 모집단으로부터 추출된 무수히 많은 표본을 가정하고 만들어지는 분포이기 때문에 실제 자료의 분포가 아니고 이론적인 분포이다.

　표집분포의 특성은 앞에서 공부했던 실제 자료의 분포를 이해하는 것과 같은 방식으로 이해될 수 있다. 즉, 분포의 중심, 퍼진 정도, 모양 등을 통해 표집분포를 이해할 수 있다. 그중 표집변산성이 크다는 것은 표본들 사이의 차이가 크다는 것이므로 표집분포가 넓게 퍼져있다는 것을 의미한다. 표집변산성이 크면 작을 때보다 모수 추정이 부정확할 가능성이 크다. [그림 12-1]은 평균이 같고 변산성이 다른 표집분포를 보여 준다.

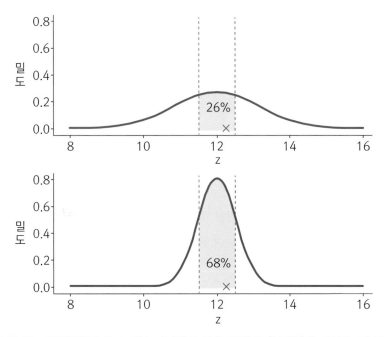

[그림 12-1] 표집변산성이 큰 표집분포(위쪽)와 작은 표집분포(아래쪽)에 표시된 표본평균(X)

　[그림 12-1]로부터 연구자의 표본 평균이 같더라도 변산성이 큰 표집분포에서는 연구

자의 표본과 유사한 값을 가지는 표본들이 적지만 변산성이 작은 표집분포에서는 유사한 표본들의 수가 많은 것을 확인할 수 있다(× 표시를 포함하는 일정 구간의 면적을 확인해야 한다). 이것은 표집변산성이 크면 연구자가 어떤 표본을 추출했느냐에 따라 모수 추정값이 크게 달라질 수 있다는 것을 의미한다. 그만큼 추정의 정밀성(precision)이 낮아진다는 것이다.

표집변산성을 작게 만드는 한 가지 확실한 방법은 표본크기를 크게 만드는 것이다. 통계학의 큰 수의 법칙(the law of large numbers)에 따르면 평균 μ를 가진 모집단으로부터 무선적으로 표집이 이루어질 때 표본의 크기가 커질수록 표본 평균 $\bar{x}$는 μ에 더 가까워진다.

4) 중심극한정리

표집분포는 무수히 많은 실험을 가정하는 가설적이고 이론적인 분포이다. 반면, 연구자는 단 한 번 자료를 수집하고 하나의 추정값만 갖고 있다. 연구자는 이로부터 어떻게 추정값의 표집분포를 알 수 있을까?

표집분포의 특성을 파악할 수 있게 도와주는 통계학의 이론이 중심극한정리(central limit theorem)이다. 중심극한정리는 연구자가 알고자 하는 모수가 평균일 때, 표본의 크기가 충분히 크다면 모집단에서의 원 변인 분포와 관계없이 표본 평균의 표집분포는 정규분포를 따른다는 이론이다. 중심극한정리에 따르면, 월수입을 측정한 표본의 크기가 충분히 크면 무수히 많은 표본으로부터 얻은 월수입 평균들의 분포인 표집분포는 정규분포를 따른다. 이 정리는 모집단에서 월수입이 정규분포를 따르지 않더라도 성립한다. 중심극한정리는 다음과 같이 표본 특성과 표집분포 특성의 관계를 기술한다.

평균이 μ이고 표준편차가 σ인 모집단이 있다. 이 모집단으로부터 표본크기가 N으로 충분히 큰 표본을 무수히 많이 표집하여 표집분포를 만든다. 이때, 연구자의 표본 평균 $\bar{x}$는 정규분포 $N(\mu, \frac{\sigma^2}{N})$을 따른다. 즉, $\bar{x}$의 표집분포는 평균이 μ이고 표준편차가 $\frac{\sigma}{\sqrt{N}}$인 정규분포이다.

이것은 연구자가 표본의 크기가 충분히 클 때, 중심극한정리에 따라 평균의 표집분포의 중심경향성(평균), 변산성(표준편차), 모양을 알 수 있다는 것을 의미한다. 평균의 표집분포가 정규분포라는 것은 연구자에게 매우 유용한 정보이다. 연구자는 평균에 대한 추론에 정규분포를 이용할 수 있기 때문이다. 앞서 제10장에서 공부했듯이, 정규분포는 표준화를 통해 표준정규분포로 변환할 수 있고 표준정규분포표를 이용하면 특정 범위에 속한 값이 관찰될 확률을 쉽게 파악할 수 있다.

중심극한정리를 이용해서 100마리 고양이로 구성된 표본의 몸무게 평균($\bar{x}$ =5)에 대한 표집분포 특성을 파악해 보자. 단, 고양이 몸무게의 모집단 표준편차는 0.7로 알려져 있다고 가정한다[1]. 중심극한정리는 표집분포의 평균이 모집단 평균과 같다고 정의한다. 다만, 우리는 모집단 평균을 알 수 없으므로 표본 평균을 모집단 평균으로 추정한다[2]. 중심극한정리에 의해 정의되는 표집분포의 표준편차는 모집단 표준편차를 $\sqrt{N}$으로 나눈 것이다. 알려진 고양이 몸무게의 모집단 표준편차가 0.7이므로 표집분포의 표준편차는 0.7/10=0.07이다. 마지막으로 중심극한정리에 따라 표본의 크기가 충분히 크면 표집분포가 정규분포할 것이므로 고양이 몸무게에 대한 표본 평균들의 표집분포는 평균이 5이고, 표준편차가 0.07인 정규분포($N(5, \frac{0.7}{\sqrt{100}})$)일 것으로 생각할 수 있다.

5) 표준오차

표집분포의 표준편차를 표준오차(Standard Error: SE)라고 한다. 표준오차는 표집분포의 변산성을 보여 주는 통계량이다. 앞서 설명했듯이 표집변산성은 추정의 정밀성을 반영한다. 표준오차가 작을수록 표본에 의한 모집단 추정값이 모수와 가까울 확률이 높아진다. 중심극한정리가 정의하는 표준오차($\frac{\sigma}{\sqrt{N}}$)로부터 알 수 있듯이 표준오차는 표본의 크기가 커질수록, 모집단의 표준편차가 작을수록 작아진다. 즉, 표본의 크기가 크고 모집단 표준편차가 작을수록 모집단 평균에 대한 추정이 더 정밀하다.

6) 평균이 아닌 통계량의 표집분포

표본 평균($\bar{x}$)의 표집분포 특성은 중심극한정리에 따라 파악된다. 평균이 아닌 다른 통계량의 표집분포 특성도 중심극한정리에 따라 파악될 수 있을까? 언제나 그렇지는 않다. 중심극한정리는 평균의 표집분포에 관한 것이고, 모든 통계량의 표집분포가 표본 평

---

1) 여기서는 알려져 있다고 가정하지만 알려지지 않은 경우에는 모집단 표준편차에 대한 가장 좋은 추정값을 사용할 수 있다.

2) 자세한 내용은 13장에 설명되어 있다.

균의 표집분포처럼 잘 알려져 있지는 않다. 변산성에 대한 통계량 가운데 표본분산(s^2)의 표집분포는 χ^2(카이제곱)이라는 이론적 확률분포를 따른다고 알려져 있다. 카이제곱분포의 특성은 이 책의 25장에서 설명하였다.

Q. 표집분포를 알 수 없으면 어떻게 하나요? 재표집 방법

중심극한정리가 적용되지 않아서 이론적으로 표집분포를 만들어낼 수 없는 경우에는 어떻게 모수에 대해 추론을 할 수 있을까요? 평균과 분산이 아닌 통계량은 추론통계를 위해 사용할 수 없는 걸까요? 이론적인 표집분포가 알려지지 않은 통계량에 대해서는 재표집 방법 (resampling methods)을 사용하여 표집분포를 만들어낼 수 있습니다. 재표집 방법은 어떤 통계량에 대해서도 추론할 수 있게 해 주므로 연구자들에게 유용한 방법입니다.

표집분포는 무수히 많은 실험에서 계산된 통계량들의 분포입니다. 재표집 방법의 아이디어는 연구자가 실제로는 한 번의 실험을 하지만 이 자료로부터 새로운 자료를 여러 번 다시 만든다는 것입니다. 이렇게 만들어진 자료 세트 각각에서 통계량을 계산해서 그 통계량들로 표집분포를 만듭니다. 재표집 방법에는 순열(permutation), 잭나이프(jackknife), 부트스트랩(bootstrap) 방법 등이 있습니다.

현대에는 잘 쓰이지 않지만 간단한 잭나이프 방법을 예로 설명해 보겠습니다. 잭나이프 방법은 전체 자료에서 하나의 원소(element)를 제거한 '새로운' 재표집 자료를 만들어냅니다. 이 작업을 제거되는 원소를 바꾸어가면서 반복해서 수행하면 연구자가 얻는 재표집된 표본의 수는 자료의 크기만큼이 됩니다. 각 재표집 자료에서 통계량을 계산해서 나열하면 그것이 표집분포가 됩니다. 연구자가 수집한 원자료가 '1, 2, 3, 4, 5'일 때, 평균의 표집분포를 잭나이프 방법으로 만들어 봅시다. 추론 대상인 표본 평균은 $\frac{1+2+3+4+5}{5}=3$입니다. 잭나이프 방법으로 만든 재표집 자료는 전체 자료에서 1을 제거한 '2, 3, 4, 5', 2를 제거한 '1, 3, 4, 5', 3을 제거한 '1, 2, 4, 5', 4를 제거한 '1, 2, 3, 5', 5를 제거한 '1, 2, 3, 4'입니다. 각 재표집 자료에서 계산된 표본 평균을 나열하면, '3.5, 3.25, 3, 2.75. 2.5'가 되는데 이것이 잭나이프 방법으로 만든 표본 평균의 표집분포입니다. 그런데, 이 방법으로 만든 재표집 자료는 자료의 크기가 원자료와 같지 않습니다. 현대에 더 널리 쓰이는 부트스트랩은 재표집을 위해 복원추출(sampling with replacement)하기 때문에 재표집 자료의 크기가 원자료와 같으면서도 연구자가 원하는 수만큼 재표집 자료를 만들 수 있는 방법입니다.

제**13**장 추정

1 개요

  통계적 추론은 모수의 추정과 통계적 가설검정으로 구분할 수 있다. 여기서는 모수의 추정을 다룬다. 먼저 좋은 추정량의 특성이 무엇인지 설명하고 모수를 추정하는 두 가지 방법인 점추정과 구간추정을 소개한다.

2 추정

  심리학 연구에서 흔히 사용하는 연구방법 중 하나는 설문조사법(survey method)이다. 설문조사는 어떤 사안에 대한 사람들의 생각을 알아보기 위해 참가자들에게 자기보고식으로 응답을 받아 자료를 수집하는 방법이다. 그리고 연구 결과를 보고할 때는 연구자가 설정한 모집단을 주어로 진술한다. 당연히 표본을 통한 연구 결과는 모집단에서의 특성과 정확히 일치하지는 않는다. 따라서 표본에서의 설문조사 결과가 모집단의 특성으로 일반화되기 위해서는 연결고리가 필요하다. 그 연결고리가 되는 추정(estimation)은 표본을 통해 모집단 특성을 추측하는 과정이다.

  무선적으로 표집된 대학생 100명에게 '나는 고양이를 좋아한다'라는 문항에 동의하는 정도를 5점 리커트 척도에 응답하도록 하였다. 그 결과 평균이 4점, 분산은 1점이었다. 또한 "고양이를 좋아합니까?"라는 문항에는 70명이 "네"라고 응답하였다. 이 결과를 확인한 연구자는 '고양이를 좋아한다는 문항에 동의하는 정도의 평균점수는 4점이고, 참가자의 70%가 고양이를 좋아한다고 응답하였다'라고 자료를 요약할 수 있다. 추정이란,

표본의 통계량에 기초하여 고양이를 좋아한다는 문항에 동의하는 정도에 대한 전체 대학생의 평균점수는 몇 점일지, 전체 대학생 중 고양이를 좋아하는 사람의 비율은 몇 %일지를 파악하는 과정이다. 추정은 다음과 같이 다양한 모수에 관해 이루어질 수 있다.

- 모비율 π
- 모평균 μ
- 모분산 σ^2
- 모상관계수 ρ
- 회귀계수 β
- 효과크기 d
- ......

연구자들은 추정량을 사용해서 모수를 추정한다. 추정량은 자료를 통해 추정값을 만드는 함수이다. 예를 들면, 표본 평균을 산출하는 공식 $\bar{x} = \dfrac{\sum_{i=1}^{N} x_i}{N}$ 은 추정량이다. 그리고 추정값은 주어진 자료에 추정량을 적용하여 얻은 값이다. 모수를 추측한 값인 추정값은 모수와 일치하지 않는다. 추정값과 모수의 차이는 오차(error)라고 한다. [수식 13-1]은 이 관계를 기술한다[1].

$$\hat{\theta} - \theta = \epsilon \qquad\qquad\qquad \cdots\cdots\cdots\cdots \text{[수식 13-1]}$$

연구자의 실제 관심사는 모수이기 때문에 연구자는 추정값의 오차가 작기를 바란다. 추정값의 오차는 어떤 추정량을 사용하는지에 따라 달라질 수 있다. 추정량의 종류와 선택은 기초통계의 범위를 넘어서지만, 모수를 추정하는 방법에는 여러 가지가 있고, 그 방법들에 장단점이 있다. 일반적으로 좋은 추정량은 모수를 정확하고(accurate), 정밀하게(precise) 추정한다.

---

[1] 일반적인 의미의 모수를 지칭할 때는 θ(theta)라는 기호를 사용한다. θ는 영어 소문자 t에 대응되는 그리스 문자이다. t는 true의 앞글자를 딴 것이다. 어떤 통계량이 추정량임을 나타내기 위해서 통계량을 나타내는 기호 위에 ^ (hat)을 붙인다. 예를 들면, $\hat{\theta}$(theta hat)은 어떤 모수 θ에 대한 추정량이다. 오차를 나타내는 기호로는 영어 소문자 e에 대응되는 그리스문자 ϵ(epsilon)을 사용한다.

편향은 심리학의 여러 맥락에서 등장하지만 공통적으로 '실제와의 체계적인(systematic) 차이'를 의미한다. 통계학에서 편향된 추정량(biased estimator)이란 통계량의 기댓값 (expected value)이 모수와 일치하지 않는 추정량을 말한다. 기댓값은 모집단에서 확률적으로 기대할 수 있는 평균값이다. 다시 말해서, 편향된 추정량을 사용하여 얻은 추정값은 '평균적으로' 모수를 실제보다 크게 추정하거나 작게 추정한다. 반대로 편향되지 않은 추정량의 기댓값은 모수와 일치한다. 편향되지 않은 추정량을 불편추정량(unbiased estimator)이라고 한다. 추정량의 불편성(unbiasedness)은 추정량의 정확성(accuracy)을 의미하므로 불편추정량이 편향된 추정량보다 좋은 추정량이다.

추정량에 편향이 없더라도 변산성이 크면 하나의 자료에서 얻은 추정값은 오차가 클 것이다. 통계학에서 효율성(efficiency)은 표본크기가 커짐에 따라 추정량의 변산성이 빠르게 감소하는 정도이다. 추정량의 변산성이 빠르게 감소할수록 효율성이 크다고 표현하는데 표본의 크기가 같을 때 효율성이 큰 추정량은 작은 추정량보다 변산성이 작다. 추정량의 변산성은 제12장에 설명된 표준오차로 평가될 수 있다. 추정량의 효율성이 곧 추정량의 정밀성(precision)을 의미하므로 효율성이 큰 추정량이 더 정밀한 추정량이고, 효율성이 작은 추정량보다 좋은 추정량이다.

3 점추정

점추정(point estimation)은 하나의 숫자로 모수를 추정하는 것이다. 일반적으로 집단의 특성을 편향없이 추정하는 불편추정량이 점추정에 사용된다.

1) 모평균과 모분산의 점추정

정규분포하는 하나의 연속변인에 대해서는 평균과 분산이라는 두 개의 모수를 추정할 수 있다. 모평균 μ에 대한 가장 좋은 추정량은 표본 평균 $\bar{x}$이다([수식 13-2]). $\bar{x}$는 μ에 대한 불편추정량이기 때문이다.

$$\overline{x} = \frac{\sum_{i=1}^{N} x_i}{N} \qquad \cdots\cdots\cdots\cdots \text{[수식 13-2]}$$

표본 평균이 모집단 평균에 대한 가장 좋은 추정량이므로, 무선적으로 표집한 100명의 자료에서 '나는 고양이를 좋아한다'라는 문항에 동의하는 정도를 5점 리커트 척도에 응답하도록 한 결과 평균이 4점이라면 이 표본 평균은 모집단의 평균에 대한 점추정값이 된다.

모집단의 분산에 대해서도 표본에서 계산한 분산이 가장 좋은 추정량일까? 그렇지 않다. 이 분산은 모집단의 분산을 체계적으로 더 작게 추정(과소추정)한다. 따라서 분산은 모분산에 대한 편향된 추정량이다. 모분산 σ^2에 대한 불편추정량은 표본분산(s^2)이다. [수식 13-3]과 [수식 13-4]는 각각 분산과 표본분산을 산출하는 공식이다. 표본분산은 분산과 달리 편차제곱합을 자유도(degree of freedom)인 $N-1$로 나누어 준다.

표본의 편차제곱합을 자유도로 나누어 준 표본분산이 모분산에 대한 불편추정량이므로, 무선적으로 표집한 100명의 자료에서 '나는 고양이를 좋아한다'라는 문항에 동의하는 정도를 5점 리커트 척도에 응답하도록 한 결과 계산된 분산이 1이라면 이 값에 $\frac{N}{N-1}$을 곱해 준 1.01이 모분산에 대한 점추정값이 된다.

$$\sigma^2 = \frac{\sum_{i=1}^{N} (x_i - \overline{x})^2}{N} \qquad \cdots\cdots\cdots\cdots \text{[수식 13-3]}$$

$$s^2 = \frac{\sum_{i=1}^{N} (x_i - \overline{x})}{N-1} \qquad \cdots\cdots\cdots\cdots \text{[수식 13-4]}$$

2) 모비율의 점추정

연구자의 변인이 범주형이라면 모집단에서의 비율이 추정의 대상이 된다. 모비율 π에 대한 불편추정량은 표본비율 $\hat{p}$이다. $\hat{p}$은 전체 참가자 중 관심 범주에 응답한 참가자 수의 비율로 계산된다. 즉, 표본비율이 모비율에 대한 불편추정량이므로 가장 좋은 추정량이다. 무선적으로 표집한 100명의 자료에서 '고양이를 좋아합니까?'라는 문항에 '네'라고 응답한 참가자가 70명이라면 그 표본비율 $\hat{p} = \frac{70}{100} = 0.7$은 모집단의 비율에 대한 점추정값이 된다.

Q. N? N-1?

통계 공부를 하다보면 같은 통계량을 산출하기 위해서 어느 때는 N을 사용하고 어느 때는 N-1을 사용하는 것을 볼 수 있습니다. 예를 들면, 우리 책에는 분산을 산출하는 공식 두 개가 제시되었습니다([수식 5-4] 및 [수식 13-3], [수식 13-4]). 언제 N을 쓰고, 언제 N-1을 써야 할까요? 만약 연구자의 자료가 모집단의 자료라면 편차의 제곱합을 N으로 나누어 분산을 산출합니다. 그러나 연구자의 자료는 표본 자료이고 이것을 이용하여 모집단의 분산을 추정하고 싶다면 모수의 추정을 위해 의미 있는 정보를 제공해 줄 수 있는 사례들만을 계산에 이용합니다. 다시 말하면 모집단의 분산을 추정하기 위해서는 편차의 제곱합을 N-1로 나누어 분산을 산출합니다. 이렇게 자유도를 이용하면 모집단 분산에 대한 불편추정치를 얻을 수 있습니다. 기술(description)을 위해서는 자유도를 사용하지 않지만, 추정을 위해서는 자유도를 사용합니다.

4 ┃ 구간추정

연구자가 모집단의 특성에 대해 진술하기 위해 표본의 결과를 보고할 때 점추정값을 보고하는 것만으로는 부족하다. 점추정값이 모수와 얼마나 가까운지에 대한 정보가 없기 때문이다. 이 정보를 제공하기 위해 연구자는 점추정값과 함께 구간추정값을 함께 보고한다.

구간추정(interval estimation)은 모수가 포함되어 있을 것으로 예상하는 일정한 구간을 이용하여 모수에 대해 추정하는 것이다. 구간추정에서의 추정값은 하한계(lower limit)와 상한계(upper limit)를 갖는 범위로 표현되며 일정한 확신도(일반적으로 95% 또는 99%)에 대한 정보를 포함한다. 이 구간을 신뢰구간(confidence interval)이라고 한다. 신뢰구간은 모수를 포함할 것이라고 신뢰수준(confidence level, $1-\alpha$)[2]만큼 확신할 수 있는 구간을 가리킨다.

---

2) α는 유의수준을 의미하여, 일반적으로 .05 또는 .01이다. 자세한 내용은 제14장을 참고할 수 있다.

신뢰구간은 '점추정값±오차한계'의 형태로 기술된다. 오차한계(margin of error)는 신뢰수준에 따라서 결정된다. 신뢰수준은 반복적으로 표집을 하고 같은 방법으로 신뢰구간을 설정하였을 때 모수를 포함할 것으로 예상되는 표본의 비율을 의미한다. 95% 신뢰수준이란 '연구자가 같은 모집단으로부터 100개의 표본을 추출하고 100개의 신뢰구간을 설정하면 그중 95개 정도의 신뢰구간은 모수를 포함할 것으로 기대할 수 있는 수준'을 의미한다. 신뢰수준이 커질수록 오차한계도 함께 커진다. 같은 신뢰수준을 사용했을 때 오차한계가 작을수록(=신뢰구간이 좁을수록) 추정이 정밀하다는 것을 의미한다.

신뢰구간의 정의가 까다로운 이유는 신뢰구간이 '모수'가 아닌 '모수에 대한 점추정값'을 기준으로 설정되기 때문이다. 연구자가 개별 표본으로부터 관찰한 점추정값이 실제 표집분포에서 어디에 위치하는지는 확률적인 문제이다. 만약 점추정값이 모수와 가까우면 연구자의 신뢰구간은 모수를 포함할 것이고, 점추정값이 모수와 멀면 연구자의 신뢰구간에 모수가 포함되지 않을 수도 있다.

95% 신뢰구간에 대한 대표적인 (유혹적이지만) 잘못된 해석은 '연구자의 실험에서 구한 신뢰구간에 모수가 포함될 확률이 95%'이다. 이 해석이 잘못된 이유가 바로 신뢰구간의 중심이 점추정값으로 정해지기 때문이다. 이 해석은 신뢰구간의 중심이 모수일 때 가능하다. 하지만 연구자는 모수를 알지 못하고, 모수를 안다면 구간추정을 할 필요가 없을 것이다.

1) 모평균의 구간추정

모평균에 대한 구간추정을 위해서는 모평균에 대한 점추정값과 중심극한정리에 따라 정의된 표준오차가 필요하다. 모평균의 $100(1-\alpha)\%$ 신뢰구간의 하한값(lower bound value) L과 상한값(upper bound value) U는 각각 [수식 13-5]와 [수식 13-6]과 같이 계산된다.

$$L = \bar{x} - Z_{1-a/2}\frac{\sigma}{\sqrt{N}}$$ ············ [수식 13-5]

$$U = \bar{x} + Z_{1-a/2}\frac{\sigma}{\sqrt{N}}$$ ············ [수식 13-6]

$\overline{x}$는 표본 평균, $\frac{\sigma}{\sqrt{N}}$는 표본 평균의 표준오차, $Z_{1-\alpha/2}$는 표준정규분포에서 누적확률 $1-\alpha/2$에 해당하는 z값을 가리킨다. 신뢰수준으로 95%를 설정했다면, $\alpha = 0.05$, $1-\alpha/2 = 0.975$, $Z_{.975} = 1.96$이 된다.

무선적으로 표집한 100명의 자료에서 '나는 고양이를 좋아한다'라는 문항에 동의하는 정도를 5점 리커트 척도에 응답하도록 한 결과 평균이 4점이고 (이미 알려진) 모집단 표준편차가 1이라면 95% 신뢰구간은 무엇일까? 신뢰구간의 하한값과 상한값은 각각 [수식 13-7] 및 [수식 13-8]과 같이 계산된다. 즉, 모평균에 대한 95% 신뢰구간은 $3.804 \le \mu \le 4.196$이다.

$$L = 4 - 1.96\frac{1}{\sqrt{100}} = 3.804 \qquad \cdots\cdots\cdots\cdots \text{[수식 13-7]}$$

$$U = 4 + 1.96\frac{1}{\sqrt{100}} = 4.196 \qquad \cdots\cdots\cdots\cdots \text{[수식 13-8]}$$

Q. 신뢰구간에 대해서 더 설명해 주세요.

신뢰구간의 개념은 직관적으로 이해하기 어려운데, 신뢰구간의 정의에 '반복적으로 표집했을 때 신뢰수준만큼의 확신도(confidence)로 신뢰구간이 모수를 포함'과 같은 추상적인 표현이 포함되기 때문입니다. 구체적인 예를 사용해서 신뢰구간의 개념을 이해해 봅시다.

가정적으로, '나는 고양이를 좋아한다'라는 문항에 동의하는 정도의 모집단 평균이 4.2점, 표준편차가 1점이라고 합시다. 그리고 연구자는 참가자 100명으로 구성된 표본으로부터 모수를 추정하려고 합니다. 중심극한정리에 의해 표본 평균의 표집분포는 N(4.2, 0.1)입니다. 실험을 통해 표본 평균을 구하는 일은 N(4.2, 0.1)에서 무선적으로 하나의 값을 추출하는 것과 같습니다.

컴퓨터로 앞의 표집분포에서 20개의 값을 무선적으로 추출해 봅시다. 절차는 연구자가 같은 실험을 20번 반복시행하고 각 실험에서 표본 평균을 계산하는 것과 같습니다. 다음과 같은 평균들이 추출되었습니다.

4.144, 4.177, 4.356, 4.207, 4.213, 4.372, 4.246, 4.073, 4.131, 4.155
4.322, 4.236, 4.240, 4.211, 4.144, 4.379, 4.250, 4.003, 4.270, 4.153

다음은 각 평균을 이용하여 계산한 95% 신뢰구간입니다. 각 표본 평균에 오차한계인

1.96×0.1을 더하고 뺌으로써 계산됩니다.

[3.948, 4.340], [3.981, 4.373], [4.160, 4.552], [4.011, 4.403], [4.017, 4.409],
[4.176, 4.568], [4.050, 4.442], [3.877, 4.269], [3.935, 4.327], [3.959, 4.351],
[4.126, 4.518], [4.040, 4.432], [4.044, 4.436], [4.015, 4.407], [3.948, 4.340],
[4.183, 4.575], [4.054, 4.446], **[3.807, 4.199]**, [4.074, 4.466], [3.957, 4.349]

20개의 신뢰구간 중 19개 신뢰구간은 그 안에 모수 4.2를 포함하였고, 18번째 신뢰구간(진하게 표시)만 모수인 4.2를 포함하지 않았습니다. 이처럼 95% 신뢰구간은 대략적으로 20번 반복실험하면 19번 정도는 그 신뢰구간에 모수를 포함한다고 95% 정도 믿을 수(확신할 수) 있는 정도를 가리키는 개념입니다.

그러나 연구자가 갖고 있는 하나의 신뢰구간에 모수가 포함될 확률은 알 수 없습니다. 연구자의 신뢰구간에 모수가 포함될 수도 있고, 포함되지 않을 수도 있습니다. 다만, 신뢰구간이 좁을수록 추정이 정밀할 것임을 추측할 수 있습니다. 연구자는 연구자의 신뢰구간을 '모수를 포함할 확률이 95%인 구간'으로 해석하지 않도록 주의해야 합니다.

2) 모비율의 구간추정

모비율 π에 대한 구간추정을 위해서도 모비율에 대한 점추정값과 표준오차가 필요하다. 표본비율도 표본 평균과 마찬가지로 표본크기 N이 충분히 클 때 표집분포가 정규분포를 따른다. 따라서 모비율의 구간추정을 위해서도 모평균의 구간추정을 위한 공식을 사용한다. 다만, 표본비율 $\hat{p}$의 표준오차는 [수식 13-9]와 같이 정의된다.

$$SE(\hat{p}) = \sqrt{\frac{N\hat{p}(1-\hat{p})}{N^2}} = \sqrt{\frac{\hat{p}(1-\hat{p})}{N}} \qquad \text{············ [수식 13-9]}$$

$N\hat{p}(1-\hat{p})$이 추정된 모집단 비율의 분산이므로, [수식 13-9]는 표본 평균의 표준오차를 산출하기 위한 공식과 의미적으로 동일하다. 표본비율의 표준오차를 이용하여 모비율에 대한 하한값과 상한값은 [수식 13-10] 및 [수식 13-11]과 같이 계산된다.

$$L = \hat{p} - Z_{1-a/2}\sqrt{\frac{\hat{p}(1-\hat{p})}{N}} \qquad \text{··········· [수식 13-10]}$$

$$U = \hat{p} + Z_{1-a/2} \sqrt{\frac{\hat{p}(1-\hat{p})}{N}}$$ ·········· [수식 13-11]

무선적으로 표집한 100명의 자료에서 '고양이를 좋아합니까?'라는 문항에 '네'라고
응답한 참가자가 70명이라면, 이 비율 .7에 대한 95% 신뢰구간은 무엇일까? 신뢰구간의
하한값과 상한값은 [수식 13-12] 및 [수식 13-13]과 같이 계산된다. 즉, 모비율에 대한
95% 신뢰구간은 $0.610 \leq \pi \leq 0.790$ 이다.

$$L = 0.7 - 1.96 \sqrt{\frac{0.7 \times 0.3}{100}} = 0.610$$ ·········· [수식 13-12]

$$U = 0.7 + 1.96 \sqrt{\frac{0.7 \times 0.3}{100}} = 0.790$$ ·········· [수식 13-13]

제14장 가설검정의 논리

1 개요

　제13장에서는 추론통계의 모수 추정을 다루었다. 이 장에서는 통계적 가설검정의 논리와 절차를 소개한다. 학문적 연구의 목적은 한 변인이 모집단에서 어떤 수준으로 관찰되는지를 파악하는 것에 국한되지 않는다. 연구자는 관심 있는 현상이 어떤 변인들과 관련 있는지 파악하고자 한다. 이 목적을 달성하기 위해 연구자는 변인 간 관련성에 대한 아직 확인되지 않은 진술, 즉 가설을 설정하고 자료를 수집하여 경험적 자료가 이 가설을 뒷받침하는지에 대한 결론을 도출한다. 이 과정이 추론통계의 통계적 가설검정이다. 어떤 연구자가 '남자와 여자 중 어느 쪽의 키가 더 큰가?'와 같은 궁금증이 있다고 하자. 이 연구자가 관심을 가지는 현상은 '사람들의 키가 서로 다른 것'이고 이 연구자는 이 현상과 '성별'이 관련 있을 것으로 추측하는 것이다. 이 관련성은 통계적 가설검정 절차를 거쳐 판단할 수 있다. 이 장에서는 그 과정을 이해하는 데 필요한 개념들과 이 과정의 논리, 구체적인 절차를 소개한다.

2 영가설 유의성 검정

　통계적 가설검정을 위해 널리 사용되는 방법은 영가설 유의성 검정(Null Hypothesis Significance Testing: NHST, 이후 영가설 검정)절차이다. 영가설은 변인 사이의 '관계 또는 차이가 없을 것이다'라는 형태로 기술되는 가설이다. 연구자의 가설이 주로 변인 사이의 '관계 또는 차이가 있을 것이다'라는 형태로 기술되는 까닭에 주로 연구가설과 반대되는 가설이라고 이해되기도 한다. 앞의 예에서 연구자는 사람들의 키가 서로 다른 현상이 성별과 관련 있을 것으로 생각한다. 따라서 연구자는 사람들의 키가 성별에 따라 다를 것으로 기대하고 연구가설은 '성별에 따라 키가 다를 것이다'와 같이 기술될 수 있다. 이 경우 영가설은 '성별에 따라 키가 다르지 않을(차이가 없을) 것이다'가 된다. 이것은 영가설과 연구가설의 관계가 논리적으로 영가설이 참이면 연구가설은 거짓이 되고 영가설이 거짓이면 연구가설이 참인 관계이기 때문이다. 영가설 검정은 두 가설의 이러한 논리적인 관계에 기초하고 있다.

영가설 검정의 논리는 법정 상황에 비유되기도 한다. 영가설 검정은 마치 판결이 나기 전까지 피고인을 무죄로 추정하는 것처럼 '영가설을 잠정적인 참으로 가정'하고 영가설을 지지하지 않는 증거가 충분하면 영가설을 기각(reject)하고 연구가설을 채택 또는 수용(accept)한다. 영가설의 채택 여부는 확률적으로 결정된다. 즉, '영가설이 참이라면 연구자의 결과가 관찰될 확률은 얼마인가?'를 파악하여 영가설이 참이라는 가정을 그대로 유지해야 하는지 영가설이 참이라는 가정을 파기해야 하는지 판단한다. 만약 그 확률이 낮다면(영가설이 참이라면 연구자의 자료를 얻는 것이 매우 '드물거나 이상한 일이라면') 영가설을 기각하고 자료가 연구가설을 지지(support)한다는 결론을 내린다.

Q. 영가설 유의성 검정절차의 역사

우리는 어떻게 영가설 유의성 검정절차를 표준적인 가설검정 방법으로 사용되게 되었을까요? 영가설을 이용하여 가설을 검정하는 절차는 로널드 피셔(Ronald fisher)가 제안하였습니다. 피셔는 1935년 출간된 『실험 설계법(The Design of Experiments)』이라는 책에서 '차를 시음하는 여인(lady testing tea)'이라는 실험을 소개합니다(Fisher, 1935). 피셔와 함께 일하던 뮤리엘 브리스톨(Muriel Bristol) 박사는 차를 마셔보면 그 차를 만들기 위해 차를 먼저 부었는지 우유를 먼저 부었는지 알 수 있다고 주장했습니다. 브리스톨 박사에게는 정말 차와 우유 중 무엇을 먼저 부었는지 알 수 있는 능력이 있는 것일까요? 이것을 확인하기 위해 우유를 넣은 차를 주고 무엇을 먼저 넣었는지 맞혀보라고 하면 될까요? 그렇지만 이 실험에서 브리스톨 박사가 정답을 맞힐 확률은 0.5나 됩니다. 브리스톨 박사가 정답을 맞히더라도 실제로 그녀에게 특별한 능력이 있기 때문에 맞힐 수 있었던 것인지는 여전히 알 수 없습니다. 즉, 우연에 의해서 브리스톨 박사가 정답을 맞혔을 가능성을 배제할 수 없다는 것입니다. 이 문제를 해결하기 위해 피셔는 여덟 잔의 밀크티를 만들었습니다. 여덟 잔 중 네 잔에는 우유를 먼저 붓고, 나머지 네 잔에는 차를 먼저 부었습니다. 그다음 찻잔의 순서를 섞어서 브리스톨 박사에게 차를 맛보게 하고 무엇을 먼저 넣은 찻잔인지 맞히게 했습니다. 이 실험에서 브리스톨 박사가 우유를 먼저 부은 찻잔을 모두 맞힐 확률은 얼마나 될까요? 1/70(.014)입니다. 만약 브리스톨 박사가 여덟 잔 모두에서 정답을 맞혔다면 우리는 그녀에게 특별한 능력이 있다고 믿어야 할지도 모릅니다(물론 그녀가 우연히, 무작위로 골랐을 뿐인데도 모두 정답을 맞혔을 수도 있습니다. 우연히 모두 정답을 맞힐 확률 .014가 p값입니다). 그녀가 무엇을 먼저 넣은 차인지 구분할 능력이 없는 사람이라면 너무나 드문 일이 일어난 것이기 때문입니다. 찻잔 하나를 이용하는 경우 브리스톨 박사가 정답을 맞힌다면 누구도 그녀에게 특별한 능력이 있다고 말하기 어려울 겁니다. 능력이 없는 누군가에게도 쉽게 일어날 수 있는 일이기 때문입니다. 영가설 검정절차는 많은 찻잔을 이용하는 실험에서 모든 찻잔의 정답을 맞히는 것은 우연히 일어나기 어려운 일이기 때문에 무엇을 먼저 넣은 차인지 맞히는 능력이 없다는 가설(영가설)을 기각하는 절차입니다. 피셔의 영가설 유의성 검정절차는 영국의 철학자 칼 포퍼(Karl Popper)의 반증가능성(falsifiability) 개념을 발전시킨 것입니다. 칼 포퍼는 과학적 이론을 절대 증명할 수 없고 실험을 통해서는 어떤 이론이 거짓이라는 사실만 증명할 수 있다고 주장하지만, 피셔는 영가설만이 반증될 수 있다고 주장합니다. 영가설 유의성 검정절차는 현대에 들어서 미술품 감식, 유전자 감식 등의 실용적인 분야에서도 널리 사용되는 방법입니다.

3 절차

영가설 검정의 구체적인 절차는 다음과 같다. 이 절차는 이 책의 제1장에 제시한 통계적 가설검정 절차를 포함한다.

❶ 연구가설과 영가설을 기술한다. 연구가설은 영가설과의 관계를 표현하는 대립가설(alternative hypothesis)이라는 이름으로 불리기도 한다. 기호로는 H_1으로 표기한다. 영가설은 귀무(歸無)가설이라고도 부르고, 기호로는 H_0으로 표기한다. 대부분의 연구가설은 '차이 또는 관계가 있음'을 표현하는 가설이고 영가설은 '차이 또는 관계가 없음'을 표현하는 가설이다. 연구자는 때때로 '차이가 없음'에 관한 가설을 직접 검정하기도 하는데 적합성 검정(goodness-of-fit test)[1]이 이 경우에 해당한다.

❷ 적절한 검정통계량(test statistic)을 선택한다. 검정통계량은 가설검정을 위한 표본의 통계량이다. 검정통계량은 연구자가 관심을 가지는 변인의 측정 수준이나 연구자가 확인하려는 것이 관계인지 차이인지 등에 따라 다르게 선택되어야 한다. 연구자가 두 집단 사이의 평균 차이에 관심이 있다면 검정통계량은 두 집단에서의 평균 차이를 반영하고 두 연속변인 사이의 선형적 관계에 관심이 있다면 두 변인의 관련성이 검정통계량에 반영된다.

❸ 영가설 분포(null distribution)를 선택한다. 영가설 분포는 영가설이 참이라고 가정할 때 기대할 수 있는 검정통계량의 표집분포이다. 이 분포는 표집분포이므로 이론적인 분포이며 그 위치는 영가설이 참이라고 가정할 때 기대되는 모수에 따라 결정된다. 연구자가 두 집단 사이의 평균 차이에 관심이 있다면 영가설 분포의 위치(또는 중심)는 두 집단의 평균 차이가 '없을 때'의 위치, 즉 0이 된다.

❹ 영가설의 기각 여부를 판단하기 위한 의사결정의 기준을 설정한다. 유의수준(significance level)은 영가설이 참일 때 관찰될 확률이 '낮은' 현상에서 이 '낮음'을 구체적인 숫자로 정의한 것이다. 기호로는 α로 표기한다. 의사결정의 기준은 영가설 분포에서 유의수준에 해당하는 값일 수도 있다. 검정통계량과 비교되는 이 값을 기각값(임계값, critical value)이라고 한다.

❺ 수집된 자료(표본 자료)로부터 검정통계량을 산출한다. 검정통계량의 종류는 연구 관심사에 따라 다르며, 검정통계량을 산출하기 위해서는 수집된 자료로부터 모수 추정값들이 먼저 계산되어야 한다.

❻ 관찰된 검정통계량을 이용하여 통계적 판단을 내린다. 통계적 판단을 위해서는 두 가지 방법을 사용할 수 있다. 검정통계량과 기각값을 비교하거나 p값(또는 유의확률)과 유의수준을 비교하는 것이다. p값은 영가설이 참일 때 검정통계량보다 극단적인 값이 관찰될 확률을 의미한다.

---

1) 적합성 검정은 연구자가 수집한 자료가 연구자의 모형(이론 또는 기대)과 부합하는지를 확인하기 위한 검정을 의미한다.

검정통계량과 기각값을 비교하는 경우, 검정통계량이 기각값보다 영가설 분포의 중심으로부터 더 극단적(extreme)이면 영가설을 기각한다. 연구자의 검정통계량이 기각값보다 극단적이라는 것은 영가설 분포의 중심으로부터 그만큼 더 멀리 떨어져 있다는 의미이다. 즉, 영가설이 참이라면 관찰될 가능성이 '낮은'의 기준이 되는 기각값보다 더 관찰되기 어려운 결과를 표본에서 관찰하였다는 의미이므로 영가설을 기각하고, 연구가설을 채택한다.

p값과 유의수준을 비교하는 경우, p값이 유의수준보다 낮으면 영가설을 기각한다. 영가설이 참이라면 관찰될 가능성이 '낮은'의 기준인 유의수준보다 더 관찰될 가능성이 낮은 결과를 관찰하였으므로 영가설을 기각하고, 연구가설을 채택한다.

Q. 영가설을 검정하는 이유

연구자의 가설을 검정하기 위해 연구가설이 아니라 영가설을 이용하는 데는 논리적인 이유 외에 다른 이유가 있습니다. 그 이유는 특정한 결과를 얻을 확률의 계산입니다. 만약 검정통계량의 표집분포 위치가 결정된다면 연구자의 검정통계량이 관찰될 확률을 쉽게 계산할 수 있을 것입니다. 검정통계량의 표집분포의 위치가 결정된다는 것은 모수를 알고 있다는 의미입니다. 모수는 알 수 없기 때문에 그런 연구자가 있다면 그 연구자는 자신의 신통한 능력으로 다른 일을 하는 편이 더 좋을 수도 있습니다. 평범한 연구자들은 모수를 알지 못하지만 그들에게도 표집분포의 위치를 기술할 수 있는 방법이 있습니다. 그 방법은 '영가설이 옳다'는 가정을 하는 것입니다. 이 가정을 하면 표집분포의 위치를 결정할 수 있고 평범한 연구자들도 자신의 연구결과로 얻은 검정통계량보다 극단적인 값이 관찰될 확률(p값)을 계산할 수 있게 됩니다.

4   개념들

1) 유의성

연구자의 가설은 모집단에 관한 것이다. '사람들의 키가 성별에 따라 다를 것이다'라는 가설이 있다면, 남성과 여성의 모집단에서 키의 평균, 즉 모평균(population mean)이 서로 다를 것이라는 의미이다. 이 가설을 검정하기 위해 두 모집단에서 표본을 추출하여 각각의 표본 평균을 비교하더라도 연구자의 가설이 참인지 여부와 관계없이 두 표본의 평균은 (우연히) 다를 수 있다. 따라서 표본 평균을 비교해서는 연구자의 가설이 참인지 거짓인지 판단하기 어렵다.

영가설 검정 결과 영가설이 기각된다면 우리는 두 변인의 차이 또는 관계가 '통계적으로 유의하다(statistically significant)'고 표현한다. 이것은 표본의 결과가 영가설이 참이라고 가정했을 때는 관찰하기 어려운 결과라는 의미이다. 즉, 두 집단의 표본 평균 차이가 두 모집단의 평균이 같을 때 발생했다고 보기 어려울 정도로 충분히 크다는 것을 의미한다. 반대로, 두 집단의 표본 평균 차이가 통계적으로 유의하지 않다는 것은 두 집단의 표본 평균 차이가 두 집단의 모평균이 같더라도 표본 평균들 사이에서 (우연히) 관찰될 수 있는 정도라는 것을 의미한다.

2) 유의수준

유의수준은 영가설의 기각 여부를 판단하기 위한 기준이다. 이 기준은 '영가설이 참이라면, 관찰하기 어려운 현상'이라는 판단을 위한 '어려움'에 대한 수치적 표현이다. 유의수준을 낮게 설정할수록 영가설을 기각하기가 그만큼 어려워지므로 더 엄격한 기준을 적용하는 것이 된다.

유의수준과 대응되는 영가설 분포 위의 값이 기각값이다. 영가설 분포에서 영가설을 기각할 수 있는 낮은 확률로 관찰되는 값들이 분포한 영역을 기각역(rejection region)이라고 하고 그 영역 이외의 영역은 수용역(acceptance region)이라고 한다. 유의수준이 결정되면 기각값과 기각역, 수용역이 결정된다([그림 14-1]).

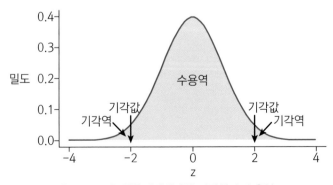

[그림 14-1] 양측검정에서의 기각역과 수용역

널리 사용되는 유의수준 .05[2]는 학문 영역이나 연구 주제의 특성에 따라 달라질 수 있다. 이 기준이 널리 사용되는 이유는 그저 영가설 검정절차를 개발하고 소개한 피셔가 제안했고 많은 사람이 '드물다'의 수치적 해석으로 .05에 동의한다는 것뿐이다. 이 기준 자체가 절대적으로 타당하다거나 사용되어야 한다는 근거는 어디에도 없다.

3) 양측검정과 단측검정

연구가설의 구체적인 정도는 다를 수 있다. '남성의 키가 여성의 키보다 클 것이다'라는 연구가설은 '남성과 여성의 키는 다를 것이다'라는 가설보다 구체적이다. 차이의 방향을 정하고 있기 때문이다. 유의수준이 같더라도 앞의 두 연구가설에 대한 기각역을 설정하는 방법은 달라진다. 연구자가 '차이' 자체에만 관심이 있어서 차이의 방향을 고려하지 않는다면 기각역을 영가설 분포의 양극단에 배치하는 양측검정(two-tailed test, 문헌에 따라서 양방검정)을 수행할 수 있다. 양측검정을 수행하는 경우 남성의 키가 여성보다 클 때와 여성의 키가 남성보다 클 때 모두 영가설이 기각될 수 있다. 양측검정에서는 기각역이 분포의 양쪽에 배치되어야 하므로 유의수준 .05를 둘로 나누어 양쪽에 각각 .025의 확률에 해당하는 영역을 배치한다. 평균 차이 검정을 위한 표집분포(Z분포)에서 양측검정을 위한 기각값은 양극단으로부터의 확률이 .025가 되는 값인 +1.96과 −1.96이 된다.

연구자가 '차이'와 동시에 그 '방향'에도 관심이 있다면 기각역은 영가설 분포의 한쪽 극단에 배치될 수 있다. 이와 같은 검정을 단측검정(one-tailed test, 문헌에 따라서 일방검정)이라고 한다. 단측검정을 수행하는 경우에는 연구자의 가설이 '남성의 키가 여성보다 클 것이다'와 같이 방향성을 가지고 있다. 따라서 연구자는 남성의 키가 여성보다 충분히 큰 경우에만 영가설을 기각할 수 있고, 여성의 키가 남성보다 클 때는 영가설을 기각할 수 없다. 단측검정의 기각역은 한쪽에만 배치되므로 유의수준 .05의 확률에 해당하는 한쪽 영역이 기각역이 된다. 평균 차이 검정을 위한 표집분포에서 단측검정을 위한 기각값은 양극단으로부터의 확률이 .05가 되는 +1.64 또는 −1.64이다.

---

2) APA 양식은 소수점 이하의 자릿수를 가지는 숫자를 표기할 때 1이 넘는 숫자(예를 들면, 1.25)가 가능한 값들에 대해서는 일의 자리에 0을 쓰고, 최댓값이 1인 경우에는 일의 자리의 0을 생략하도록 정하고 있으므로 여기서는 유의확률을 표기할 때 .05와 같이 일의 자리 0을 생략했다.

4) 제1종 오류와 제2종 오류

영가설 검정 절차는 임의의 기준을 사용하는 통계적 의사결정 과정이기 때문에, 실제와 부합하지 않는 결과인 오류(error)가 발생할 수 있다(〈표 14-1〉 참조). 이 오류는 제1종 오류와 제2종 오류의 두 가지로 구분된다.

〈표 14-1〉 통계적 의사결정과 오류의 종류

		통계적 의사결정	
		영가설 수용	영가설 기각
실제	영가설이 참	옳은 판단	제1종 오류(type I error)
	영가설이 거짓	제2종 오류(type II error)	옳은 판단(검정력, power)

제1종 오류는 실제로 영가설이 참일 때 영가설을 기각하는 오류이다. 모집단에서 어떤 변인의 효과가 없지만 통계적으로 효과가 있다고 판단하는 경우에 발생한다. 제1종 오류는 '효과가 있다'라는 결론을 내리는 경우여서 현실적인 변화로 이어질 가능성이 있다. 따라서 다른 오류보다 중요하게 여겨지고 통계적 판단에서도 이 오류의 수준을 일정하게 통제하고자 한다. 통계적 가설검정에서 사용하는 유의수준이 바로 제1종 오류 확률(type I error rate, α)이다. 예를 들어, 유의수준을 .05로 설정하는 것은 실제로 영가설이 참일 때 5%의 확률로 영가설을 기각하는 틀린 결론을 내리는 것을 감당하겠다는 것이다.

제2종 오류는 실제로 영가설이 거짓일 때 연구자가 영가설을 수용하는 오류이다. 모집단에서 어떤 변인의 효과가 있지만 통계적으로 효과가 없다고 판단하는 경우에 발생한다. 제2종 오류가 발생하는 경우는 변인의 효과가 없다는 결론을 내리는 경우이고 이 판단은 현실적으로 아무런 변화의 근거가 되지 않기 때문에 제1종 오류보다 덜 중요하게 여겨지는 경향이 있다. 제1종 오류가 영가설 검정 과정에서 연구자에 의해 통제되는 것과 달리 제2종 오류는 계산되거나 통제되지 않는다. 제2종 오류 확률(type II error rate)은 β로 표기한다.

통계적 가설검정이 합리적으로 이루어지려면 제1종 오류와 제2종 오류를 모두 감소시켜야 한다. 그러나 영가설 검정 절차에서 제1종 오류와 제2종 오류는 상충관계(trade-off)이다. 영가설을 기각하기 위한 기준이 엄격하면, 즉 제1종 오류 확률을 낮게 설정하면 제2종 오류는 증가한다. 즉, 영가설을 엄격하게 검정하려고 할수록 실제로는 효과가 있는 변인의 효과가 없다고 판단할 가능성이 높아진다. 반대로 영가설을 기각하기 위한 기준이 관대하면, 즉 제1종 오류 확률을 높게 설정하면 제2종 오류의 가능성은 감소한다.

　제1종 오류와 제2종 오류가 상충관계에 있더라도 이 두 오류가 모두 낮은 상황이 있을 수 있다. 그것은 연구에 사용된 도구가 연구자가 탐지하려는 효과를 쉽게 탐지할 만큼 정밀성이 높은 즉, 실험의 타당성이 높은 상황이다. ① 모집단에서 평균 차이 또는 효과가 크고, ② 표본크기가 크고, ③ 표준오차가 작을 때 제1종 오류와 제2종 오류의 가능성이 함께 작아진다. 이 중 ②와 ③은 연구자가 참가자 수를 증가시키거나 정교한 측정 도구를 사용함으로써 변화시킬 수 있다.

5) p값

　p값은 영가설 분포에서 관찰된 검정통계량보다 극단적인 값을 얻을 확률을 의미한다. p값은 통계적 의사결정에 직접적으로 사용되는 정보이다. 영가설 검정에서 p값은 유의수준과 비교되며 유의수준보다 작은 경우에 영가설은 기각된다. 하지만 연구자는 p값의 해석에 주의해야 하고, 그렇지 않으면 연구 결과를 잘못 이해할 수 있다. 최근 학계에서는 p값에 대한 오해 문제 때문에 p값을 이용해서 연구 결과를 보고하는 것이 바람직한지에 대한 논의가 있기도 했다(Wasserstein & Lazar, 2016). 예를 들어, p값은 그 자체로 연구가설이 지지되는 정도나 연구가 의미 있는 정도를 말해주지 않는다.

Q. p값은 어떻게 이해해야 하나요?

심리통계를 처음 배우는 학생들이라면 영가설 유의성 검정절차의 논리를 이해하는 것이 쉽지 않을 수 있습니다. 특히, p값은 어떻게 이해되어야 할까요? p값을 보고 연구자들은 '통계적으로 유의하다/유의하지 않다'는 판단을 하는데, '통계적으로 유의하다'는 것은 무슨 뜻일까요? 영가설 유의성 검정절차와 관련된 개념들은 직관적이지 않아서 그 개념들을 항상 사용하는 연구자들조차 그 의미를 잘못 이해하고 사용하기도 합니다. Haller와 Krauss(2002)는 영가설 유의성 검정절차와 관련된 여섯 문항의 퀴즈를 심리학과 학생, 현업에 종사하는 심리학 연구자, 심리통계를 가르치는 강사에게 풀게 했습니다. 그 결과 적어도 한 문제 이상 틀린 참가자의 비율이 모든 집단에서 80%가 넘었습니다. Bakker와 Wicherts(2011)는 심리학 저널에 출판된 281개의 논문 중 약 18%에서 통계에 대한 부정확한 기술을 발견하기도 하였습니다. Cassidy 등(2019)은 미국과 캐나다에서 출판된 30개의 심리통계 교재들을 조사하였는데 교재 중 89%는 영가설 유의성 검정과 관련된 기술 중 정확하지 못한 부분을 포함하고 있었습니다.

피셔는 p값의 의미를 명시적으로 표현하지 않았습니다. 다만 그의 저술을 통해 유의성 검정절차에서의 p값이 '우연적 발견에 속지 않기 위한' 도구임을 알 수 있습니다. 피셔는 p값이 매우 낮으면(피셔는 20번 중 한 번을 충분히 낮은 확률의 일반적인 관행으로 소개하고 있고, 이 값이 우리가 알고 있는 유의수준 .05입니다) 연구자가 원인이라고 여기는 변인의 효과가 있다고 판단할 수 있고, p값이 그보다(매우 낮은 정도, 즉 .05보다) 크다면 무시할 수 있다고 생각했습니다. 다만, 피셔는 p값이 큰 경우에도 효과가 없다고 하기보다는 효과가 있어도 그 크기가 작아 '실험'을 통해서는 그 효과를 탐지하지 못한 것일 수 있다고 해석했습니다. 이 점으로부터 우리는 피셔의 p값이 특정한 실험 처치의 효과에 관한 것임을 알 수 있습니다. 또한, p값이 매우 작으면 연구자들은 '통계적으로 유의하다'고 판단합니다. 여기서 '유의하다'는 표현은 언어적인 의미라기보다는 수학적인 의미입니다. '유의하다'는 것은 연구자가 발견한 결과에 어떤 '의미(meaning)'가 있다기보다는 '충분히 낮은 확률'을 의미합니다. 따라서 '어떤 변인의 효과가 통계적으로 유의하다'는 것은 '영가설이 옳다면' 모집단에서 그 변인의 효과가 관찰될 확률이 충분히 낮다는 것을 의미합니다. 연구자가 피셔의 영가설 검정절차를 사용해서 얻은 결과라면 그 해석도 이 범위를 넘어서지 않는 것이 바람직하겠습니다.

 ## 5 영가설 검정 결과 해석의 주의점

영가설 검정 결과를 해석할 때 주의해야 할 점이 몇 가지 있다.

첫째, 영가설이 기각되지 않았다고 해서 자료가 영가설을 지지한다고 결론을 내릴 수 없다. 영가설이 기각되지 않은 것은 증거가 영가설을 기각하기에 충분하지 않다는 의미로 해석되어야 한다. 이 경우에도 연구가설이 실제로는 옳을 가능성이 남아 있다. 영가설이 기각되지 않는 이유는 너무 작은 효과크기, 정밀하지 않은 측정 도구, 타당하지 못한 실험 설계 등으로 다양하다. 즉, 실제로는 효과가 있지만 그것이 탐지되지 않았을 수 있다. 만약 이런 상황이 의심된다면 연구자는 정교하게 실험을 설계하거나, 더 정밀한 측정 도구를 사용하거나, 표본크기를 크게 하는 등의 시도를 해 볼 수 있다. 영가설을 기각하지 못했을 때 연구자가 내릴 수 있는 결론은 어떤 변인의 효과가 불확정적(inconclusive)이라는 것이다.

둘째, 영가설이 기각되었다고 해도 연구 결과가 연구자의 가설을 증명하였다(prove)거나 연구가설이 참(true)이라는 의미가 아니다. 통계적 가설검정 결과는 확률적인 것으로 이해되어야 한다. '통계적으로 유의하다'는 표현은 영가설을 기각하기에 충분한 증거가 있다는 의미로 이해되어야 한다. 통계적으로 유의한 결과가 '의미있다(meaningful)'는 것으로 이해되어서는 안 된다.

셋째, 통계적으로 유의하다는 결론을 얻더라도 그 결과가 반드시 실용적으로 의미있거나 중요하지 않을 수 있다. 효과의 실제적인 의미와 관련 있는 개념은 효과크기이다. 실용적으로 의미가 없는 정도의 작은 효과크기도 통계적으로 유의하다고 판단될 수 있다. 통계적 유의성에 대한 판단은 효과크기 이외에 표본의 크기, 유의수준, 표준오차 등에 따라 달라질 수 있다. 가상적으로 남자와 여자의 평균 키의 차이가 0.1cm인 세계가 있다고 하자. 키는 성별뿐만 아니라 개인차에 의해서도 달라지기 때문에 0.1cm의 차이는 실제로 의미가 크지 않다. 이 세계에서 남자와 여자 10명씩을 뽑아서 평균 키에 대한 차이 검정을 하면 아마도 영가설이 기각되지 않을 것이다. 그렇지만 남자와 여자 10,000명씩을 대상으로 연구한다면 같은 평균 차이임에도 불구하고 영가설이 기각될 수 있다.

넷째, 영가설 검정을 통해 연구가설이 지지되는 정도를 말할 수 없다. 영가설 검정은 영가설 분포에만 의존하기 때문이다. 이 말은 영가설 분포에서 연구결과가 극단적인 정도를 가리키는 p값이 연구자가 관찰한 검정통계량이 실제 표집분포에서는 얼마나 빈번하게 출현하는지 알려 주지 않는다는 의미이다.

6　효과크기와 통계적 검정력

p값에 대한 오해와 해석상의 어려움 때문에 많은 학술지가 연구 결과를 보고할 때 p값 뿐만 아니라 효과크기를 함께 보고하기를 권고하고 있다. 우리는 기술통계를 공부하면서 효과크기에 대해 공부했다. 효과크기는 연구자가 탐지하려는 변인 간 관계의 강도를 의미한다. 영가설 검정 결과는 효과크기의 영향을 받기는 하지만 결과에 영향을 주

는 다른 요인들이 많으므로 효과크기에 대한 정보는 추가로 제공되어야 한다. 효과크기로는 연구자가 탐지하려는 관계의 변인 속성에 따라서 Cohen's d, r, 오즈비(odds ratio)와 같은 통계량을 보고할 수 있다.

　검정력(통계적 검정력, statistical power)은 실제로 연구가설이 참일 때 연구가설을 채택할 확률이다. 제2종 오류를 범할 확률을 β라는 기호로 표기하는데 검정력은 $1-\beta$로 표기한다. 제2종 오류와 검정력은 모두 연구가설이 참인 경우의 영가설 검정 결과이기 때문에 두 확률의 합은 1이 된다. 영가설 검정 절차는 유의수준 α를 의사결정 기준으로 사용하기 때문에 영가설 검정절차에만 의존하면 연구의 검정력에 대해서는 주의를 기울이지 못할 수 있다.

　검정력은 이름에서도 알 수 있듯이 연구의 속성이다. 검정력이 높다는 것은 실제 존재하는 작은 효과를 탐지하여 영가설을 기각할 수 있다는 것이고, 검정력이 낮다는 것은 '효과 있음'과 '효과 없음'을 분별할 능력이 부족하다는 것이다. 연구의 검정력이 낮을수록 연구가설이 참이더라도 연구자가 그것을 발견하지 못할 가능성은 커진다. [그림 14-1]은 각각 검정력이 0.2(위)일 때와 0.8(아래)인 상황을 보여 준다. 검정력은 기각값인 분홍 점선 오른쪽부터 실제 표집분포(연구가설분포)인 회색 분포 아래의 넓이를 가리킨다.

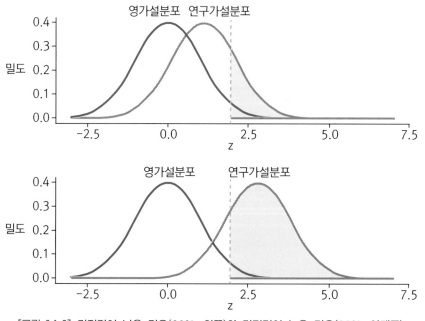

[그림 14-1] 검정력이 낮은 경우(20%, 위쪽)와 검정력이 높은 경우(80%, 아래쪽)

검정력이 낮을 때는 검정통계량의 영가설 분포와 실제 표집분포의 겹치는 부분이 크다. 반면, 검정력이 높을 때는 영가설 분포와 실제 표집분포가 겹치는 부분이 작다.

    검정력을 알기 위해서는 검정통계량의 실제 표집분포가 필요하다. 하지만 연구자는 이를 알 수 없으므로 '만약 실제 효과크기가 …… 라면'이라는 가정 아래에서 검정력을 평가한다. 절차는 다음과 같다. ① 연구자가 임의로 관심 변인 간 관계의 강도, 즉 효과크기를 설정한다. 이론적으로 또는 현실적으로 의미 있는 효과크기를 설정한다. ② 효과크기에 기초하여 연구가설이 참일 때의 검정통계량 표집분포를 파악한다. ③ ②의 표집분포에서, 영가설을 기각할 수 있는 검정통계량보다 큰 값을 관찰할 확률을 파악한다. 검정력은 이 확률이다.

    연구의 검정력은 여러 가지 요인들로부터 영향을 받는다. ① 표본의 크기. 표본의 사례 수가 많을수록 검정력은 높아진다. ② 유의수준. 유의수준이 관대해질수록 검정력은 높아진다. ③ 모집단에서의 효과크기가 클수록 검정력은 높아진다. ④ 모집단에서 변인의 표준편차. 모집단에서 변인의 표준편차가 작을수록 검정력이 높아진다. 이 중 연구자가 검정력을 높이기 위해 조정할 수 있는 요인은 표본크기와 유의수준이다.

7   영가설 검정절차에서의 신뢰구간

    모수에 대한 구간추정에서 공부했던 신뢰구간은 영가설 검정에 사용할 수도 있다. 신뢰구간은 자료에 의해 추정된 모수를 중심으로 설정되기 때문에 검정통계량의 표집분포 상에서의 일정 구간이다. 신뢰구간을 이용한 영가설 검정에서 영가설의 기각 여부는 평균 차이의 신뢰구간에 영가설이 참일 때의 모수가 포함되는지로 판단한다. 영가설이 참일 때의 모집단에서의 평균 차이는 0이므로 신뢰구간에 0이 포함된다면, 관찰된 평균 차이가 영가설이 참일 때 드물지 않게 출현할 수 있음을 의미한다. 따라서 평균 차이의 신뢰구간에 0이 포함되면 영가설을 수용하고, 0이 포함되지 않으면 영가설을 기각한다.

Q. 통계적 추론: 빈도주의 vs 베이지안

우리가 기초통계를 공부하는 동안 다루는 추론통계는 빈도주의(frequentism)에 기반한 것입니다. 빈도주의는 확률을 반복적인 실험에서의 상대빈도로 정의하는 빈도적 관점과 관련이 있습니다. 빈도주의는 현재까지도 과학계에서 널리 사용되고 받아들여지는 확률에 대한 관점입니다. 빈도주의는 확률을 객관적으로 정의할 수 있다고 믿습니다. 그뿐만 아니라 '무수히 많은 반복적인 실험'을 가정한다면 확률을 쉽게 계산해 낼 수도 있습니다. 이러한 장점은 빈도주의적 추론통계의 여러 개념(예를 들면, p값과 신뢰구간)을 과학적인 것으로 받아들여지게 합니다. 그렇지만 이 개념들은 '무수히 많은 반복적인 실험'이라는 가정을 벗어나서는 이해될 수 없습니다. 이 가정을 무시할 수 없다는 것은 이 가정을 하지 않은 상태에서는 어떤 사건이 일어날 확률을 전혀 알 수 없다는 의미이기도 합니다. 빈도주의적 추론통계를 이해하는 데 필요한 개념들은 일반인들은 물론이고 연구자들도 잘못 이해하고 있는 경우가 많습니다(Haller & Krauss, 2002). 이 문제는 연구결과에 대한 직관적인 이해를 방해하여 일반인뿐만 아니라 연구자들도 세상을 잘못 이해하게 만들 수 있습니다.

빈도주의와 달리 베이지안 추론(Bayesian inference)은 확률이 주관적인 믿음이라는 관점에 기반합니다. 빈도주의는 무수한 실험을 가정한 이론적인 확률분포를 사용하여 통계적 추론을 하지만 베이지안 추론은 '주관적인' 사전확률에 기초하되 수집되는 증거를 이용하여 점차적으로 갱신되는 사후확률분포(posterior probability distribution)를 이용합니다. 이 점에서 베이지안의 모수에 대한 추론은 자료를 관찰함으로써 사건에 대한 믿음을 수정하는 과정입니다. 빈도주의적 통계의 개념들이 이해하기 어려운 것과 달리 베이지안 통계의 개념은 직관적으로 이해될 수 있습니다. 예를 들면, 빈도주의적 가설검정에서는 p값이 사용됩니다. p값은 '영가설이 옳다면' 모집단에서 관찰된 검정통계량보다 극단적인 값이 관찰될 확률을 의미합니다. 그러나 연구자들은 종종 p값의 의미를 '영가설이 옳을 확률'로 잘못 받아들입니다(판단자에 따라 약 17~32%, Haller & Krauss, 2002). 반면에, 베이지안의 가설검정에는 베이즈 팩터(Bayes factor)가 이용됩니다. 베이즈 팩터는 증거가 두 가설 중 하나를 지지하는 정도를 반영합니다. p값은 '영가설이 옳을 확률'로 이해할 수 없지만 베이즈 팩터는 증거가 하나의 가설을 더 지지하는 정도, 즉 자료가 영가설보다 연구가설을 더 지지하는 정도의 직관적인 의미로 이해할 수 있습니다. 확률에 대한 베이지안의 관점은 18세기에 시작되어 빈도주의적 관점보다 역사가 더 오래되었지만 관심을 받지 못하다가 21세기 이후부터는 점점 더 많은 학자가 베이지안 추론을 빈도주의 통계에 대한 대안으로 제안하고 있습니다. 이 책이 출간된 현재는 베이지안 통계가 고급통계로 다루어지지만, 앞으로는 베이지안 통계의 위상이 달라져 빈도주의적 추론보다 먼저 배우게 될지도 모르겠습니다.

실습

[Part II 추론통계 개념: 엑셀과 R]

실습 1 **랜덤사건의 반복시행**

○ 목표: 랜덤사건를 반복시행했을 때의 평균적인 결과를 관찰하기
  - RAND 함수와 IF 함수

실습 2 **누적확률과 z값 찾기**

○ 목표: 함수를 이용하여 표준정규분포에서의 누적확률과 z값 찾기
  - NORM.S.DIST 함수, NORM.S.INV 함수

실습 3 **R 소개**

○ 목표: R의 기술통계를 위한 함수들(mean, var, sd)을 이용하여 기술통계량 산출하기
  R의 pnorm 함수, qnorm 함수를 사용하여 실습 2의 결과 반복하기

실습 4 **표집분포 만들기**

○ 목표: R의 rnorm 함수로 평균의 표집분포 만들기
  - 간단한 for loop구문
  - hist 함수

[Part II 추론통계 개념: 엑셀과 R]

[실습 1] 랜덤사건의 반복시행

○ 목표: 랜덤사건를 반복시행했을 때의 평균적인 결과를 관찰하기
  - rand 함수와 if 함수

축구 경기에서 동전 던지기를 통해 선공을 정하는 것은 그 절차가 공정하다고 믿기 때문이다. 동전 던지기가 공정하다는 것은 어떻게 알 수 있을까? 동전 던지기가 공정한 이유는 앞면과 뒷면이 나올 확률이 동일한 랜덤시행이라고 할 수 있기 때문이다. 그렇다면, 앞면과 뒷면이 나올 확률이 같다는 것은 어떻게 알 수 있을까? 같은 시행을 충분히 많은 수만큼 반복하고 그 평균적인 결과를 관찰하면 어떤 사건이 발생할 확률을 알 수 있다. 랜덤시행을 무수히 반복했을 때 기대되는 평균적인 결과를 기댓값이라고 부른다. 동전의 앞면과 뒷면이 나올 확률이 각각 0.5로 같다면, 100번의 동전 던지기 시행에서 앞면과 뒷면의 기댓값은 각각 100×0.5로 50회씩이다. 동전 던지기를 실제로 100번 시행하고, 그 결과를 기댓값과 비교해 보면 동전 던지기가 선공을 결정하는 공정한 방법인지를 알 수 있다.

컴퓨터를 사용해서 랜덤시행을 반복할 수 있다. 사람에게 "동전을 사용하지 않고 '앞'과 '뒤'를 무작위 순서로 말해 보세요."라고 지시한다면, 사람은 완전한 무작위 순서로 대답할 수 없다. 반면에, 몇몇 컴퓨터 프로그램은 사람 대신에 무작위로 수를 만들어내는 기능을 갖고 있다. 엑셀도 그 프로그램 중 하나이다.

엑셀의 rand 함수는 균등분포 Uniform(0,1)라는 확률분포로부터 무작위로 수를 추출하여 보여 준다. 이 확률분포에서는 0과 1 사이의 실수 범위의 모든 값이 나올 확률이 같다.

선택된 셀에 =rand()을 입력하고 엔터키를 누르면 위의 확률분포로부터 무작위로 추출된 숫자 하나가 출력된다. 다음 그림은 rand 함수를 써서 다섯 개의 숫자를 추출한 것이다. 여러분이 같은 절차를 반복해도 같은 결과가 출력되지 않는다.

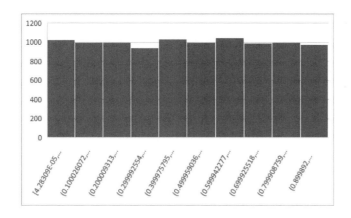

랜덤시행은 단기간의 결과를 예측하기 어려울 수 있다. 시행 수를 늘리고 그 결과를 관찰하면 분포의 모습이 좀 더 분명해진다. 다음 그림은 rand() 결과를 10,000번 반복하고 산출된 숫자들로 히스토그램을 그린 것이다. A1 셀의 오른쪽 아래의 채우기 핸들을 드래그해서 같은 작업을 10,000번 반복한 후 히스토그램을 그릴 수 있다. 히스토그램을 보면 0부터 1 사이에 숫자들이 비교적 고르게 분포된 것을 알 수 있다. 이 작업을 반복하면 개별 숫자들은 다르더라도 히스토그램의 모양은 유사한 것을 확인할 수 있다. 랜덤시행의 수를 충분히 늘려서 반복하면 전체적인 히스토그램의 모양은 그 랜덤시행을 만들어낸 확률분포와 닮아간다.

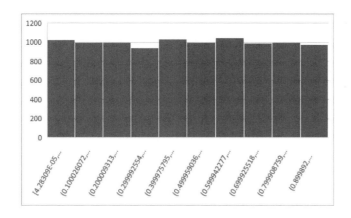

이제, 동전 없이 엑셀로 동전 던지기를 해 보자. uniform(0,1)에서는 0.5보다 큰 값을 얻을 확률과 0.5보다 작은 값을 얻을 확률이 같다. 이 특성을 사용해서 rand 함수로 생성한 값이 만약 0.5보다 크면 앞면, 0.5보다 작으면 뒷면으로 간주한다.

엑셀의 if 함수는 조건에 따라서 다른 값을 표시하고 싶을 때 사용한다. =if(A1>0.5,'앞','뒤') 이라는 구문은 'A1의 값이 0.5보다 크면 '앞', 그렇지 않으면 '뒤'를 표시'하라는 의미이다.

if 함수를 한 번 더 사용해서 앞면을 1, 뒷면을 0으로 표시하자. 이렇게 숫자로 부호화하여 1이 나온 시행을 모두 더하면 앞면이 나온 횟수가 된다.

셀 D1에 첫 시행부터 해당 시행까지 (D1의 경우, C1부터 C1까지) 앞면이 나온 비율을 계산한다. =average(C$1:C1) 구문은 'C1(첫 시행)부터 해당 행까지 값들의 평균'이라는 의미가 된다. 이제 B1, C1, D1셀을 모두 지정하여 채우기 핸들을 사용해서 10,000회 반복한다.

이 자료의 경우 5회까지의 앞면이 나온 비율은 0.2, 10회까지의 비율은 0.3으로 0.5와는 차이가 있어 보인다. 하지만 100회까지의 비율 0.54, 1,000회까지의 평균은 0.505, 10,000회까지의 비율은 0.5009로 이론적으로 기대되는 확률인 0.5와 점점 가까워진다. 다음은 D열 전체를 지정하고 '삽입 → 추천 차트 → 모든 차트 → 꺾은 선형'을 통해 그린 그림이다. 앞면이 나오는 비율은 시행 수가 작을 때는 변동 폭이 크지만, 시행 수가 커질수록 점차적으로 한 점으로 수렴하는 것을 볼 수 있다. 이 절차를 반복한다면, 꺾은선 그래프의 앞부분은 이 책에 제시된 것과 다르더라도 뒷부분은 일치하는 것을 확인할 수 있을 것이다.

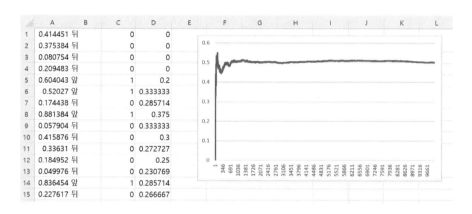

[실습 2] 누적확률과 z값 찾기

○ 목표: 함수를 이용하여 표준정규분포에서의 누적확률과 z값 찾기
  – norm.s.dist 함수, norm.s.inv 함수

Z table은 표준정규분포의 z값과 그 누적확률을 표로 정리한 것으로, 정규분포를 따르는 변인에서 추출된 하나의 값보다 크거나 작은 값이 출현할 확률을 찾는 데 이용된다. Z table은 예전에는 유용하게 사용되었지만, 컴퓨터가 널리 보급된 지금은 간단한 함수를 이용하여 z값과 누적확률을 쉽게 변환할 수 있다.

z값에 대한 누적확률 구하기

다음 그림의 A열에는 z값을 −3부터 아래로 갈수록 0.1씩 커지도록 숫자를 입력하였다. 다음과 같은 과정을 통해 이 작업을 쉽게 할 수 있다.

1) 처음 두 숫자 −3과 −2.9를 직접 입력
2) 두 셀을 한 번에 블록으로 지정
3) 채우기 핸들을 +3이 나올 때까지 드래그

이렇게 하면 처음 두 셀의 간격만큼씩 숫자가 변화하면서 증가한다.

엑셀의 norm.s.dist 함수를 사용하여 z값에 대한 누적확률을 산출할 수 있다. 이 함수는 z값과 논리값을 필요로 한다. =norm.s.dist(A2,true)는 셀 A2의 값에 해당하는 표준정규분포에서의 누적확률을 구하라는 의미이다. 두 번째 입력값인 true는 구하고자 하는 것이 누적확률임을 의미한다.

누적확률에 대한 z값 구하기

다음 그림의 D열에는 0부터 0.01간격으로 증가시킨 확률값을 입력하였다. 엑셀의 norm.s.inv 함수를 사용해서 누적확률에 대응되는 z값을 구할 수 있다. 함수 이름에 포함된 inv는 역함수 (inverse function)를 의미한다. norm.s.inv 함수는 하나의 확률값을 필요로 한다. =norm.s.inv(D3) 는 셀 D3의 누적확률에 대응되는 z값을 산출하라는 의미이다.

누적확률이 0일 때는 z값이 산출되는 대신 #num!이라는 오류 메시지가 보인다. 이것은 누적확률 이 0일 때 z값이 음의 무한대이기 때문에 숫자로 산출되지 못해 발생하는 오류이다.

SUM	∨ ⋮ × ✓ 𝑓x	=NORM.S.INV(D3)			
	A	B	C	D	E	F
1	z값	누적확률		누적확률	z값	
2	-3	0.004432		0	#NUM!	
3	-2.9	0.001866		0.01	=NORM.S.INV(D3)	
4	-2.8	0.002555		0.02	-2.05375	
5	-2.7	0.003467		0.03	-1.88079	
6	-2.6	0.004661		0.04	-1.75069	
7	-2.5	0.00621		0.05	-1.64485	
8	-2.4	0.008198		0.06	-1.55477	
9	-2.3	0.010724		0.07	-1.47579	
10	-2.2	0.013903		0.08	-1.40507	
11	-2.1	0.017864		0.09	-1.34076	
12	-2	0.02275		0.1	-1.28155	

[실습 3] R 소개

○ 목표: R의 기술통계를 위한 함수들(mean, var, sd)을 이용하여 기술통계량 산출하기
R의 pnorm 함수, qnorm 함수를 사용하여 실습 2의 결과 반복하기

R은 통계분석에 특화된 프로그래밍 언어이다. 기초통계에서 프로그래밍 언어를 사용하는 법을 배우는 것은 다소 벅찬 일일 수 있지만 필요한 만큼만 배우면 R은 기초통계를 공부할 때도 유용하 게 사용될 수 있다. 여기서는 지금까지 엑셀로 수행했던 작업들을 R에서 반복해 볼 것이다.

R과 Rstudio설치

먼저 실습을 하기 위해서 R과 Rstudio를 컴퓨터에 설치한다. R과 Rstudio는 모두 무료 소프트웨어로서 각각 https://cloud.r-project.org/과 https://posit.co/downloads/에서 설치파일을 다운로드할 수 있다. R이 우리가 사용하고자 하는 프로그램이고 Rstudio는 R을 편리하게 사용할 수 있게 해주는 프로그램이다. Rstudio는 R을 설치해야만 사용할 수 있다. 이 책에서는 Rstudio를 사용한다.

두 프로그램의 설치를 마친 후 Rstuido를 실행하면, 다음과 같이 네 개의 창으로 나뉜 화면이 보인다(왼쪽 위의 script 창은 'File-New File-R script'로 추가할 수 있다).

R console[그림의 왼쪽 아래]

Rstudio를 시작하면 R console 창에 명령 프롬프트 '>' 옆에 커서가 깜빡이는 것을 볼 수 있다. 명령 프롬프트 뒤에 타이핑을 함으로써 R을 사용할 수 있다. 엑셀과 마찬가지로 R은 계산기처럼 사용할 수 있다. 예를 들어, 명령 프롬프트 '>' 옆에 '2+3'을 입력하고 엔터를 치면 그 답인 5가 아랫줄에 표시된다.

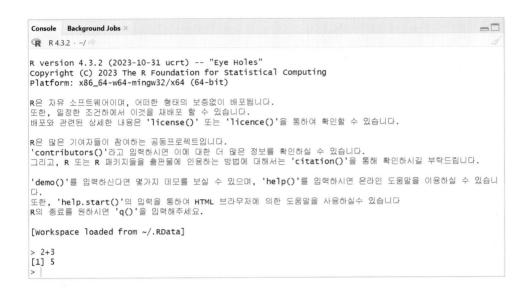

R script[그림의 왼쪽 위]

R script를 사용하면 작업을 저장할 수 있다. R script는 '파일이름.R'이라는 파일로 컴퓨터에 저장된다. 'Ctrl+s'를 사용하거나 창 위의 디스켓 아이콘을 클릭하면 파일을 저장할 수 있다. R script 창에 명령어를 입력하고 Run 버튼을 클릭하거나 'Ctrl+Enter'로 실행시키면, R console 창에 결과가 나타난다.

변수 만들기

R에서 변수는 숫자, 문자와 같은 자료 단위들을 저장하는 장소이다. 예를 들어, 다음과 같이 console 또는 script 창에 입력하고 실행시키면 dat라는 변수에 10개의 숫자가 저장된다. dat라는 변수를 입력하고 엔터를 치면 저장했던 정보가 출력된다.

```
> dat<- c(2.9, 5.5, 1.5, 5.0, 3.5, 4.8, 4.2, 3.7, 6.8, 3.0)
> dat
 [1] 2.9 5.5 1.5 5.0 3.5 4.8 4.2 3.7 6.8 3.0
```

기술통계량 산출하기

R에서도 함수를 사용해서 기술통계량을 쉽게 구할 수 있다. mean과 sd는 각각 표본 평균과 표본 표준편차를 계산하는 함수이다. 다음과 같이 mean(dat), sd(dat)라고 입력하고 엔터를 치면, 변수 dat에 저장된 자료의 표본 평균과 표본 표준편차가 계산된다.

```
> mean(dat)
[1] 4.09
> sd(dat)
[1] 1.508826
```

그 밖에도 다음과 같은 함수들로 dat 변수에 포함된 자료의 몇몇 기술통계량을 구할 수 있다.

median(dat)	중앙값
min(dat)	최솟값
max(dat)	최댓값
quartile(dat, 0.25)	1사분위수
quartile(dat, 0.75)	3사분위수
var(dat)	표본분산

표준정규분포에서 z값과 누적확률 찾기

R에서는 pnorm 함수와 qnorm 함수를 사용해서 표준정규분포에서의 누적확률과 Z값을 찾을 수 있다. pnorm 함수는 표준정규분포의 z값을 입력하면 Z table에서와 같이 누적확률을 보여 준다.

```
Console    Background Jobs ×
R 4.3.2 · ~/
> pnorm(-2)
[1] 0.02275013
> pnorm(-1)
[1] 0.1586553
> pnorm(0)
[1] 0.5
>
```

qnorm 함수는 표준정규분포의 누적확률을 입력하면 대응되는 z값을 보여 준다.

```
Console    Background Jobs ×
R 4.3.2 · ~/
> qnorm(0.3)
[1] -0.5244005
> qnorm(0.5)
[1] 0
> qnorm(0.9)
[1] 1.281552
```

pnorm 함수와 qnorm 함수의 활용

어떤 시험의 점수분포는 평균=50, 표준편차=10인 정규분포를 따른다.

1) 시험점수가 45점인 사람은 모집단에서 대략 상위 몇 %쯤 위치하는가?

2) 상위 20%가 우수한 집단을 구분하는 기준이라면, 기준점은 몇 점인가?

1)번 문제를 풀기 위해서는 z값을 누적확률로 변환해야 한다. 다음과 같은 순서로 해결할 수 있다.

i) 45점을 z점수로 변환

ii) z값의 누적확률 찾기

iii) 상위 몇 %인지 물었으므로 높은 점수부터의 확률을 구하기 위해 1에서 누적확률을 빼기

시험점수가 45점인 사람의 z점수는 -0.5이고, 대략 상위 69.1%에 위치한다는 것을 알 수 있다.

```
Console    Background Jobs ×
R  R 4.3.2 · ~/
> z<- (45-50)/10
> z
[1] -0.5
> pnorm(z)
[1] 0.3085375
> 1-pnorm(z)
[1] 0.6914625
```

2)번 문제를 풀기 위해서는 누적확률을 z값으로 변환해야 한다.

i) 상위 20%의 누적확률을 찾아야 하므로 1에서 0.2를 빼기

ii) 누적확률이 0.8인 z점수를 찾기

iii) z점수를 원점수로 변환하기

상위 20%에 해당하는 z점수는 0.84점이고, 원점수 단위에서는 58.42점이다.

```
Console    Background Jobs ×
R  R 4.3.2 · ~/
> z<- qnorm(0.8)
> z
[1] 0.8416212
> (z*10)+50
[1] 58.41621
```


[실습 4] 표집분포 만들기

○ 목표: R의 rnorm 함수로 평균의 표집분포 만들기

　　　– 간단한 for loop구문

　　　– hist 함수

엑셀에서 rand 함수를 통해 균등분포 uniform(0,1)로부터 무작위로 수를 생성할 수 있었다. R은 다양한 이론적 확률분포로부터 무작위 수(난수)를 생성할 수 있다. 여기서는 rnorm 함수를 사용해서 정규분포로부터 자료를 생성하는 방법을 다룬다. rnorm 함수를 이용하여 평균의 표집분포를 직접 만들어 보자.

R의 rnorm 함수는 표준정규분포에서 무작위로 원하는 만큼의 수를 추출한다. 예를 들어, rnorm (10)을 입력하면 10개의 숫자가 출력된다. 엑셀의 rand() 함수와 마찬가지로, 출력된 숫자는 시행 때마다 달라진다.

R의 rnorm 함수가 표준정규분포로부터 자료를 추출하는지 확인하기 위해서 10,000개의 자료를 만든 후 기술통계치를 확인하고 히스토그램을 그려보자. R의 hist 함수는 히스토그램을 그리는 함수이다. 그려진 히스토그램은 R의 오른쪽 아래 창의 Plots탭에서 확인할 수 있다. 히스토그램의 모양과 중심경향성, 변산성을 통해 rnorm 함수를 통해 생성된 자료가 표준정규분포 $N(0,1)$를 따른다는 것을 알 수 있다.

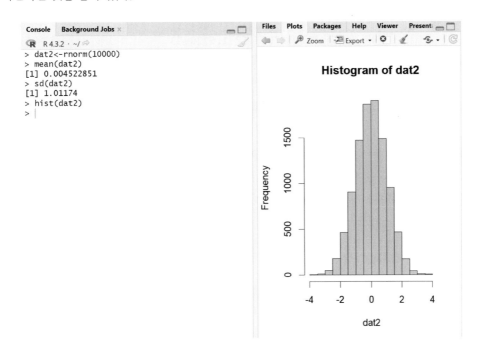

R의 rnorm 함수를 사용해서 어떤 변인이 모집단에서 정규분포를 따를 때 표본 평균의 표집분포를 구현해 볼 수 있다. x1 ← rnorm(10, mean=4, sd=1.5)라는 구문은 모평균이 4, 모표준편차가 1.5인 정규분포에서 10개의 자료를 무선적으로 추출해서 x1이라는 변수에 저장하라는 의미이다. x1은 N=10인 표본이다.

```
Console    Background Jobs ×
R  R 4.3.2 · ~/
> x1<- rnorm(10, mean=4, sd=1.5)
> x1
 [1] 2.160804 4.043556 4.759729 3.475825
 [5] 6.127866 3.864353 3.294761 4.434883
 [9] 4.459550 6.366500
```

같은 과정을 거쳐서 x2, x3이라는 변수, 즉 여러 개의 표본을 만들어 보자.

```
Console    Background Jobs ×
R  R 4.3.2 · ~/
> x2<-rnorm(10, mean=4, sd=1.5)
> x3<-rnorm(10, mean=4, sd=1.5)
> x2;x3
 [1] 6.5540048 2.2694389 5.1493141
 [4] 3.9644461 3.7007457 1.5220603
 [7] 0.5824753 4.2027147 2.5494354
[10] 2.5412903
 [1] 3.511294 4.061209 4.835024 4.860880
 [5] 5.183449 3.872978 5.704725 3.051901
 [9] 4.464078 2.121656
```

R에서는 코드 몇 줄을 사용해서 앞의 과정을 충분한 수만큼 쉽게 반복할 수 있다. 같은 작업을 반복하고 싶을 때 for 구문을 사용하면 유용하다. 다음 코드의 의미는 평균이 4, 표준편차가 1.5인 정규분포 $N(4, 1.5^2)$로부터 10개의 자료를 추출한 후, 그 자료(X)의 평균을 계산하는 과정을 10,000회 반복하라는 것이다. 이렇게 계산된 10,000개의 평균을 mean.sample이라는 변수에 저장한다.

```
Console    Background Jobs ×
R  R 4.3.2 · ~/
> nrep=10000
> mean.sample=numeric(0)
> for(i in 1:nrep){
+     x<-rnorm(n=10,mean=4, sd=1.5)
+     mean.sample[i]= mean(x)
+ }
```

이렇게 만들어진 변수 mean.sample은 같은 모집단에서 같은 표본크기만큼 서로 독립적으로 추출된 자료 평균의 집합이다. 즉, 표본크기가 10인 표본들의 평균의 표집분포이다.

실제로 구현된 표집분포의 특성을 요약통계량과 히스토그램으로 알아보자. 표집분포의 평균은 3.994(mean(mean.sample))으로 소숫점 셋째자리에서 반올림하면 모수(4)와 일치한다. 그리고, 표집분포의 표준편차, 즉 표준오차는 0.472(sd(mean.sample))로 모집단의 표준편차인 1.5보다 작다. 중심극한정리를 사용해서 모집단의 표준편차와 표준오차 사이의 관계를 확인해보자. 모집단의 표준편차(1.5)를 표본크기의 제곱근(sqrt(10))으로 나눈 값은 0.474로 표집분포의 표준편차와 소수점 둘째 자리까지 일치한다. 히스토그램을 그려보면(hist(mean.sample)) 표집분포의 모양은 정규분포를 닮았다는 것을 확인할 수 있다.

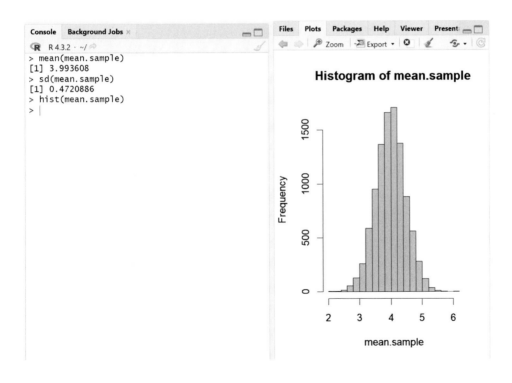

제**3**부

가설검정 도구

제15장 단일표본 Z검정

1. 개요

제2부에서는 추론통계와 관련된 개념 및 모수 추정과 영가설 검정의 절차를 다루었다. 제3부에서는 우리가 앞에서 공부한 내용을 구체적으로 적용하는 영가설 검정절차에 기초한 가설검정 도구들을 차례로 소개한다. Z검정은 표준정규분포(Z분포)를 영가설 분포로 사용하는 가설검정 방법이다. Z검정은 여러 맥락에서 사용되지만, 여기서는 하나의 표본으로부터 측정된 연속형 변인의 평균을 이미 알려진 모집단 평균과 비교하는 평균 차이 검정인 단일표본 Z검정(one sample Z-test)을 다룬다.

2. 목적

단일표본 Z검정은 하나의 표본 평균을 모평균과 비교하기 위해 사용된다. 이 비교는 연구자의 표본이 평균을 알고 있는 모집단으로부터 추출되었다면 연구자의 표본 평균과 이 모집단의 평균은 유사할 것이라는 논리에 기초한다. 즉, 표본 평균과 이미 알려진 모집단의 평균이 다르지 않다고 통계적으로 판단할 수 있다면 연구자는 자신의 표본이 그 모집단으로부터 추출되었다고 추론할 수 있다.

구체적으로, 단일표본 Z검정에서 연구자는 "모집단의 평균이 '어떤 값'이라는 영가설이 참일 때 연구자의 표본 평균이 관찰될 가능성은 얼마나 되는가?"에 답하기 위한 확률을 구하고 그 확률이 매우 낮다면 영가설을 기각하고, 높다면 영가설을 수용한다. 영가설이 수용된다면 연구자의 표본은 그 모집단으로부터 추출된 것이라는 통계적 판단을 내린다. Z검정은 영가설 검정을 위한 확률 추정에 표준정규분포를 이용한다. 따라서 단일표본 Z검정의 대상인 표본 평균은 모집단에서 정규분포를 따르는 변인이어야 한다. 우리는 중심극한정리에 의해 표본 평균의 표집분포가 정규분포를 따른다는 것을 배운 바 있다.

심리통계를 가르치는 한 강사가 자신의 학생들(표본)이 Z검정을 잘 이해하고 있는지 알고 싶어서 학생들을 대상으로 성취도 평가를 수행했다고 하자. 일반적으로 심리통계를 처음 배우는 학생들(모집단)은 이 성취도 평가에서 60점을 받는다. 이 강사의 학생들 30명이 성취도 평가에서 평균 70점을 받았을 때, 강사는 자신의 학생들이 받은 성취도 점수 평균(70점)이 일반적으로 심리통계를 처음 배우는 학생들의 성취도 점수 평균(60점)과 다른지 검정하기 위해 단일표본 Z검정을 사용할 수 있다.

검정결과 이 강사의 학생들과 일반적인 학생들의 평균이 통계적으로 다르지 않다면 이 강사의 학생들이 일반 학생들과 성취도가 다르다는 증거가 부족하다는 결론을 내릴 수 있다. 반대로, 검정결과 표본 평균이 모평균과 통계적으로 차이가 있다면, 강사는 자신의 학생들이 평균적으로 일반 학생보다 심리통계 교과목에서의 성취도가 높다는 결론을 내린다.

3 절차

단일표본 Z검정은 영가설 검정절차를 따라 이루어진다. 다음에 그 절차를 다시 한번 요약하였다.

단일표본 Z검정의 절차

- 영가설과 연구가설 기술
- 검정통계량 설정
- 영가설 분포 설정
- 유의수준, 기각값 설정
- 표본자료의 검정통계량 계산
- 통계적 판단
- 효과크기와 신뢰구간 보고, 결론 기술

학교 내 고양이 자료에서 중성화 이전 고양이의 몸무게 평균이 길고양이(모집단)의 (알려진) 평균 몸무게인 4kg과 차이가 있을지 궁금하다고 하자. 또한, 이미 알려진 길고양이들의 몸무게 표준편차는 1kg이다. 〈표 15-1〉에 연구자의 자료가 제시되어 있다. 연구자가 비교하려는 것은 연구자의 표본 평균과 이미 알려진 모집단의 평균(4kg)이다.

〈표 15-1〉 몸무게 원자료

고양이 번호	몸무게: 중성화 이전	고양이 번호	몸무게: 중성화 이전	고양이 번호	몸무게: 중성화 이전
1	5.4	13	2.8	25	3.2
2	5.3	14	3.4	26	2.4
3	3.7	15	2.7	27	3.2
4	4.8	16	1.5	28	2.7
5	4.2	17	2.6	29	2.3
6	4.3	18	2.8	30	3.0
7	4.3	19	4.3	31	3.7
8	3.7	20	4.5	32	1.8
9	4.0	21	3.9	33	1.4
10	4.5	22	3.0	34	2.4
11	4.7	23	2.2	35	3.1
12	3.6	24	3.9	36	4.0

1) 영가설과 연구가설 기술

영가설은 '효과가 없다' '차이가 없다' 등의 형태로 기술되는 가설이므로 여기서는 비교하려는 두 평균의 차이가 없다는 형태로 기술한다. 단일표본 Z 검정에서는 '연구자의 표본이 추출된 모집단의 평균과 알려진 모평균이 같다'로 쓸 수 있다. 연구자의 표본이 추출된 모집단 평균을 μ, 알려진 모평균은 μ_0라는 기호로 나타낸다. μ_0는 '영가설이 참일 때'의 모평균을 의미한다. 그리고 연구가설은 영가설과 논리적으로 반대되는 진술이므로, '연구자의 표본이 추출된 모집단의 평균과 알려진 모평균이 같지 않다'와 같이 쓴다.

> 영가설(H_0): 연구자의 표본이 추출된 모집단의 평균은 μ_0이다. $\mu = \mu_0$
> 연구가설(H_1): 연구자의 표본이 추출된 모집단의 평균은 μ_0가 아니다. $\mu \neq \mu_0$

위와 같이 표현된 영가설과 연구가설을 구체적으로 검정하려는 내용에 맞추어서 다시 써볼 수 있다. 영가설이 참일 때 기대되는 모집단의 평균은 이미 알려진 길고양이의 모집단 평균이므로 여기서는 4kg이다. 따라서 $\mu = \mu_0$를 $\mu = 4$로 다시 쓸 수 있다. 연구가설도 $\mu \neq 4$와 같이 기술할 수 있다.

> 영가설(H_0): 연구자의 표본이 추출된 모집단의 평균은 4kg이다. $\mu = 4$
> 연구가설(H_1): 연구자의 표본이 추출된 모집단의 평균은 4kg이 아니다. $\mu \neq 4$

2) 검정통계량 설정

단일표본 Z검정에서 사용하는 검정통계량은 z이다. 검정통계량 z는 [수식 15-1]과 같이 정의된다.

$$z = \frac{\overline{x} - \mu_0}{\sigma / \sqrt{N}} \qquad \cdots\cdots\cdots\cdots \text{[수식 15-1]}$$

z는 표본 평균($\overline{x}$)과 영가설이 참일 때 모평균(μ_0)의 차이를 영가설 분포의 표준편차 ($\sigma / \sqrt{N}$) 단위로 해석하기 위해 표준화한 값이다. 원래 변인 단위에서의 표본 평균 $\overline{x}$과 영가설에서의 모평균 μ_0의 차이를 그 표준오차 $\sigma / \sqrt{N}$으로 나누어 표준오차의 단위가 되도록 계산한 값이다.

3) 영가설 분포와 유의수준, 기각값 설정

단일표본 Z검정에서 영가설 분포는 표준정규분포(Z분포)이다. 모평균이 μ_0라는 영가설이 참일 때, 검정통계량 z는 Z분포를 따른다. 단일표본 Z검정을 위해 연구자는 유의수준과 검정의 방향을 정한다. 유의수준과 검정의 방향이 정해지면 기각값이 결정된다. 유의수준 α를 .05로 설정하고 양측검정을 한다면, .05를 둘로 나누어 Z분포의 확률 밀도함수 그래프의 양쪽에 기각역을 배치해야 하므로 왼쪽 극단에서부터 면적이 .025가 되는 지점의 z값인 -1.96과 오른쪽 극단에서부터 면적이 .025가 되는 지점의 z값인 $+1.96$이 모두 기각값이 된다. 연구자는 검정통계량이 -1.96보다 작거나 1.96보다 클 때 영가설을 기각한다. 같은 유의수준에서 단측검정을 한다면 가설의 방향에 따라서 기각값이 달라진다. 표본 평균이 모평균보다 작은지에만 관심이 있다면 왼쪽 극단에서부터 면적이 .05가 되는 지점의 z값인 -1.64, 표본 평균이 모평균보다 큰지에만 관심이 있다면 오른쪽 극단에서부터 면적이 .05가 되는 지점의 z값인 $+1.64$가 기각값이 된다.

학교 내 고양이 자료에서 연구자는 표본에 속한 고양이의 (중성화 전) 몸무게가 일반적인 길고양이의 몸무게 평균(모평균)인 4kg과 '다른지'에만 관심이 있으므로 4kg보다 작거나 큰 경우 모두 영가설을 기각하는 양측검정을 사용한다. 양측검정을 사용하면 자료로부터 관찰된 검정통계량 z가 $+1.96$보다 크거나 -1.96보다 작은 경우에 모두(즉, 검정통계량의 절댓값이 1.96보다 큰 경우) 영가설이 기각된다.

유의수준과 기각값(양측/단측검정 여부 포함)은 통계적 의사결정을 위한 기준이므로 통계적 검정을 시도하기 전에 이루어져야 한다. 또한, 검정통계량의 선택도 자료수집 전에 이루어져야 적절한 측정 방법을 선택할 수 있다(측정 방법이 제한적인 경우에는 검정통계량이 선택된다기보다 측정 방법—수준—에 따라 결정될 수 있다). 검정통계량을 먼저 계산하고 검정통계량에 맞추어 의사결정의 기준이 설정된다면 그 가설검정은 공정하지 않다.

4) 검정통계량 계산

의사결정 기준이 정해졌다면, 자료를 이용하여 검정통계량 z를 계산한다. [수식 15-1]을 이용하여 검정통계량을 계산할 수 있다. $\bar{x}$는 표본으로부터 계산되는 값이다. 연구자의 표본인 36마리 고양이의 몸무게 평균 $\bar{x}$는 3.425이다. μ_0는 '영가설이 참일 때'의 모집단 평균으로 우리 예에서는 4kg으로 이미 알려진 모집단의 평균이다. σ는 모집단의 표준편차이다. 우리의 예에서 이 값은 1kg으로 이미 알려져 있다. N은 표본의 사례 수이다. 연구자의 표본에 36마리의 고양이가 있으므로 여기서는 36이다. 이 정보들을 이용하면 다음과 같이 검정통계량 z를 계산할 수 있다.

$$z_{observed} = \frac{\overline{x} - \mu_0}{\sigma/\sqrt{N}} = \frac{3.425 - 4}{1/\sqrt{36}} = -3.45$$

검정통계량 z를 계산하기 위해 필요한 정보 중 $\overline{x}$와 $\sqrt{N}$은 표본의 특성에 따라 결정된다. 그러나 μ_0와 σ는 이미 알려진 모집단의 특성에서 주어진다. 단일표본 Z검정은 표본의 평균과 '이미 알려진' 모집단의 평균을 비교하기 위해 사용된다. 이때, 모집단의 평균뿐만 아니라 표준편차 또한 알려져 있다고 가정된다. 만약 모집단의 표준편차가 알려지지 않았다면, 연구자는 하나의 표본 평균과 이미 알려진 모집단의 평균을 비교하기 위해 다음 장에서 공부할 t검정을 사용해야 한다.

5) 통계적 판단

앞서 정한 의사결정 기준과 관찰된 검정통계량을 비교하여 영가설에 대한 통계적 판단을 한다. 이 판단은 두 가지 방법으로 할 수 있다. 첫 번째는 기각값과 검정통계량을 비교하는 것이다. 양측검정에서 검정통계량의 절댓값이 기각값의 절댓값보다 크면 영가설을 기각하고, 그렇지 않으면 영가설을 수용한다. 영가설이 기각되면 '표본 평균이 영가설이 참일 때의 모집단 평균과 통계적으로 유의한 차이가 있다'는 결론을 내린다. 이 결론은 표본이 추출된 모집단과 영가설이 참일 때의 모집단은 서로 다른 모집단이라는 결론과 같다.

두 번째는 유의수준과 p값을 비교하는 것이다. p값은 검정통계량이 극단적일수록 작아진다. 유의수준보다 p값이 작다면 영가설을 기각한다. 양측검정의 p값은 가설의 방향성이 없으므로 단측검정 p값에 2를 곱한 값을 사용한다. p값은 손으로 계산하기 어렵지만 확률밀도함수 그래프의 누적확률을 계산할 수 있는 프로그램이 있다면 쉽게 확인할 수 있다.

우리 예에서 관찰된 검정통계량 −3.45는 유의수준 .05에서의 기각값인 −1.96보다 절댓값이 크므로 영가설을 기각한다. 영가설 분포에서 관찰된 검정통계량 −3.45보다 값이 작거나 3.45보다 값이 큰 사례를 관찰할 확률에 해당하는 p값은 .0006이다. 이 값은 유의수준인 .05보다 작으므로 역시 영가설을 기각한다.

p값이 .0006이라는 것은 평균이 4kg인 모집단에서 무선적으로 추출한 36마리 고양이의 평균 몸무게가 표본 평균인 3.425kg 이하이거나 4.575kg($3.45 \times 1/\sqrt{36} + 4$) 이상일

확률을 가리킨다. 이 확률이 낮으므로 영가설이 참일 때 이와 같은 연구결과를 얻는 것은 드물게 발생하는 결과라고 할 수 있다.

6) 효과크기와 신뢰구간 보고, 결론 기술

통계적 가설검정 절차가 끝났지만, 연구결과를 보고하기 위해서는 추가적인 정보가 필요하다. 영가설 검정의 결과는 관찰된 효과가 특정한 가정 하에서 관찰될 가능성에 대해서만 이야기할 뿐, 그 가능성이 높더라도 그 효과가 얼마나 큰지, 검정결과가 얼마나 정밀한지는 알려 주지 않는다. 따라서 많은 학술지에서는 연구자들에게 영가설 검정 결과와 더불어 효과크기와 신뢰구간을 함께 보고하기를 권고한다.

단일표본 Z검정에서 효과크기는 모평균 μ_0와 표본 평균 $\bar{x}$의 차이이다. 차이에 관한 효과크기로 Cohen's d라는 통계량이 주로 사용된다. 우리 예에서 Cohen's d는 영가설이 참일 때의 모평균과 표본 평균의 차이를 모집단의 표준편차(또는 표본 표준편차)로 나눈 값이다. 여기서는 모집단의 표준편차가 알려져 있으므로 그 값을 사용하면 된다. 우리 예에서 Cohen's d는 다음과 같이 계산된다(효과크기에서 방향은 중요하지 않으므로 부호를 무시할 수 있다.).

$$d = \frac{\bar{x} - \mu_0}{\sigma} = \frac{3.425 - 4}{1} = -0.575$$

신뢰구간을 설정하는 방법은 제13장에서 공부하였다. 신뢰구간은 계산된 통계량의 주변으로 설정되고 신뢰수준은 유의수준에 따라 $100(1-\alpha)\%$로 설정된다. 이 책에서는 유의수준 .05에 대응되는 95% 신뢰수준을 사용한다.

우리 예에서 평균 차이 $3.425 - 4 = -0.575\text{kg}$에 대한 95% 신뢰구간은 다음과 같이 계산된다.

$$\text{하한:} \; -0.575 - 1.96 \times \frac{1}{\sqrt{36}} = -0.902$$

$$\text{상한:} \; -0.575 + 1.96 \times \frac{1}{\sqrt{36}} = -0.248$$

연구자의 표본 평균과 영가설이 참일 때 모수의 차이에 대한 신뢰구간은 [-0.902, -0.248]이다. 또한, 표본 평균에 대한 신뢰구간은 [3.098, 3.752]이다.

신뢰구간을 이용해서 영가설 유의성을 검정할 수도 있다. 추정된 신뢰구간에 영가설이 참일 때의 값(평균 차이에 대해서는 0, 평균에 대해서는 4)이 포함된다면 영가설을 수용하고, 포함되지 않는다면 영가설을 기각한다. 우리의 예에서는 평균 차이의 신뢰구간에 0이 포함되지 않고, 평균의 신뢰구간에는 4가 포함되지 않으므로 영가설을 기각한다. 이는 앞에서 설명한 영가설 유의성 검정절차를 통해 얻은 결과와 일치한다.

가설검정 결과를 보고할 때는 검정하려는 가설과 검정방법, 표본의 특성(사례 수, 평균, 표준편차)을 보고하고 통계적 의사결정의 결론과 모집단에 대한 추론의 결과를 모두 기술해야 한다. 통계적 의사결정의 결론에는 그 내용과 함께 유의수준과 *p*값, 신뢰구간과 효과크기 등을 보고한다. 다음에 결과 진술에 대한 예시가 제시되었다.

단일표본 *Z*검정의 결과 기술 예시

고양이 36마리의 몸무게 평균이 일반적인 길고양이의 몸무게 4kg과 다른지 확인하기 위해 단일표본 *Z*검정을 수행하였다. 모집단의 표준편차가 1이라고 가정했을 때, 표본의 평균 3.425kg (sd =1.013)은 4kg과 통계적으로 유의한 차이가 있었다, $Z=-3.45, p<.001$, *Cohen's d* $=0.575$, 95% *CIs* [-0.902, -0.248].

제**16**장 t검정: 단일표본 t검정

1 개요

t검정(t-test)은 t 분포(t distribution)를 사용하여 Z검정의 한계를 보완한 방법으로, 실제 연구에서 널리 사용된다. 제16, 17, 18장은 세 종류의 t검정을 다룬다. 여기서는 t 분포를 소개하고 단일표본 t검정을 설명한다.

2 검정통계량 t와 t 분포

Z검정의 검정통계량 z에 대한 영가설 분포는 표준정규분포이므로 간편하게 확률을 계산할 수 있다. 그러나 Z검정을 사용하기 위해서는 모집단에서 변인의 표준편차인 σ가 알려져 있어야 한다. 현실적으로 모집단의 표준편차 σ를 알 수 있는 경우는 많지 않기 때문에 Z검정은 실용성이 낮다.

연구자가 모집단의 표준편차를 알 수 없을 때, 대안적으로 모집단 표준편차에 대한 추정량을 사용할 수 있다. 모집단 표준편차에 대한 추정량인 표본 표준편차는 기호 s로 표기하고 [수식 16-1]과 같이 계산된다.

$$s = \sqrt{\frac{\displaystyle\sum_{i=1}^{N}(x_i - \overline{x})^2}{N-1}}$$ ············ [수식 16-1]

검정통계량 z와 다른 부분은 동일하지만 모집단의 표준편차 대신 표본 표준편차를 사용하는 검정통계량을 *t*라고 하고, [수식 16-2]와 같이 정의된다. [수식 16-2]는 [수식 15-1]의 검정통계량 *z*에서 모집단 표준편차(σ)가 표본 표준편차(s)로 바뀌었을 뿐이다.

$$t = \frac{\bar{x} - \mu_0}{s/\sqrt{N}}$$ ············ [수식 16-2]

t 역시 *z*와 마찬가지로 특정한 표집분포의 표준오차가 단위가 되도록 표준화한 평균 차이를 의미한다. 즉, 표본 평균 $\bar{x}$와 영가설이 참일 때 기대되는 모집단 평균 μ_0의 차이 를 '추정된' 표준오차 $\frac{s}{\sqrt{N}}$로 나눈 것이다.

*z*와 달리 검정통계량 *t*는 *N*이 충분히 클 때만 표준정규분포를 따른다. *N*이 충분히 크지 않다면 *t*는 표준정규분포보다 꼬리가 두꺼운 분포를 따르는데, 이 분포가 *t* 분포이 다. *t* 분포 또한 이론적 확률분포로서 확률밀도함수이다. 그래프를 통해 이 함수의 특징 을 설명할 수 있다. *t* 분포는 자유도(df)라고 하는 모수에 따라 그 모양이 변화한다. [그 림 16-1]은 자유도가 변화함에 따라 달라지는 *t* 분포를 보여 준다. 자유도가 매우 커지 면 *t* 분포와 *Z* 분포는 일치한다.

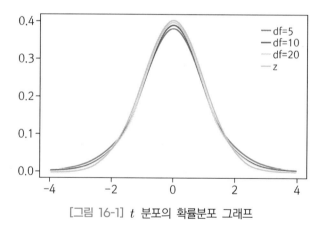

[그림 16-1] *t* 분포의 확률분포 그래프

자유도가 df인 *t* 분포를 기호로 $t(df)$ 또는 t_{df}로 표기한다. 또한, *t* 분포는 자유도와 상관없이 표준정규분포와 마찬가지로 평균 0을 중심으로 좌우대칭이며 종 모양이다. 부 록 2에 자유도와 누적확률에 따른 *t*값이 표로 제시되어 있다.

3　단일표본 t검정

　　단일표본 t검정은 한 변인의 평균에 대한 영가설을 검정하기 위해 사용된다. 단일표본 t검정은 한 변인의 평균과 이미 알려진 모집단의 평균 차이를 검정한다. 단일표본 t검정의 목적과 절차는 단일표본 Z검정과 동일하다. 다른 점이 있다면 검정통계량을 산출하기 위해 모집단의 표준편차 대신 표본 표준편차를 사용한다는 점과 통계적 판단을 위해 Z 분포가 아닌 t 분포를 사용한다는 것이다. 특히, t 분포는 자유도에 따라 모양이 달라지고 분포의 모양이 달라지면 기각값이 달라지기 때문에 t검정에서 자유도의 결정은 매우 중요하다. 단일표본 t검정에서는 표본의 사례 수에서 1을 뺀 $N-1$을 자유도로 사용한다.

Q. 자유도가 무엇인가요?

심리통계를 공부하는 학생들에게 자유도는 굉장히 생소한 개념입니다. 자유도는 통계분석의 다양한 맥락에서 사용되지만 그 맥락에 따라 의미가 달라집니다. 자유도는 말 그대로 '자유로운 정도'를 의미합니다. 자유도는 통계학 이외의 영역뿐만 아니라 일상생활에서도 사용되는 개념입니다. 예를 들면, 어떤 동물도 반려하지 않는 사람들은 (다른 모든 조건이 같다면) 고양이를 반려하는 사람들보다 그들이 어떤 일을 선택하려고 할 때 선택의 자유도가 더 높습니다. 그들이 어떤 일을 하는 동안 사랑하는 고양이들의 식사를 걱정하지 않아도 되기 때문입니다. 다시 말하면 이들의 결정은 고양이에게 종속되어 있지 않습니다. 이와 유사한 방식으로 통계에서의 자유도를 이해할 수 있습니다.

표본 자료를 이용해서 모집단의 평균을 추정하는 경우를 생각해 봅시다. 자료에 포함된 모든 사례는 모집단 평균 추정을 위해 자유로운 값을 가질 수 있습니다. 모집단 평균은 알려지지 않았기 때문에 자료의 사례들은 어디에도 종속되지 않습니다. 따라서 이 경우 자유도는 자료의 사례 수(N)와 같습니다. 그렇다면 표본 자료를 이용해서 모집단의 표준편차를 추정하는 경우는 어떨까요? 모집단 표준편차를 추정하기 위해 우리는 평균에 대한 정보가 필요합니다. 표준편차는 '평균으로부터' 각 사례가 다른 정도를 반영하기 때문에 평균이 없이는 계산될 수도 추정될 수도 없습니다. 표준편차가 평균에 종속되어 있다는 것은 모집단의 표준편차를 추정하기 위해서 표본 자료가 충족시켜야 하는 조건이 하나 있다는 것입니다. 그 조건이 바로 평균입니다. 모집단 표준편차를 추정하기 위한 표본 평균은 고정되어 있으므로 이제 표본 자료의 전체 사례 중 하나는 고정된 평균에 종속되어 자유로운 값을 가질 수 없게 됩니다. 모집단 표준편차 추정을 위해 자유로운 값을 가질 수 있는 사례의 수는 이 하나의 자료를 뺀 나머지, 즉 '전체 사례수(N)−1'이 됩니다.

통계모형의 관점에서 자유도의 의미를 생각해 봅시다. 통계모형은 기본적으로 몇 가지 숫자들을 이용해서 자료를 설명하고자 합니다. 이때 사용하려는 몇 가지 숫자가 모수입니다. 모수는 모집단의 통계량이기 때문에 관찰될 수 없고 추정해야 합니다. 모수는 사례 수가 많을수록 정확하게 추정할 수 있습니다. 통계모형의 자유도는 전체 사례 수에서 모수의 개수를 뺀 값으로 정의됩니다. 자료의 사례 중 모형에서 추정하려는 모수의 수만큼은 추정을 위한 절차에서 어느 값인가에 종속되어 있고 모집단에 대한 정보를 제공하지 못하기 때문입니다. 만약 모수의 수와 사례 수가 같다면 모수와 자료의 관계를 만족시킬 수 있는 숫자는 하나뿐이기 때문에 모수는 추정되지 않고 계산됩니다. 또한, 전체 사례 수가 모수의 수보다 적으면 모수의 추정은 불가능합니다. 알아내야 하는 미지수보다 그들의 관계를 보여 주는 방정식의 개수가 적다면 결코 미지수를 파악할 수 없는 것과 같은 이유입니다. 모수가 미지수라면 자료의 사례 수는 미지수를 찾아내기 위해 활용될 수 있는 방정식의 개수라고 생각할 수 있습니다.

단일표본 Z검정에서와 마찬가지로 연구자가 36마리 고양이의 중성화 이전 평균 몸무게가 일반적인 길고양이의 몸무게인 4kg과 다른지 궁금하다고 하자. 〈표 16−1〉에 연구자의 표본에 속한 36마리 고양이의 중성화 이전 몸무게를 다시 한번 제시하였다.

〈표 16-1〉 몸무게 원자료

고양이 번호	몸무게: 중성화 이전	고양이 번호	몸무게: 중성화 이전	고양이 번호	몸무게: 중성화 이전
1	5.4	13	2.8	25	3.2
2	5.3	14	3.4	26	2.4
3	3.7	15	2.7	27	3.2
4	4.8	16	1.5	28	2.7
5	4.2	17	2.6	29	2.3
6	4.3	18	2.8	30	3.0
7	4.3	19	4.3	31	3.7
8	3.7	20	4.5	32	1.8
9	4.0	21	3.9	33	1.4
10	4.5	22	3.0	34	2.4
11	4.7	23	2.2	35	3.1
12	3.6	24	3.9	36	4.0

1) 영가설과 연구가설 기술

연구자의 표본에 속한 고양이들의 중성화 이전 몸무게와 길고양이의 몸무게가 다른지 확인하기 위한 영가설과 연구가설은 다음과 같이 표현할 수 있다.

영가설(H_0): 연구자의 표본이 추출된 모집단의 평균은 μ_0이다. $\mu = \mu_0$
연구가설(H_1): 연구자의 표본이 추출된 모집단의 평균은 μ_0가 아니다. $\mu \neq \mu_0$

우리가 이미 알고 있는 모집단의 평균 4kg을 이용하여 다음과 같이 구체적으로 표현할 수 있다.

영가설(H_0): 연구자의 표본이 추출된 모집단의 평균은 μ_0이다. $\mu = 4$
연구가설(H_1): 연구자의 표본이 추출된 모집단의 평균은 μ_0가 아니다. $\mu \neq 4$

---

2) 검정통계량 설정

단일표본 t검정에서 검정통계량은 t이고 앞의 [수식 16-2]를 이용하여 계산할 수 있다.

3) 영가설 분포와 유의수준, 기각값 설정

단일표본 t검정의 영가설 분포는 자유도가 $N-1$인 t 분포 t_{N-1}이다. 기호로는 다음과 같이 쓴다.

$$t \sim t_{df} = t_{N-1}$$

우리의 예에서 연구자는 36마리 고양이의 중성화 이전 몸무게를 측정하였으므로 N은 36이고, 영가설 분포는 $t_{36-1} = t_{35}$이다. 연구자가 유의수준으로 .05를 설정하고 양측검정을 한다면 기각값은 +2.030과 −2.030으로 확인할 수 있다. 유의수준을 .05로 설정하고 양측검정을 할 때 Z 분포의 기각값은 −1.96과 +1.96이었다. 유의수준과 기각역의 배치 방법이 같더라도 t 분포에서의 기각값이 Z 분포의 기각값보다 절댓값이 더 크다.

4) 검정통계량 계산

자료를 이용하여 검정통계량 t를 계산한다. 표본 자료를 이용하여 표본 평균 $\bar{x}$와 표본 표준편차 s를 산출한다. 우리 예에서 이 값은 각각 3.425와 1.013이다. 이제 이미 알려진 모집단 평균 4와 표본의 사례 수 36을 [수식 16-2]에 대입하여 다음과 같이 검정통계량을 산출한다.

$$t_{observed} = \frac{\bar{x} - \mu_0}{s/\sqrt{N}} = \frac{3.425 - 4}{1.013/\sqrt{36}} = -3.406$$

5) 통계적 판단

영가설 분포 t_{35}에서 유의수준 .05에 해당하는 기각값은 ±2.030이었다. 우리의 검정통계량은 −3.406으로 절댓값이 기각값의 절댓값보다 크므로 영가설을 기각한다. 검정통계량 −3.406에 해당하는 p값은 .002인데 p값이 유의수준보다 작으므로 역시 영가설을 기각한다.

6) 효과크기와 신뢰구간 보고, 결론 기술

단일표본 t검정에서도 단일표본 Z검정과 마찬가지로 Cohen's d라는 통계량을 효과크기로 보고한다. 다만, Z검정에서 모집단의 표준편차 σ를 사용했던 것과 달리 여기서는 표본 표준편차 s를 사용한다. 우리 예에서 Cohen's d는 다음과 같이 계산된다.

$$d = \frac{\bar{x} - \mu_0}{s} = \frac{3.425 - 4}{1.013} = -0.568$$

95% 신뢰구간의 오차한계는 t분포에서의 기각값을 이용하여 결정한다. 95% 신뢰구간에 대한 일반식은 다음과 같다.

$$\text{하한: } (\overline{x} - \mu_0) - t_{df,.975} \times \frac{s}{\sqrt{N}}$$

$$\text{상한: } (\overline{x} - \mu_0) + t_{df,.975} \times \frac{s}{\sqrt{N}}$$

우리 예의 단일표본 t 검정에서 평균 차이에 대한 95% 신뢰구간은 다음과 같이 계산된다.

$$\text{하한: } -0.575 - 2.030 \times \frac{1.013}{\sqrt{36}} = -0.918$$

$$\text{상한: } -0.575 + 2.030 \times \frac{1.013}{\sqrt{36}} = -0.232$$

연구자의 표본평균과 영가설이 참일 때 모수의 차이에 대한 신뢰구간은 [−0.918, −0.232]이다. 이 구간에 0이 포함되지 않으므로 영가설을 기각한다. 신뢰구간은 표본평균에 대해서도 설정할 수 있다. 표본 평균에 대한 신뢰구간은 [3.082, 3.768]로 이 구간에 영가설이 참일 때의 모평균 4kg이 포함되지 않으므로 영가설을 기각한다.

단일표본 t 검정 결과를 다음과 같이 보고할 수 있다. 다만, 단일표본 Z 검정에서와 달리 영가설 분포의 자유도에 대한 정보가 추가되어야 한다. 다음은 단일표본 t 검정결과 기술의 예시이다.

단일표본 t 검정의 결과 기술 예시

고양이 36마리의 몸무게 평균이 일반적인 길고양이의 몸무게 4kg과 다른지 확인하기 위해 단일표본 t 검정을 수행하였다. 표본 평균은 3.425kg(sd=1.013)이었고, 이 표본 평균 3.425kg은 모집단 평균 4kg과 통계적으로 유의한 차이가 있었다, $t_{35} = -3.406$, $p < .01$ $Cohen's\ d = 0.568$, $95\% CIs [-0.918, -0.232]$.

4 단일표본 t검정의 가정

앞으로 다룰 모든 가설검정 도구는 어떤 가정(assumption)을 필요로 한다. 그 가정이란 가설검정 도구를 이용하여 올바른 판단을 하기 위해 자료가 갖추어야 할 조건을 가리킨다. 자료가 가설검정 도구의 가정을 충족하지 못하면 가설검정 도구를 사용한 판단이 오류일 확률이 이론적으로 예측되는 것과 다르다.

단일표본 t검정의 가정은 정규성 가정(normality assumption)과 독립성 가정(independence assumption)이다. 정규성 가정이란 종속변인이 모집단에서 정규분포를 따라야 한다는 가정이다. 예를 들어, 종속변인이 서열척도로 측정된 변인일 때 단일표본 t검정은 적절하지 않다. 서열척도로 측정된 변인은 연속형 변인이 아니고 모집단에서 정규분포하지 않기 때문이다. 독립성 가정이란 변인의 측정값들이 서로 독립적으로 관찰되었다는 가정이다. 측정값들이 독립적으로 관찰되었다는 것은 표본의 첫 번째 값과 두 번째 값(그 외 표본에 속한 모든 값) 사이에 어떤 관련성이나 예측의 가능성이 존재하지 않아야 한다는 것이다.

제**17**장 *t*검정: 독립표본 *t*검정

1 개요

독립표본 *t*검정은 두 개의 독립적인 표본으로부터 얻은 평균을 비교하기 위해 사용된다. 우리는 제8장에서 집단에 따라 막대그래프를 그리거나 효과크기를 산출하여 범주형 변인과 연속형 변인의 관련성을 기술하는 방법을 공부했다. 독립표본 *t*검정은 두 개의 집단 평균을 비교함으로써 이 관련성을 통계적으로 검정하는 방법이다.

2 절차

한 연구자가 학교 내 고양이들의 중성화 이전 몸무게가 고양이의 성별에 따라 다른지 알고 싶다고 하자. 연구자는 남자 고양이 18마리와 여자 고양이 18마리의 몸무게를 측정하였다(〈표 17-1〉 참조).

<표 17-1> 성별과 몸무게 원자료

고양이 번호	성별	몸무게: 중성화 이전	고양이 번호	성별	몸무게: 중성화 이전	고양이 번호	성별	몸무게: 중성화 이전
1	남자	5.4	13	남자	2.8	25	여자	3.2
2	남자	5.3	14	남자	3.4	26	여자	2.4
3	남자	3.7	15	남자	2.7	27	여자	3.2
4	남자	4.8	16	남자	1.5	28	여자	2.7
5	남자	4.2	17	남자	2.6	29	여자	2.3
6	남자	4.3	18	남자	2.8	30	여자	3.0
7	남자	4.3	19	여자	4.3	31	여자	3.7
8	남자	3.7	20	여자	4.5	32	여자	1.8
9	남자	4.0	21	여자	3.9	33	여자	1.4
10	남자	4.5	22	여자	3.0	34	여자	2.4
11	남자	4.7	23	여자	2.2	35	여자	3.1
12	남자	3.6	24	여자	3.9	36	여자	4.0

1) 영가설과 연구가설 기술

독립표본 t검정은 두 개의 독립적인 표본 평균 차이를 검정하는 방법이므로 영가설은 '두 집단의 모집단 평균이 같다'와 같이 기술할 수 있다. 우리 예에서는 '남자 고양이 몸무게의 모평균과 여자 고양이 몸무게의 모평균이 같다'로 쓸 수 있고, 수식으로는 $\mu_남 = \mu_여$ 또는 $\mu_남 - \mu_여 = 0$으로 표현할 수 있다.

> 영가설(H_0): 남자 고양이와 여자 고양이의 몸무게 모집단 평균이 같다. $\mu_남 = \mu_여$
> 연구가설(H_1): 남자 고양이와 여자 고양이의 몸무게 모집단 평균이 다르다. $\mu_남 \neq \mu_여$

2) 검정통계량 설정

독립표본 t검정의 검정통계량은 t이고, 관찰된 두 집단의 '평균 차이' $(\overline{x_1} - \overline{x_2})$와 '영가설이 참일 때 기대되는 두 집단의 모평균 차이' $(\mu_1 - \mu_2)$의 차이를 '추정된 평균 차이의 표준오차'로 나눈 값이다. 영가설이 참일 때 기대되는 두 집단의 모평균 차이는 0이므로 영가설이 참일 때 $\mu_1 - \mu_2 = 0$이 된다. 독립표본 t검정의 검정통계량 t는 [수식 17-1]과 같이 정의된다.

$$t = \frac{(\overline{x_1} - \overline{x_2}) - (\mu_1 - \mu_2)}{se} = \frac{(\overline{x_1} - \overline{x_2}) - 0}{se} = \frac{\overline{x_1} - \overline{x_2}}{se} \quad \cdots \text{[수식 17-1]}$$

검정통계량 t의 분모 se(standard error)는 '평균 차이에 대한 통계량 $(\overline{x_1} - \overline{x_2})$의 표준오차'이다. se는 세 단계를 거쳐 계산할 수 있다. 먼저 평균 차이를 검정하려는 두 집단이 하나의 모집단에서 독립적으로 표집되었다는 가정 아래에서 통합분산(pooled variance) 추정값 S_p^2을 계산한다. S_p^2는 두 집단의 분산을 평균하되 사례 수를 고려한 것이다. 즉, 각 집단의 표본분산 s_1^2과 s_2^2의 가중평균이고, [수식 17-2]와 같다.

$$S_p^2 = \frac{(n_1 - 1)s_1^2 + (n_2 - 1)s_2^2}{n_1 + n_2 - 2} \quad \cdots \text{[수식 17-2]}$$

S_p^2가 산출되었으면 이 값을 이용하여 각 집단 평균의 추정된 표준오차 se_1과 se_2를 계산한다. 집단 평균의 추정된 표준오차는 [수식 17-3] 및 [수식 17-4]와 같이 계산되며, 단일표본 t검정에서와 마찬가지로 통합된 표준편차를 사례 수의 제곱근으로 나누어(통합된 분산을 사례 수로 나눈 값의 제곱근) 계산한다.

$$se_1 = \sqrt{\frac{S_p^2}{n_1}} \quad \cdots \text{[수식 17-3]}$$

$$se_2 = \sqrt{\frac{S_p^2}{n_2}} \quad \cdots \text{[수식 17-4]}$$

각 집단 평균의 추정된 표준오차를 산출하였으면 [수식 17-5]와 같이 각 집단 평균의 표준오차를 합하여 평균 차이의 표준오차 se를 산출한다.

$$se = \sqrt{se_1^2 + se_2^2}$$

············· [수식 17-5]

평균 차이의 표준오차를 풀어서 [수식 17-1]을 [수식 17-6]과 같이 다시 쓸 수 있다.

$$t = \frac{(\overline{x_1} - \overline{x_2}) - (\mu_1 - \mu_2)}{\sqrt{\dfrac{S_p^2}{n_1} + \dfrac{S_p^2}{n_2}}}$$

············· [수식 17-6]

3) 영가설 분포와 유의수준, 기각값 설정

독립표본 *t*검정의 영가설 분포는 *t* 분포이다. 이때 사용하는 자유도는 $n_1 + n_2 - 2$로 각 집단의 자유도를 더한 값이고, 전체 사례 수에서 집단 수를 뺀 값이다.

$$t_{observed} \sim t_{n_1 + n_2 - 2}$$

우리 예에서는 남자 고양이와 여자 고양이가 각각 18마리씩이므로 독립표본 *t*검정을 위한 영가설 분포의 자유도는 $n_1 + n_2 - 2 = 18 + 18 - 2 = 34$ 이고, 영가설 분포는 t_{34} 이다. 유의수준 .05와 양측검정을 사용한다면 기각값은 $+2.032$와 -2.032이다.

4) 검정통계량 계산

독립표본 *t*검정의 검정통계량을 계산하기 위해서 자료로부터 두 집단의 평균과 분산을 계산하고 사례 수를 확인한다. 분산과 사례 수를 이용하여 통합분산을 계산하면 [수식 17-6]을 이용하여 다음과 같이 검정통계량을 계산할 수 있다.

– 두 집단의 표본평균: $\overline{x_\text{남}} = 3.794$, $\overline{x_\text{여}} = 3.056$

– 두 집단의 표본분산: $s_\text{남}^2 = 1.057$, $s_\text{여}^2 = 0.766$

– 두 집단의 사례 수: $n_\text{남} = 18$, $n_\text{여} = 18$

– 통합분산: $S_p^2 = \dfrac{(18-1) \cdot 1.057 + (18-1) \cdot 0.766}{18 + 18 - 2} = 0.912$

– 각 집단 평균의 표준오차: $se_\text{남} = \sqrt{\dfrac{0.912}{18}} = 0.225$, $se_\text{여} = \sqrt{\dfrac{0.912}{18}} = 0.225$

- 평균차이의 표준오차: $se = \sqrt{0.225^2 + 0.225^2} = 0.318$
- 검정통계량: $t = \dfrac{3.794 - 3.056}{0.318} = 2.322$

5) 통계적 판단

영가설 분포 t_{34}에서 유의수준 .05에 해당하는 기각값은 ± 2.032였다. 우리의 관찰된 검정통계량은 2.322로 기각값보다 절댓값이 크므로 영가설을 기각한다. 검정통계량 2.322에 해당하는 p값은 .026인데 p값이 유의수준보다 작으므로 역시 영가설을 기각한다. 영가설이 기각되었으므로 학교 내 고양이 자료에서 관찰된 평균의 차이는 남자 고양이와 여자 고양이의 모평균이 다르다는 증거로 충분하다고 판단할 수 있다. 이것을 남자 고양이와 여자 고양이의 표본 평균 차이는 '통계적으로 유의하다'라고 표현한다.

6) 효과크기와 신뢰구간, 결론 기술

독립표본 t검정에서도 Cohen's d를 효과크기로 보고할 수 있다. Cohen's d는 표본 평균의 차이를 통합된 표준편차 S_p로 나눈 값이다. S_p는 통합분산 추정값 S_p^2의 제곱근이다. 남자 고양이와 여자 고양이의 몸무게 차이에 대한 효과크기는 다음과 같이 계산된다.

$$d = \frac{\overline{x_1} - \overline{x_2}}{S_p} = \frac{3.794 - 3.056}{\sqrt{0.912}} = 0.774$$

효과크기는 평균 차이를 표준편차 단위로 표현한 것이므로 '남자 고양이의 평균 몸무게가 여자 고양이의 평균 몸무게보다 약 0.774 표준편차만큼 크다'와 같이 해석할 수 있다. Cohen(1988)은 0.8을 '큰' 효과크기로 제안하였으므로 0.774는 큰 효과크기에 근접하다고 할 수 있다.

독립표본 t검정에서 95% 신뢰구간을 설정하는 방법은 다음과 같은 일반식으로 표현할 수 있다.

하한: $(\overline{x_1} - \overline{x_2}) - t_{df,.975} \times se$

상한: $(\overline{x_1} - \overline{x_2}) + t_{df,.975} \times se$

고양이 몸무게의 성별 차이에 대한 독립표본 t검정에서 95% 신뢰구간은 다음과 같이 계산된다.

$$하한: (3.794 - 3.056) - 2.032 \times 0.318 = 0.092$$
$$상한: (3.794 - 3.056) + 2.032 \times 0.318 = 1.386$$

즉, 집단 간 평균 차이에 대한 신뢰구간은 [0.092, 1.386]이다. 이 구간에 0이 포함되지 않으므로 영가설을 기각한다. 다음은 독립표본 t검정결과 기술의 예시를 보여 준다.

독립표본 t검정의 결과 기술 예시

남자 고양이와 여자 고양이의 몸무게 평균이 다른지 확인하기 위해 독립표본 t검정을 수행하였다. 남자 고양이의 평균 몸무게는 3.794kg(sd=1.028)이었고 여자 고양이의 평균 몸무게는 3.056kg(sd=0.875)로 나타났다. 독립표본 t검정에 따르면 유의수준 $\alpha = 0.05$에서 성별에 따른 평균 몸무게의 차이는 통계적으로 유의하였다, $t_{34} = 2.322$, $p < .05$, $Cohen's\ d = 0.774$, 95% CIs[0.092, 1.386].

3　독립표본 t검정의 가정

독립표본 t검정을 수행하기 위한 자료는 정규성 가정과 독립성 가정(제16장 참조) 이외에 등분산성 가정(homogeneity of variance assumption)이라는 추가적인 가정을 충족해야 한다. 이 가정은 독립표본 t검정에서 비교하려는 두 표본의 분산이 모집단에서 동일하다는 가정이다. 독립표본 t검정에서는 검정통계량이나 효과크기를 계산할 때 통합분산을 사용하였다. 통합분산은 두 집단의 등분산성 가정이 충족될 때에만 모집단의 분산을 정확하게 추정한다. 따라서 연구자는 독립표본 t검정을 수행하기 전에 두 집단의 분산의 동일성을 확인해야 한다. 두 집단의 분산이 다르지 않다면 독립표본 t검정을 사용하는 것이 적절하지만 두 집단의 분산이 다르다면 대안적인 가설검정 방법을 사용해야 한다.

제**18**장 *t*검정: 대응표본 *t*검정

1 개요

　대응표본 *t*검정은 서로 관련이 있는 두 개의 표본으로부터 얻은 평균들을 비교하기 위해 사용된다. 같은 사람에게 반복적으로 수집된 자료, 아내와 남편, 아들과 아버지와 같이 서로 관계가 있는 사람들로부터 얻어진 쌍자료(paired data) 등이 관련이 있는 표본으로부터 얻은 자료이다. 어떤 연구자는 실험 처치의 사전과 사후에 검사를 실시하여 한 참가자로부터 두 개의 시점에 측정된 자료로 처치의 효과를 확인하거나 실험 처치 없이 두 시점에 반복적으로 측정된 자료를 비교하여 두 시점 사이의 변화를 관찰할 수 있다. 두 시점의 측정값은 한 사람의 반응이기 때문에 두 자료에는 서로 공유되는 분산이 있다. 또 다른 연구자는 아내와 남편을 대상으로 자료를 수집해서 남편과 아내가 같은 주제에 대해 어떻게 생각하는지를 측정하여 인식 차이를 알아볼 수도 있다. 이렇게 수집된 자료들은 두 표본의 자료를 일대일로 대응시킬 수 있다. 아내와 남편은 일상의 많은 부분을 공유하기 때문에 이들의 심리적 속성은 서로를 전혀 모르는 사람들보다 공유되는 부분이 많다. 이와 같은 자료의 평균 차이 검정을 위해 독립표본 *t*검정을 하는 것은 부적절하다. 두 자료는 독립적인 표본으로부터 얻어진 것이 아니기 때문이다.

2 절차

　한 연구자가 학교 내 고양이들의 평균 몸무게가 중성화 전과 후에 달라지는지 확인하고자 한다. 이 연구자는 36마리의 고양이들의 몸무게를 중성화 전과 후에 반복하여 측정하였다(〈표 18-1〉 참조).

〈표 18-1〉 중성화 이전 몸무게와 중성화 이후 몸무게 원자료

고양이 번호	몸무게: 중성화 이전	몸무게: 중성화 이후	고양이 번호	몸무게: 중성화 이전	몸무게: 중성화 이후
1	5.4	6.0	19	4.3	3.8
2	5.3	4.6	20	4.5	4.7
3	3.7	3.8	21	3.9	3.7
4	4.8	4.3	22	3.0	4.1
5	4.2	4.5	23	2.2	3.3
6	4.3	4.6	24	3.9	4.5
7	4.3	4.3	25	3.2	3.3
8	3.7	4.5	26	2.4	2.5
9	4.0	4.6	27	3.2	4.7
10	4.5	4.3	28	2.7	3.5
11	4.7	5.1	29	2.3	2.9
12	3.6	4.2	30	3.0	4.3
13	2.8	3.8	31	3.7	3.8
14	3.4	4.2	32	1.8	3.4
15	2.7	3.6	33	1.4	3.6
16	1.5	2.9	34	2.4	3.9
17	2.6	4.5	35	3.1	4.3
18	2.8	4.2	36	4.0	4.4

1) 영가설과 연구가설 기술

대응표본 *t*검정은 두 개의 관련이 있는 표본 평균 차이를 검정하는 방법이므로 영가설은 '두 측정 시점의 모집단 평균이 같다'와 같이 기술할 수 있다. 우리 예에서는 '중성화 전과 후의 고양이 몸무게 모평균이 같다'로 쓸 수 있고, 수식으로는 $\mu_{중성화전} = \mu_{중성화후}$ 또는 $\mu_{중성화전} - \mu_{중성화후} = 0$으로 표현할 수 있다. 또한, 관련이 있는 두 측정값의 차이를 계산하여 새로운 변인 차이점수(difference score: D)를 만들 수 있다. 두 시점에 측정한

값의 차이가 없다면 모집단에서의 차이점수의 평균 μ_D는 0이므로, $\mu_D = 0$과 같이 쓸 수도 있다.

> 영가설(H_0): 중성화 전과 후의 고양이 몸무게 모집단 평균이 같다.
> $$\mu_{중성화전} = \mu_{중성화후}(\mu_D = 0)$$
> 연구가설(H_1): 중성화 전과 후의 고양이 몸무게 모집단 평균이 다르다.
> $$\mu_{중성화전} \neq \mu_{중성화후}(\mu_D \neq 0)$$

2) 검정통계량 설정

대응표본 t 검정에는 차이점수 D라는 새로운 변인을 이용한다. 대응표본 t 검정은 차이점수를 이용하여 모집단 평균 0과의 차이를 검정하는 단일표본 t 검정과 같다. 따라서, 대응표본 t 검정의 검정통계량 t는 단일표본 t 검정에서의 검정통계량과 산출 방법이 동일한데 하나의 표본 평균 $\overline{x}$ 대신 차이점수의 표본 평균 $\overline{D}$와 차이점수의 표본 표준편차인 s_D를 사용한다. 또한, 대응표본 t 검정에서 사례 수 N은 '자료 쌍의 개수'이다. 대응표본 t 검정의 검정통계량은 [수식 18-1]과 같이 정의된다.

$$t = \frac{\overline{D} - \mu_0}{s_D / \sqrt{N}}$$ .... [수식 18-1]

3) 영가설 분포와 유의수준, 기각값 설정

대응표본 t 검정의 영가설 분포는 t_{N-1}이다. 이때, N은 '자료 쌍의 개수'이다.

$$t_{observed} \sim t_{N-1}$$

연구자는 중성화 전과 후의 고양이 몸무게 차이를 알기 위해 36마리의 고양이 몸무게를 두 번 측정하였으므로 N은 36이고, 자유도는 35이다. 따라서 영가설 분포는 t_{35}이고, 유의수준 .05, 양측검정을 적용하면 기각값은 +2.030과 −2.030이다.

4) 검정통계량 계산

〈표 18-1〉에 제시된 중성화 이전 몸무게와 중성화 이후 몸무게를 이용하여 새로운 변인 차이점수를 계산하여 〈표 18-2〉에 제시하였다.

〈표 18-2〉 중성화 이전 몸무게와 중성화 이후 몸무게의 차이점수

고양이 번호	몸무게: 중성화 이전	몸무게: 중성화 이후	차이점수	고양이 번호	몸무게: 중성화 이전	몸무게: 중성화 이후	차이점수
1	5.4	6.0	0.6	19	4.3	3.8	−0.5
2	5.3	4.6	−0.7	20	4.5	4.7	0.2
3	3.7	3.8	0.1	21	3.9	3.7	−0.2
4	4.8	4.3	−0.5	22	3.0	4.1	1.1
5	4.2	4.5	0.3	23	2.2	3.3	1.1
6	4.3	4.6	0.3	24	3.9	4.5	0.6
7	4.3	4.3	0.0	25	3.2	3.3	0.1
8	3.7	4.5	0.8	26	2.4	2.5	0.1
9	4.0	4.6	0.6	27	3.2	4.7	1.5
10	4.5	4.3	−0.2	28	2.7	3.5	0.8
11	4.7	5.1	0.4	29	2.3	2.9	0.6
12	3.6	4.2	0.6	30	3.0	4.3	1.3
13	2.8	3.8	1.0	31	3.7	3.8	0.1
14	3.4	4.2	0.8	32	1.8	3.4	1.6
15	2.7	3.6	0.9	33	1.4	3.6	2.2
16	1.5	2.9	1.4	34	2.4	3.9	1.5
17	2.6	4.5	1.9	35	3.1	4.3	1.2
18	2.8	4.2	1.4	36	4.0	4.4	0.4

앞의 자료로부터 차이점수의 평균 $\overline{D} = 0.65$, 차이점수의 표본 표준편차 $s_D = 0.696$ 를 계산한 후, 이 값들을 이용하여 다음과 같이 검정통계량을 계산할 수 있다.

$$t = \frac{0.65 - 0}{0.696/\sqrt{36}} = 5.604$$

5) 통계적 판단

관찰된 검정통계량 5.604는 유의수준 .05, 양측검정에서의 기각값인 +2.030보다 절댓값이 크므로 중성화 전과 후의 평균 몸무게가 같다는 영가설은 기각된다. 검정통계량에 대한 p값은 0.000003으로 산출되는데, 유의수준 0.05보다 작으므로 영가설을 기각할 수 있다.

6) 효과크기와 신뢰구간, 결과 기술

대응표본 t검정에서도 Cohen's d를 이용하여 효과크기를 보고할 수 있다. 검정통계량을 계산할 때와 마찬가지로 효과크기도 단일표본 t검정에서의 효과크기와 동일한 방법으로 계산되지만 차이점수라는 새로운 변인의 평균과 표준편차를 사용한다. 중성화 전과 후의 고양이 몸무게 차이에 대한 효과크기는 다음과 같이 계산된다.

$$d = \frac{\overline{D} - \mu_0}{s_D} = \frac{0.65 - 0}{0.696} = 0.934$$

95% 신뢰구간 역시 단일표본 t검정에서와 같은 방법으로 계산된다. 여기서는 '영가설이 참일 때'의 평균이 0이기 때문에 평균 차이와 차이점수의 평균에 대한 신뢰구간이 동일하게 산출된다.

$$\text{하한: } 0.65 - 2.030 \times \frac{1}{\sqrt{36}} = 0.415$$

$$\text{상한: } 0.65 + 2.030 \times \frac{1}{\sqrt{36}} = 0.885$$

이전과 같이 신뢰구간을 계산하면 차이점수 평균에 대한 신뢰구간은 [0.415, 0.885]이다. 이 신뢰구간에 0이 포함되지 않으므로 영가설을 기각한다.
다음은 예제자료의 대응표본 t검정결과 기술의 예시이다.

대응표본 *t*검정의 결과 기술 예시

중성화 전후에 고양이들의 평균 몸무게가 다른지 확인하기 위하여 대응표본 *t*검정을 수행하였다. 중성화 이전과 이후에 측정한 36마리 고양이의 몸무게 평균은 각각 3.425kg(sd=1.013)과 4.075kg(sd=0.669)이었다. 대응표본 *t*검정 결과 중성화 이전과 중성화 이후의 평균 몸무게는 통계적으로 유의한 차이가 있었다, $t_{35} = 5.604$, $p < .001$, $Cohen's\,d = 0.934$, $95\%\,CIs[0.415, 0.885]$.

제**19**장 변량분석:
변량분석의 논리와 F 분포

1 개요

t 검정은 두 수준을 가진 범주형 독립변인과 한 연속형 종속변인의 관계에 대한 가설 검정 도구이다. 변량분석은 변인의 수준 수가 두 개 이상일 때 범주형 독립변인과 연속형 종속변인의 관계에 대한 가설을 검정할 수 있는 도구이다. 제19, 20, 21장에서는 변량분석을 다루고 여기서는 변량분석의 논리와 F 분포를 소개한다.

변량분석은 복잡한 실험설계로 수집된 자료를 분석하는 데 유용하다. 이 책에서는 독립변인 하나의 효과를 검정하는 일원변량분석과 독립변인 두 개의 효과를 검정하는 이원변량분석만을 다룬다. 변량분석은 F라는 이론적 확률분포를 사용하기 때문에 F 검정(F-test)이라고도 한다.

2 변량분석의 논리

독립표본 t 검정과 일원변량분석은 공통적으로 '종속변인의 평균이 집단들 사이에서 다른가'와 같은 연구가설을 검정하기 위해 사용된다. 독립표본 t 검정이 일원변량분석보다 더 제한적인 상황, 즉 집단이 두 개인 경우에 사용될 뿐이다. 비교하려는 집단이 둘인 경우 두 집단에서 '평균 차이'가 무엇인지는 직관적으로 알 수 있다. 한 집단의 평균에서 다른 집단의 평균을 빼면 되기 때문이다. 그러나 집단의 수가 셋 이상이 되면 더 이상 '평균 차이'는 직관적이지 않다. 변량분석은 이 평균들 사이의 차이를 '분산'에 기초해서 파악한다.

변량분석은 종속변인의 측정값에 존재하는 전체 변산성을 측정값들 사이의 차이를 만들어 낸 이유를 기준으로 두 부분으로 분리한다. 변량분석은 연구자가 관심 있는 독립 변인의 효과를 파악하기 위한 것이므로 두 부분 중 하나는 연구자의 독립변인에 의한 변 산성이다. 다른 하나는 전체 변산성 중 독립변인에 의한 변산성을 제외한 나머지 변산성 이다. 독립변인의 처치는 실험집단에 따라 다르게 이루어지고, 독립변인의 효과가 있다 면 이 실험집단 사이에 종속변인의 측정값 차이가 있을 것이므로 독립변인에 의한 변산 성을 '집단 간 분산(between-group variance)'으로 수량화한다. 전체 변산성 중 집단 간 변 산성을 제외한 나머지 변산성은 '집단 내 분산(within-group variance)'으로 수량화한다. 집단 내 분산은 같은 실험처치를 받은 참가자들의 종속변인 측정값 차이를 반영하는데 이들의 차이는 우연에 의한 것으로 간주된다. 즉, 집단 간 분산은 집단 평균들 사이의 변 산성을, 집단 내 분산은 같은 집단에 속한 개인들의 변산성을 가리킨다. [그림 19–1]은 세 개 반 학생들의 키(점)와 각 반의 키 평균(사각형)을 나타낸 그래프이다. 집단 간 분산 은 세 반의 키 평균들의 차이, 즉 사각형들의 변산성, 집단 내 분산은 같은 반 학생들의 키 차이, 즉 각 반에서 작은 점들의 변산성을 반영한다.

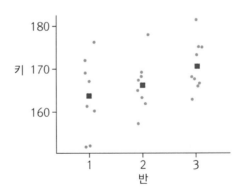

[그림 19-1] 집단 내 변산성(점)과 집단 간 변산성(사각형)

변량분석은 '각 집단의 모집단 평균이 같다'는 영가설을 검정한다. 이 영가설이 참이 라면 집단 간 분산과 집단 내 분산은 어떤 양상으로 나타날까? 각 집단의 평균이 같다는 것은 이론적으로 집단 간 분산(집단들의 평균차이)이 없다는 것을 의미한다. 그렇지만 현 실에서는 독립변인의 효과가 없더라도 우연에 의해서 집단 간 평균에 차이가 있을 수 있 다. 이 '우연에 의한 차이'는 같은 처치를 받은 참가자들의 종속변인 측정값 차이와 유사한 수준일 것이다. 따라서 변량분석의 영가설은 집단 간 분산과 집단 내 분산을 이용하여 다음과 같이 다시 쓸 수 있다. '집단 간 분산과 집단 내 분산이 동일하다.' 영가설이 참이 아니라면, 즉 각 집단의 평균이 다르다면 집단 간 분산의 크기는 우연에 의한 차이를 반영하는 집단 내 분산보다 더 클 것이다.

3 F 분포

'모집단에서 집단 간 분산이 집단 내 분산과 같다'라는 일원변량분석의 영가설은 집단 내 분산에 대한 집단 간 분산의 비율(집단 간 분산/집단 내 분산)을 나타내는 검정통계량을 이용하여 검정된다. 이 검정통계량을 F라고 한다. 이 검정통계량은 F 분포라는 이론적 확률분포를 따른다. F 분포는 두 분산의 비율로 만들어지는 확률분포이다. F 분포를 따르는 분산의 비율은 다음과 같이 만들어진다. 같은 모집단에서 사례 수 n_1인 자료와 사례 수 n_2인 자료를 독립적으로 수집하고 각 자료에서 계산된 분산의 비율을 산출한다. 이 비율은 각 자료의 자유도인 df_1과 df_2에 따라 변화하는 F_{df_1, df_2}라는 분포를 따른다 ([그림 19-2]).

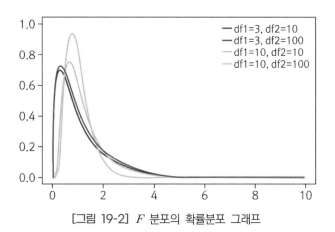

[그림 19-2] F 분포의 확률분포 그래프

F 분포는 다음과 같은 특징을 갖는다. 첫째, F 분포는 두 개의 모수를 갖고 있다. 첫 번째 모수는 분자의 자유도, 두 번째 모수는 분모의 자유도이다. F 분포는 두 분산의 비

율로 만들어지는 분포인바, 분자의 자유도는 분자에 들어가는 분산을 계산할 때의 자유도, 분모의 자유도는 분모에 들어가는 분산을 계산할 때의 자유도를 각각 의미한다. 둘째, F 분포는 정적으로 편포된 모양을 갖고 있으며 F값이 가질 수 있는 값의 범위는 0부터 무한대로 제한된다. F값은 두 분산의 비율이기 때문에 그 특성상 0과 같거나 0보다 작은 값은 얻을 수 없기 때문이다. 셋째, F 분포는 F값 1 주변에서 밀도가 높다. 부록 3에 자유도에 따른 누적확률 95%의 F값이 표로 제시되어 있다.

　　일원변량분석의 검정통계량 F는 집단 간 분산을 집단 내 분산으로 나눈 값이다. 독립변인의 효과가 없어서 집단 간 평균의 차이가 없다면 집단 간 분산이 집단 내 분산과 유사해질 것이므로 F값은 1에 가까운 값을 얻을 것으로 기대된다. 반대로 독립변인의 효과가 클수록 F값은 1보다 유의하게 커질 것이다.

제20장 변량분석: 일원변량분석

1 개요

일원변량분석(One-way Analysis of Variance: One-way ANOVA)은 세 개 이상의 수준을 갖는 하나의 독립변인과 하나의 연속형 종속변인의 관계를 검정하기 위해서 사용된다. 여기서는 일원변량분석의 목적과 절차를 소개한다.

2 목적

일원변량분석은 세 개 이상의 집단 평균 차이를 검정하기 위해 사용한다. 일원변량분석으로 분석할 수 있는 대표적인 자료는 실험을 통해 수집된 자료이다. 연구자가 참가자 간 설계(between-participants design)에 따라 독립변인의 처치를 하고 하나의 연속형 종속변인을 측정했다면 독립변인의 효과를 검정하기 위해 일원변량분석을 사용할 수 있다. 실험자료가 아니더라도 하나의 연속형 종속변인을 측정하고 여러 집단 간 종속변인의 차이를 검정하고자 한다면 일원변량분석을 사용할 수 있다. 다만, 일원변량분석은 분산에 기초한 분석이기 때문에 그 결과가 유의하더라도 그 결과가 어떤 집단 간의 평균 차이에 의한 것인지는 알 수 없다. 구체적인 집단 간 차이를 확인하기 위해서는 사후분석(post-hoc analysis)이라는 별도의 절차가 필요하다. 일원변량분석은 보통 사후분석까지의 절차를 포함한다.

3 기호

일원변량분석을 이해하기 위해서는 기호에 익숙해질 필요가 있다. 종속변인의 측정 값을 나타내는 Y에 붙어있는 아래첨자는 그 측정값이 어떤 참가자의 측정값인지 표시 한다. 일원변량분석은 독립변인이 하나인 분석이므로 개별 참가자를 나타내는 i와 하나 의 독립변인 내 각 수준인 집단을 나타내는 j의 아래첨자 두 개를 사용한다. Y_{ij}는 'j번 째 집단에 속한 i번째 참가자의 종속변인 측정값'을 나타낸다. 제19장에서 일원변량분 석은 전체 변산성을 집단 간 변산성과 집단 내 변산성으로 분리하는 분석이라고 설명 하였다. 이 변산성들을 수량화하기 위해서는 집단 평균(group mean)과 전체 평균(overall mean 또는 grand mean)이 필요하다. 각 집단의 평균은 $\overline{Y_{.j}}$라는 기호로 표기하고 j번째 집단의 평균을 의미한다. 전체평균은 $\overline{Y_{..}}$라는 기호로 표기한다. 집단의 수와 참가자 수 를 나타내는 기호로는 K와 N, n을 사용한다. 전체 집단 수가 K일 때 j는 1부터 K까지 변화하는 숫자이다. 집단 j에 속한 참가자 수는 n_j로, 전체 참가자 수는 N으로 표기한 다. 즉, $n_1 + \cdots + n_K = N$이 된다.

〈표 20-1〉은 서식지에 따라 중성화 이전 평균 몸무게가 달라지는지 확인하기 위한 학교 내 고양이 자료이다. 이 자료를 이용하여 서식지를 독립변인으로 하고 중성화 이전 몸무게를 종속변인으로 하는 일원변량분석을 수행해 보자.

〈표 20-1〉 서식지에 따른 중성화 이전 몸무게 원자료와 집단 평균

기숙사	학생회관	사회대	전체 평균
5.4, 5.3, 3.7, 4.8, 4.2, 4.3, 4.3, 4.5, 3.9, 3.0, 2.2, 3.9	4.3, 3.7, 4.0, 4.5, 4.7, 3.6, 3.2, 2.4, 3.2, 2.7, 2.3, 3.0	2.8, 3.4, 2.7, 1.5, 2.6, 2.8, 3.7, 1.8, 1.4, 2.4, 3.1, 4.0	3.425
집단 평균: 4.125	집단 평균: 3.467	집단 평균: 2.683	

기숙사, 학생회관, 사회대를 각각 독립변인의 첫 번째, 두 번째, 세 번째 수준이라고 하면, 수식에서 기숙사 집단은 $j=1$, 학생회관 집단은 $j=2$, 사회대 집단은 $j=3$으로 표 기된다. 서식지를 세 수준으로 구분하였으므로 집단 수 $K=3$이고 각 집단의 사례 수는 각 집단에서 $n_1 = 12$, $n_2 = 12$, $n_3 = 12$, 이들을 모두 더한 전체 참가자 수 $N=36$이 다. 첫 번째 집단인 기숙사 집단의 평균 $\overline{Y_{.1}} = 4.125$, 두 번째 집단인 학생회관 집단의 평

균 $\overline{Y_{\cdot 2}}=3.467$, 세 번째 집단인 사회대 집단의 평균 $\overline{Y_{\cdot 3}}=2.683$으로 계산되고 전체평균 $\overline{Y_{\cdot\cdot}}=3.425$로 계산된다.

절차

1) 영가설과 연구가설 기술

일원변량분석도 영가설 검정절차를 사용한다. 일원변량분석의 영가설은 독립변인의 효과가 없다는 것이고, 효과가 없다면 독립변인의 모든 수준에 대한 모집단 평균이 같을 것이므로 다음과 같이 영가설과 연구가설을 기술할 수 있다.

> 영가설(H_0): 모든 집단의 모평균이 같다.($\mu_1=\mu_2=\cdots=\mu_K$)
> 연구가설(H_1): 적어도 한 집단의 모평균이 나머지와 다르다.

우리 예에서 영가설은 '서식지에 따른 고양이의 중성화 이전 몸무게 평균은 모집단에서 차이가 없다'가 된다.

2) 검정통계량 설정

일원변량분석의 검정통계량은 F이다. 일원변량분석 과정에서 검정통계량을 계산하는 데 필요한 정보와 함께 일원변량분석의 결과를 제공한 표를 변량분석표(ANOVA table)라고 한다(〈표 20-2〉 참조). 변량분석을 이해하기 위해 변량분석표에 제시되는 숫자들이 무엇이고 어떻게 계산되는지 살펴볼 필요가 있다.

<표 20-2> 변량분석표

변산원	SS(제곱합)	df(자유도)	MS(평균제곱)	F
집단 간	SSB	df_B	MSB	MSB/MSW
집단 내	SSW	df_W	MSW	
전체	SST	df_T		

변량분석표에 제시되는 기호들의 의미를 먼저 살펴보자. SS(sum of squares)는 '제곱합'이다. 제곱합은 '편차점수(평균과 측정값의 차이)의 제곱을 모두 더한 값'이다. 제5장에서 공부했듯이 편차점수는 자료의 변산성을 반영한다. 편차점수는 계산이 쉽지만, 자료의 전체 변산성을 나타내기 위해 합산하는 경우 0이 된다는 문제가 있었다. 이 문제를 해결하는 하나의 방법이 편차점수를 제곱한 후에 합산하는 것이다. 이렇게 계산된 값을 변량분석에서는 제곱합이라고 부르고 SS로 표기한다. df(degree of freedom)는 '자유도'이다. 자유도는 자유로운 값을 가질 수 있는 사례의 수를 의미한다. MS(mean squares)는 '평균제곱'이라고 하는데 제곱합을 제곱합에 대응되는 자유도로 나누어 평균한 값이며 제곱합의 평균이므로 분산과 같다.

변량분석의 절차는 다음과 같다. ① 자료의 변산성을 반영하는 제곱합을 이용하여 전체 제곱합(Sum of Squares Total: SST)을 독립변인의 효과에 의한 집단 간 제곱합(Sum of Squares Between: SSB)과 우연, 즉 오차에 의한 집단 내 제곱합(Sum of Squares Within: SSW)으로 구분한다(제곱합의 분할). ② 전체 자료 크기에 따른 자유도를 집단 간 자유도(df_B)와 집단 내 자유도(df_W)로 분리한다(자유도의 분할). ③ 각 제곱합을 대응되는 자유도로 나누어 분산을 의미하는 평균제곱(mean sum of squares between: MSB과 mean sum of squares within: MSW)을 산출(평균제곱의 산출)한다. 마지막으로, ④ 평균제곱의 비율인 $F(MSB/MSW)$를 산출(검정통계량 산출)함으로써 독립변인의 효과를 파악한다.

❖ 제곱합의 분할

SST는 개별 측정값과 전체 평균 사이의 편차를 제곱하여 모두 합산한 값으로, 종속변인의 분산 공식의 분자 부분이기도 하다. 이 값은 자료의 전체 변산성을 반영하며 [수식 20-1]과 같이 정의된다.

$$SST = \sum_{j=1}^{K} \sum_{i=1}^{n_j} (Y_{ij} - \overline{Y_{..}})^2$$ ·········· [수식 20-1]

SST는 집단 간 제곱합(SSB)과 집단 내 제곱합(SSW)으로 분할된다. 집단 간 제곱합은 각 측정값이 속한 집단 평균과 전체평균 사이의 편차를 제곱하여 모두 합산하고, 집단 내 제곱합은 개별 측정값과 그 측정값이 속한 집단 평균 사이의 편차를 제곱하여 모

두 합산한다. 이 값들은 각각 집단 간 변산성과 집단 내 변산성을 반영하며, [수식 20-2] 및 [수식 20-3]과 같이 정의된다.

$$SSB = \sum_{j=1}^{K} n_j (\overline{Y}_{.j} - \overline{Y}_{..})^2 \qquad \text{············· [수식 20-2]}$$

$$SSW = \sum_{j=1}^{K} \sum_{i=1}^{n_j} (Y_{ij} - \overline{Y}_{.j})^2 \qquad \text{············· [수식 20-3]}$$

집단 간 제곱합과 집단 내 제곱합은 전체 제곱합을 분할한 것이므로 이들은 [수식 20-4]와 같은 관계를 가진다.

$$SST = SSB + SSW \qquad \text{[수식 20-4]}$$

✤ 자유도의 분할

평균제곱(분산)을 계산하기 위해서는 각 제곱합에 대응되는 자유도를 알아야 한다. 자유도는 종속변인의 분산 공식의 분모 부분이며, 역시 집단 간 자유도와 집단 내 자유도의 두 부분으로 분할된다. 전체 제곱합에 대한 자유도(df_T)는 $N-1$이다. 종속변인의 전체 평균 $\overline{Y}_{..}$가 주어졌을 때, $N-1$개의 자료만 확인되면 나머지 하나는 이 평균에 의해 자동적으로 결정되기 때문이다. 집단 간 제곱합에 대한 자유도(df_B)는 $K-1$이다. 전체 평균 $\overline{Y}_{..}$가 주어졌을 때 전체 집단 가운데 $K-1$개의 집단 평균만 확인되면 나머지 하나의 집단 평균은 전체 평균에 의해 자동적으로 결정되기 때문이다. 집단 내 제곱합에 대한 자유도(df_W)는 $N-K$이다. 각 집단 평균 $\overline{Y}_{.j}$가 주어졌을 때, 각 집단의 사례 수(n_j)-1의 개별 자료만 확인되면 각 집단에서 나머지 하나씩의 자료는 각 집단 평균에 의해 자동적으로 결정되기 때문이다. 집단 간 자유도와 집단 내 자유도는 전체 자유도를 분할한 것이므로 이들은 [수식 20-5]와 같은 관계를 가진다.

$$df_T = df_B + df_W \qquad \text{············· [수식 20-5]}$$

❖ 평균제곱 계산

평균제곱은 각 제곱합을 그에 대응되는 자유도로 나누어서 산출한다.

$$MSB = \frac{SSB}{df_B}$$

$$MSW = \frac{SSW}{df_W}$$

❖ 검정통계량 F값 계산

검정통계량 F는 집단 간 평균제곱을 집단 내 평균제곱으로 나누어서 산출한다.

$$F = \frac{MSB}{MSW}$$

3) 영가설 분포와 유의수준, 기각값 설정

일원변량분석의 검정통계량 F의 통계적 검정을 위한 영가설 분포는 $F_{(K-1, N-K)}$이다. F 분포는 F의 계산에 사용된 분자의 자유도와 분모의 자유도에 따라 다르게 정의되는데, 일원변량분석의 영가설 분포 설정을 위한 분자의 자유도는 집단 간 자유도인 $K-1$, 분모의 자유도는 집단 내 자유도인 $N-K$이다.

우리 예에서 집단의 수 $K=3$, 전체 사례 수 $N=36$이므로 영가설 분포는 $F_{(2, 33)}$이 된다. 영가설 분포에서 유의수준으로 .05를 사용한다면 기각값은 누적확률이 .95인 F값 3.285이다. F검정은 항상 단측검정을 사용한다. 연구자는 집단 내 평균제곱에 비해 집단 간 평균제곱이 얼마나 큰지에만 관심이 있기 때문이다.

4) 검정통계량 계산

서식지에 따른 고양이의 중성화 이전 몸무게 자료를 이용하여 직접 제곱합과 평균제곱, 검정통계량 F를 계산해 보자. 〈표 20-3〉에 해당 자료와 집단 평균, 전체 편차, 집단 내 편차, 집단 간 편차, 집단 내 편차제곱 및 집단 간 편차제곱, 그리고 각 편차제곱합이 제시되어 있다.

<표 20-3> 편차 분할과 편차제곱

서식지	Y_{ij}	$\overline{Y}_j$	$Y_{ij} - \overline{Y}_{..}$	$Y_{ij} - \overline{Y}_j$	$\overline{Y}_j - \overline{Y}_{..}$	$(Y_{ij} - \overline{Y}_j)^2$	$(\overline{Y}_j - \overline{Y}_{..})^2$
기숙사	5.4	4.125	1.975	1.275	0.700	1.626	0.490
기숙사	5.3	4.125	1.875	1.175	0.700	1.381	0.490
기숙사	3.7	4.125	0.275	−0.425	0.700	0.181	0.490
기숙사	4.8	4.125	1.375	0.675	0.700	0.456	0.490
기숙사	4.2	4.125	0.775	0.075	0.700	0.006	0.490
기숙사	4.3	4.125	0.875	0.175	0.700	0.031	0.490
학생회관	4.3	3.467	0.875	0.833	0.042	0.694	0.002
학생회관	3.7	3.467	0.275	0.233	0.042	0.054	0.002
학생회관	4.0	3.467	0.575	0.533	0.042	0.284	0.002
학생회관	4.5	3.467	1.075	1.033	0.042	1.068	0.002
학생회관	4.7	3.467	1.275	1.233	0.042	1.521	0.002
학생회관	3.6	3.467	0.175	0.133	0.042	0.018	0.002
사회대	2.8	2.683	−0.625	0.117	−0.742	0.014	0.550
사회대	3.4	2.683	−0.025	0.717	−0.742	0.514	0.550
사회대	2.7	2.683	−0.725	0.017	−0.742	0.000	0.550
사회대	1.5	2.683	−1.925	−1.183	−0.742	1.400	0.550
사회대	2.6	2.683	−0.825	−0.083	−0.742	0.007	0.550
사회대	2.8	2.683	−0.625	0.117	−0.742	0.014	0.550
기숙사	4.3	4.125	0.875	0.175	0.700	0.031	0.490
기숙사	4.5	4.125	1.075	0.375	0.700	0.141	0.490
기숙사	3.9	4.125	0.475	−0.225	0.700	0.051	0.490
기숙사	3.0	4.125	−0.425	−1.125	0.700	1.266	0.490
기숙사	2.2	4.125	−1.225	−1.925	0.700	3.706	0.490
기숙사	3.9	4.125	0.475	−0.225	0.700	0.051	0.490
학생회관	3.2	3.467	−0.225	−0.267	0.042	0.071	0.002
학생회관	2.4	3.467	−1.025	−1.067	0.042	1.138	0.002
학생회관	3.2	3.467	−0.225	−0.267	0.042	0.071	0.002
학생회관	2.7	3.467	−0.725	−0.767	0.042	0.588	0.002
학생회관	2.3	3.467	−1.125	−1.167	0.042	1.361	0.002

학생회관	3.0	3.467	−0.425	−0.467	0.042	0.218	0.002
사회대	3.7	2.683	0.275	1.017	−0.742	1.034	0.550
사회대	1.8	2.683	−1.625	−0.883	−0.742	0.780	0.550
사회대	1.4	2.683	−2.025	−1.283	−0.742	1.647	0.550
사회대	2.4	2.683	−1.025	−0.283	−0.742	0.080	0.550
사회대	3.1	2.683	−0.325	0.417	−0.742	0.174	0.550
사회대	4.0	2.683	0.575	1.317	−0.742	1.734	0.550
						$SSW=23.406$	$SSB=12.502$
						$SST=35.908$	

〈표 20-3〉에서 산출한 집단 간 제곱합과 집단 내 제곱합, 그에 대응되는 자유도를 이용하여 집단 간 평균제곱과 집단 내 평균제곱을 산출할 수 있고, 평균제곱의 비율을 계산하면 F를 산출할 수 있다. 〈표 20-4〉는 서식지에 따른 고양이의 중성화 이전 몸무게 차이에 대한 변량분석표이다.

〈표 20-4〉 변량분석표

변산원	SS	df	MS	F	p
집단 간	12.502	2	6.251	8.813	0.001
집단 내	23.406	33	0.709		
전체	35.908	35			

〈표 20-4〉에 제시되지는 않았지만 서식지에 따른 중성화 이전 고양이 몸무게 자료의 전체 분산은 1.026이다. 전체 제곱합인 35.908를 전체 자유도인 35로 나누어 주면 계산할 수 있다. 〈표 20-4〉에 제시된 집단 간 평균제곱은 6.251이다. 집단 간 제곱합인 12.502를 집단 간 자유도인 2로 나누어서 계산된 값이다. 집단 내 평균제곱 0.709는 집단 내 제곱합인 23.406을 집단 내 자유도인 33으로 나누어 계산된 값이다. 변량분석 표에서 제곱합과 자유도에는 합산성이 존재하지만, 평균제곱은 그렇지 않다는 것을 알 수 있다. 검정통계량 F는 집단 간 평균제곱(6.251)을 집단 내 평균제곱(0.709)으로 나누어

산출한다. 즉, 검정통계량 $F=8.813$이다. 이 통계량은 집단 간 분산이 집단 내 분산보다 8.813배 크다는 것을 의미한다.

5) 통계적 판단

우리 예의 검정통계량 8.813은 유의수준 .05에서의 기각값 $F_{(2,33)}=3.285$보다 크므로 영가설을 기각한다. 또한, 이 검정통계량에 대한 p값은 .001로 유의수준보다 작으므로 영가설을 기각한다. 이 결과는 세 집단의 모평균이 동일하다고 가정할 때 집단 내 변산성의 8.813배인 집단 간 변산성을 발견하는 것은 드문 일이므로 서식지에 따라서 고양이의 중성화 이전 몸무게의 평균이 달라진다고 하기에 증거가 충분하다는 의미로 해석한다.

6) 효과크기와 결론기술

일원변량분석 결과에서 독립변인의 효과크기로 η^2(eta-squared)라는 통계량을 사용한다. η^2는 [수식 20-6]과 같이 계산된다.

$$\eta^2 = \frac{SSB}{SST}$$ ············· [수식 20-6]

η^2는 자료의 전체 변산성 중 독립변인의 효과, 즉 집단 간 차이에 의한 변산성이 차지하는 비율을 의미한다. 우리 예에서 전체 변산성을 반영하는 SST는 35.908, 독립변인의 효과를 반영하는 SSB는 12.502이므로 효과크기 $\eta^2 = \frac{12.502}{35.908} = 0.348$로 계산된다. 이것은 서식지의 효과가 고양이의 중성화 이전 몸무게의 변산성 중 34.8%를 설명한다는 의미로 해석할 수 있다. 일원변량분석을 수행한 결과를 다음에 제시된 바와 같이 보고할 수 있다.

일원변량분석의 결과 기술 예시

> 서식지에 따른 고양이의 몸무게를 측정한 결과 기숙사 고양이의 평균 몸무게는 4.125kg(sd=
> 0.901), 학생회관 고양이의 평균 몸무게는 3.467kg(sd=0.803), 사회대 고양이의 평균 몸무게는
> 2.683kg(sd=0.820)이었다. 서식지에 따른 고양이 몸무게 차이를 검정하기 위하여 일원변량분
> 석을 수행하였다. 그 결과 서식지에 따른 고양이 몸무게 평균 차이는 통계적으로 유의하였다,
> $F_{(2,33)} = 8.813$, $p < .001$, $\eta^2 = 0.348$.

5 일원변량분석의 가정

일원변량분석을 적용할 자료는 모든 집단의 집단 내 분산이 모집단에서 같다는 가정
이 충족되어야 한다. 이 가정을 '등분산성 가정'이라고 부른다. 일원변량분석에 등분산
성 가정이 필요한 이유는 검정통계량 F를 산출하기 위해 사용되는 집단 내 분산 MSW
가 모든 집단에 걸친 집단 내 변산성에 대한 평균적인 통계량이기 때문이다. 만약, 한 집
단의 분산이 나머지 집단의 분산과 크게 다르다면 MSW는 집단 내 변산성에 대한 올바
른 추정값이 되지 못한다. 검정통계량 F는 MSW를 기준으로 그 크기가 결정된다. 따라
서 MSW가 잘못 추정된다면, F값도 정확하게 추정될 수 없다. 이런 이유로 만약 자료
가 등분산성 가정을 충족시키지 못한다면, 연구자는 자료를 변환하거나 대안적인 가설
검정방법을 사용해야 한다.

자료가 등분산성 가정을 만족하는지 여부를 검정하는 방법으로 널리 사용되는 방법
은 Levene's 검정이다. 이 검정은 '모든 집단의 모분산이 같다'는 영가설에 대한 검정이
다. 이 검정 결과 영가설이 기각된다면 등분산성 가정이 위반되었다는 의미이다.
Levene's 검정을 위한 통계량도 F이다. 서식지에 따른 중성화 이전 고양이 몸무게 자료
를 이용하여 Levene's 검정을 수행한 결과 Levene's 통계량인 $F_{(2,33)} = 0.028$이었고, 그
에 대한 p값은 .972이었다. 이 결과는 서식지에 따른 각 집단의 집단 내 분산이 서로 다
르다고 할만한 증거가 부족하다는 의미이므로 이 자료를 이용하여 일원변량분석을 수
행해도 좋다는 뜻으로 받아들일 수 있다.

등분산성 가정은 제17장에서 독립표본 t검정의 가정으로도 언급되었는데, 이 가정을
확인하기 위해서도 Levene's 검정을 이용할 수 있다. 또한, 제16장에서 t검정의 가정으

로 언급했던, 정규성 가정과 독립성 가정은 일원변량분석에도 적용된다.

6 질문: 일원변량분석 대신 t-test를 여러 번 수행하면 되지 않나

　세 개 이상의 종속변인 측정값 평균을 비교하기 위해 각 집단의 평균을 모두 짝지어 비교하는 것과 일원변량분석을 사용하는 것은 무엇이 다를까? 집단의 수준이 세 개 있다면 수준1 vs. 수준2, 수준1 vs. 수준3, 수준2 vs. 수준3과 같이 여러 번의 t검정을 할 수도 있는데 이렇게 하지 않고 일원변량분석을 하는 이유가 있을까?

　하나의 자료를 분석하기 위해 유의수준이 .05인 t검정을 여러 번 사용하면 전체 분석에서 한 번이라도 1종 오류를 범할 확률(실험 단위-α)은 유의수준 .05보다 증가한다. 유의수준은 '영가설이 참일 때 관찰된 결과가 우연히 일어나기 어려운지를 판단하기 위해 사용하는 기준'이다. 만약 .05의 유의수준으로 세 번의 t검정을 수행한 후 적어도 하나의 검정결과가 유의할 때 세 집단의 평균 차이가 없다는 영가설을 기각한다고 해 보자. 이 경우 우연에 의해서 독립변인의 효과가 유의하다고 판단될 확률이 높아진다. 실제로 '영가설이 참'이라고 가정하고 유의수준 .05를 이용하여 세 번의 독립표본 t검정을 독립적으로 수행하는 상황을 생각해 보자. 이 경우 실제(영가설이 참)와 일치하는 결과는 세 번의 t검정에서 모두 영가설을 수용하는 것이다. 그러나 영가설 검정 절차에서는 매 검정에서 유의수준만큼의 1종 오류 확률이 존재한다. 따라서 세 검정 모두에서 영가설을 올바르게 수용할 확률은 (1−0.05)×(1−0.05)×(1−0.05)＝0.857이다. 이것은 곧 실제로 영가설이 참일 때에도 14.3%의 확률로 연구자는 세 번의 검정 가운데 적어도 한 번 영가설을 기각하게 된다는 것을 의미한다(세 집단 평균을 비교하는 상황은 검정결과가 서로 독립이 아니므로 제1종 오류 확률이 정확히 14.3%는 아니지만 여전히 5%보다는 크다). 이렇게 영가설 검정 절차에서는 하나의 가설을 검정하기 위해 여러 번 분석을 시도하면 실제로 존재하지 않는 효과가 존재한다고 잘못 판단할 확률이 높아진다.

7 사후분석과 계획비교

우리 예의 분석에서는 독립변인의 효과가 통계적으로 유의한 것으로 나타났다. 일원변량분석에서 통계적으로 유의한 결과를 얻은 연구자는 자신의 구체적인 가설, 즉 구체적으로 어느 집단 평균들이 서로 다른지 검정해야 할 필요가 있다. 이 경우 일원변량분석을 수행한 후 독립변인의 모든 수준 쌍에 대해 t검정을 수행한다. 이 절차를 사후분석이라고 하는데 매 분석에서 사용되는 유의수준 또는 검정통계량을 교정하는 방식으로 전체 검정에서 적어도 한 번 제1종 오류를 범할 확률이 .05를 넘지 않도록 한다.

어떤 연구자에게는 처음부터 매우 구체적인 집단 간 평균 차이에 대한 가설이 있을 수도 있다. 이 경우에는 계획비교(planned comparison)라는 것을 할 수 있다. 계획비교는 일원변량분석의 집단 간 변산성을 구체적인 집단 간 평균 차이를 반영하는 변산성들로 다시 분할하는 방식으로 이루어지기 때문에 유의수준에 대한 교정이 필요 없다. 중요한 점은 같은 자료라고 하더라도 연구자가 분석 전에 구체적인 평균 차이에 대한 가설을 가지고 있었는지에 여부에 따라 사용하는 분석방법이 다르다는 것이다. 연구자가 언제 어떤 생각을 했는지는 본인밖에 모르지만 연구 과정은 연구자의 의도와 상관없이 투명해야 한다. 분석절차가 겉으로 올바르게 수행된 것처럼 보이더라도 그것이 연구자가 사전에 계획한 것이 아니라 분석 중에 절차가 수정된 것이고 그것을 밝히지 않는다면, 연구자는 거짓 발견으로 학계에 중요한 영향을 미치게 될 수도 있다!

제21장 변량분석: 이원변량분석

1 개요

이원변량분석(Two-way ANOVA)은 하나의 종속변인에 대한 두 개의 독립변인 효과를 검정하기 위해 사용된다. 여기서는 이원변량분석의 목적과 절차를 소개한다.

2 목적

이원변량분석은 두 개의 범주형 독립변인과 한 연속형 종속변인의 관계에 대한 가설을 검정하는 도구이다. 이원변량분석은 두 독립변인의 수준이 완전히 교차되는 완전요인설계(complete factorial design) 또는 완전교차요인설계(fully crossed factorial design)를 이용하여 수집된 자료를 분석하기 위해서 사용된다. 요인(factor)은 범주형 독립변인을 가리킨다. 완전교차요인설계에서 종속변인은 두 개 요인의 각 수준의 조합으로 생성되는 모든 집단에서 측정된다. 두 요인의 수준 수에 따라 여러 집단이 있을 수 있지만, 이 장에서는 완전교차요인설계 중에 두 독립변인이 각각 두 수준과 세 수준으로 조작되는 비교적 단순한 형태인 2×3 요인설계를 중심으로 설명한다.

이원변량분석은 두 독립변인의 효과를 동시에 분석한다. 실험설계의 측면에서 종속변인에 대한 독립변인 A와 B의 효과에 관심이 있을 때, A와 B의 효과를 파악하기 위해 일요인 설계(single factor design)를 두 번 사용할 수 있지만, 완전교차요인설계를 사용할 수도 있다. 완전교차요인설계는 한 번의 자료 수집을 통해서 A와 B의 효과를 동시에 파악할 수 있다는 장점이 있다. 이것보다 중요한 장점은 두 독립변인의 주효과(main effect)

뿐만 아니라 상호작용효과(interaction effect)를 파악할 수 있다는 것이다. 주효과는 일원변량분석을 통해서도 확인할 수 있는 한 독립변인의 독립적인 효과이다. 반면에, 상호작용효과는 한 요인의 수준에 따라 다른 요인의 효과가 달라지는 효과이다. 완전교차요인설계를 사용하는 실험 대부분은 상호작용효과를 파악하기 위한 것이라고 해도 과언이 아니다.

상호작용효과는 한 독립변인만으로 설명할 수 없는 조건적인(conditional) 효과이다. 학계에 $X1$이라는 위험요인이 Y라는 질병을 예측한다는 연구결과가 보고된다면 동료 연구자들은 반복검정을 통해 $X1$과 Y의 관계를 명확히 밝히기 위한 후속연구를 진행할 것이다. 후속연구 중 어떤 연구는 $X1$과 Y의 관계를 반복검정하는 데 성공할 것이고, 어떤 연구는 실패할 것이다. 이런 상황이 반복된다면 $X1$과 Y의 관계가 어떤 조건에서만 관찰되는지 연구해 볼 수 있다. 만약, 새로운 변인 $X2$의 수준에 따라서 Y에 대한 $X1$의 효과가 달라진다면 Y에 대한 $X1$의 효과는 $X2$의 수준을 알아야만 알 수 있다. 상호작용효과는 $X1$과 $X2$가 동시에 주어졌을 때 Y를 예측할 수 있게 한다. 이 장에서는 상호작용효과를 중심으로 이원변량분석을 설명한다.

3 기호

이원변량분석을 이해하는 데 필요한 기호는 일원변량분석에서 사용했던 기호의 확장이다. 두 요인을 각각 A와 B라고 하자. 이원변량분석은 참가자를 나타내는 i와 요인 A의 수준을 나타내는 j, 요인 B의 수준을 나타내는 k의 아래첨자 세 개를 필요로 한다. Y_{ijk}는 '요인 A의 j번째 수준, B의 k번째 수준에 속한 i번째 참가자의 종속변인 측정값'을 나타낸다. 요인 A의 수준 수를 J, 요인 B의 수준 수를 K로 표기하면 두 요인의 각 수준이 조합된 집단의 수는 총 $J \times K$개이다. 두 요인의 각 수준이 조합된 집단들을 셀(cell)이라고 부른다. 모든 셀에 속한 사례 수를 합산한 전체 사례 수는 N으로 나타낸다.

이원변량분석에서 사용되는 평균의 개수는 A의 수준 수＋B의 수준 수＋셀의 개수＋1개이다. 각 셀에 속한 참가자의 종속변인 측정값 평균은 셀 평균(cell mean)이라고 하고 $\overline{Y}_{.jk}$로 표기한다. 다른 독립변인의 수준은 무시하고 산출한 독립변인의 수준별 평균은 주변평균(marginal mean)이라고 한다. A 요인의 j번째 수준의 주변평균을 $\overline{Y_{.j.}}$로, B요인의 k번째 수준의 주변평균을 $\overline{Y_{..k}}$로 각각 표기한다. 전체평균은 전체 자료의 평균이며 $\overline{Y_{...}}$으로 표기한다.

한 연구자가 고양이의 성별(남, 여)과 서식지(기숙사, 학생회관, 사회대)에 따라서 중성화 이전 평균 몸무게가 다른지 알아보기 위해 〈표 21-1〉과 같이 자료를 정리하였다.

〈표 21-1〉 성별과 서식지에 따른 중성화 이전 몸무게 원자료와 평균

	기숙사(d)	학생회관(c)	사회대(s)	
남	5.4, 5.3, 3.7, 4.8, 4.2, 4.3 $\overline{Y_{\text{남}d}}=4.617$	4.3, 3.7, 4.0, 4.5, 4.7, 3.6 $\overline{Y_{\text{남}c}}=4.133$	2.8, 3.4, 2.7, 1.5, 2.6, 2.8 $\overline{Y_{\text{남}s}}=2.633$	$\overline{Y_{\text{남}.}}=3.794$
여	4.3, 4.5, 3.9, 3.0, 2.2, 3.9 $\overline{Y_{\text{여}d}}=3.633$	3.2, 2.4, 3.2, 2.7, 2.3, 3.0 $\overline{Y_{\text{여}c}}=2.8$	3.7, 1.8, 1.4, 2.4, 3.1, 4.0 $\overline{Y_{\text{여}s}}=2.733$	$\overline{Y_{\text{여}.}}=3.056$
평균	$\overline{Y_{..d}}=4.125$	$\overline{Y_{..c}}=3.467$	$\overline{Y_{..s}}=2.683$	$\overline{Y_{...}}=3.425$

성별의 수준이 남자이고 서식지가 기숙사인 조건에 해당하는 고양이들은 여섯 마리였고, 이들의 몸무게 평균 $\overline{Y_{\text{남}d}}=4.617$이었다. 이 평균은 셀평균이다. 서식지를 통틀어 성별이 남자인 고양이들은 모두 18마리였다. 이들의 몸무게 평균 $\overline{Y_{\text{남}.}}=3.794$였다. 이 평균은 주변평균이다. 이 자료에 존재하는 여섯 개의 셀에 속한 모든 고양이들은 36마리이고 이들의 몸무게 평균 $\overline{Y_{...}}=3.425$였다. 이 평균은 전체평균이다. 수준이 각각 두 개와 세 개인 독립변인 두 개를 이용한 이원변량분석에는 셀평균 여섯 개와 주변평균 다섯 개, 전체평균 한 개가 분석에 이용된다.

4 절차

1) 영가설과 연구가설 기술

이원변량분석은 두 독립변인 각각의 주효과와 두 독립변인의 상호작용효과를 검정한다. 검정하려는 효과가 세 개인 만큼 검정되는 영가설도 세 개이다.

A의 주효과는 독립변인 B의 효과를 무시한 변인 A의 주변평균의 차이 $\overline{Y_{.1.}} - \overline{Y_{.2.}}$이다. A의 주효과가 있다는 것은 모집단에서 A의 각 수준별 평균이 서로 다르다는 것을 의미한다. 따라서 영가설은 '요인 A의 모든 수준에서 모집단 평균이 같다'이다. A의 수준이 두 개라면 다음과 같이 쓸 수 있다.

$$H_0: \mu_{.1.} = \mu_{.2.}$$

B의 주효과는 독립변인 A의 효과를 무시한 변인 B의 주변평균의 차이 $\overline{Y_{..1}} - \overline{Y_{..2}}$이다. B의 주효과는 모집단에서 B의 각 수준에 따라 평균이 서로 다르다는 것을 의미하므로 영가설은 '요인 B의 모든 수준에서 모집단 평균이 같다'이다. B의 수준이 두 개라면 다음과 같이 쓸 수 있다.

$$H_0: \mu_{..1} = \mu_{..2}$$

A와 B의 상호작용효과가 있다면 A의 한 수준에서 B의 효과와 A의 다른 수준에서 B의 효과가 서로 다를 것이다. 따라서 검정되는 영가설은 '요인 A의 모든 수준에서 B의 효과가 같다' 또는 '요인 B의 모든 수준에서 A의 효과가 같다'이며 A와 B가 모두 두 수준이라면 다음과 같이 쓸 수 있다.

$$H_0: (\mu_{.12} - \mu_{.11}) = (\mu_{.22} - \mu_{.21}) \ \text{또는} \ (\mu_{.21} - \mu_{.11}) = (\mu_{.22} - \mu_{.12})$$

'B의 한 수준에서 A의 효과'를 A의 단순주효과(simple main effect)라고 한다. B의 첫 번째 수준에서 A의 수준에 따른 셀평균 차이는 $\overline{Y_{.21}} - \overline{Y_{.11}}$로 나타낼 수 있다.

우리 예에서 성별의 주효과에 대한 영가설은 '남자 고양이의 평균 몸무게와 여자 고양이의 평균 몸무게가 모집단에서 같다'가 된다. 서식지의 주효과에 대한 영가설은 '기숙사, 학생회관, 사회대에 서식하는 고양이 몸무게의 모평균이 모두 같다'이다. 상호작용효과에 대한 영가설은 '각 서식지에 사는 고양이들의 성별에 따른 평균 몸무게 차이가 모집단에서 같다' 또는 '각 성별의 고양이들의 서식지에 따른 평균 몸무게 차이가 모집단에서 같다'가 된다.

2) 검정통계량 설정

이원변량분석의 검정통계량은 F이다. 이원변량분석은 자료의 변산성을 다음의 네 부분으로 분리한다. 1) A의 주효과에 의한 변산성 2) B의 주효과에 의한 변산성 3) A와 B의 상호작용효과에 의한 변산성, 4) 집단 내 변산성. 〈표 21-2〉는 이원변량분석의 변량분석표이다.

〈표 21-2〉 이원변량분석표

변산원	SS	df	MS	F
A	SSB_A	df_A	MSB_A	MSB_A/MSW
B	SSB_B	df_B	MSB_B	MSB_B/MSW
AB	SSB_{AB}	df_{AB}	MSB_{AB}	MSB_{AB}/MSW
집단 내	SSW	df_W	MSW	
전체	SST	df_T		

일원변량분석과 마찬가지로 이원변량분석도 전체 자료의 제곱합을 두 독립변인 각각에 의한 주효과 및 상호작용효과와 그들을 제외한 나머지로 분리한다. 각 효과와 집단 내 변산성을 반영하는 제곱합에 대응되는 자유도 또한 다음과 같이 정의될 수 있다.

자유도는 〈표 21-3〉과 같이 분할된다.

<표 21-3> 이원변량분석의 자유도

성분	자유도
전체	$N-1$
A	$J-1$
B	$K-1$
AB	$(J-1)(K-1)$
집단 내	$N-JK$

이원변량분석에서도 자유도는 통계량을 계산하기 위해 사용되는 '자유로운 값을 가질 수 있는' 자료의 수이다. 전체 자유도 $N-1$은 전체 평균이 주어졌을 때, 자유롭게 변할 수 있는 전체 자료의 수이다. A의 주효과에 대한 자유도 $J-1$은 전체 평균이 주어졌을 때, 자유로운 값을 가질 수 있는 A의 각 수준 평균의 수이다. B의 주효과에 대한 자유도 $K-1$은 전체 평균이 주어졌을 때, 자유로운 값을 가질 수 있는 B의 각 수준 평균의 수이다. A와 B의 상호작용효과의 자유도 $(J-1) \times (K-1)$은 전체 평균과 A와 B의 수준 평균이 주어졌을 때 자유로운 값을 가질 수 있는 셀 평균의 수이다. 집단 내 자유도 $N-JK$는 각 셀 평균이 주어졌을 때 자유로운 값을 가질 수 있는 사례의 수이다. 우리 예에서 전체 자유도는 36-1=35, 성별의 수준 수는 2이므로 자유도는 2-1=1, 서식지의 자유도는 3-1=2, 상호작용효과의 자유도는 (2-1)(3-1)=2, 집단 내 자유도는 36-2×3=30이다.

A의 주효과, B의 주효과, A와 B의 상호작용효과에 대한 검정통계량 F는 각 효과를 반영하는 평균제곱을 집단 내 평균제곱으로 나누어서 다음과 같이 산출한다.

$$\text{A의 주효과: } F = \frac{MSB_A}{MSW}$$

$$\text{B의 주효과: } F = \frac{MSB_B}{MSW}$$

$$\text{상호작용효과: } F = \frac{MSB_{AB}}{MSW}$$

3) 영가설 분포와 유의수준, 기각값 설정

이원변량분석에서 검정되는 세 개의 효과는 각각의 영가설 분포에서 유의성이 판단된다. 변량분석에서 영가설 분포는 각 효과의 자유도에 따라 정의되므로 다음과 같은 영가설 분포를 사용한다.

A의 주효과: $F_{(df_A, df_W)}$
B의 주효과: $F_{(df_B, df_W)}$
상호작용효과: $F_{(df_{AB}, df_W)}$

우리 예의 경우 성별의 주효과의 영가설 분포는 $F_{(1,30)}$, 서식지의 주효과와 상호작용효과의 영가설 분포로는 $F_{(2,30)}$을 사용한다. 유의수준 .05에서 $F_{(1,30)}$의 기각값은 4.171, $F_{(2,30)}$의 기각값은 3.316이다.

4) 검정통계량 계산

다음은 예제자료에 대해 이원변량분석을 수행한 결과를 보여 주는 변량분석표이다.

<표 21-4> 변량분석표

변산원	SS	df	MS	F	p
성별	4.914	1	4.914	9.735	.004
서식지	12.502	2	6.251	12.385	<.001
성별×서식지	3.351	2	1.675	3.319	.0499
집단 내	15.142	30	0.505		
전체	35.908	35			

5) 통계적 판단

이원변량분석 결과를 해석할 때는 상호작용효과의 유의성을 먼저 확인하고 상호작용효과에 대한 영가설이 기각되지 않으면 두 개 주효과의 유의성을 확인하여 해석하는 것

이 좋다. 상호작용효과가 유의한 경우 단순주효과 분석을 통해 개별 요인의 효과를 조건
적으로 해석하는 것이 더 적절하기 때문이다. 상호작용효과가 발견되었을 때 추가적으
로 단순주효과분석을 수행할 수 있다. 단순주효과분석을 수행하는 한 가지 방법은 한 독
립변인의 각 수준별로 자료를 분리하여 다른 독립변인의 효과를 검정하는 것이다. 단순
주효과의 유의성은 별도의 통계적 검정(t검정)을 통해서 파악해야 하지만 효과의 양상은
상호작용효과 그래프를 통해 한눈에 파악할 수 있다.

　우리 예에서 성별과 서식지의 상호작용효과에 대한 검정통계량 F값은 3.319로 기각
값인 3.316보다 커서 통계적으로 유의하다. 이 상호작용효과의 양상을 확인하기 위해
고양이의 성별을 x축에 배치하고 고양이의 서식지를 다른 색의 선으로 표현하면 [그림
21-1]과 같은 상호작용효과 그래프를 얻을 수 있다.

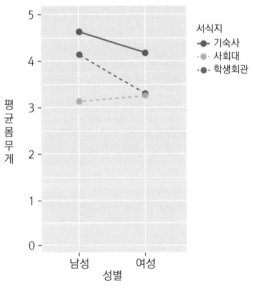

[그림 21-1] 상호작용효과 그래프

　[그림 21-1]을 보면 고양이의 성별과 서식지에 따른 평균 몸무게의 양상이 쉽게 파악
된다. [그림 21-1]에서 진한 초록색 실선은 기숙사 고양이의 성별 효과, 옅은 회색 점선
은 학생회관 고양이의 성별 효과, 옅은 초록색 점선은 사회대 고양이의 성별 효과를 각
각 나타낸다. 각 직선의 패턴을 해석함으로써 단순주효과를 이해할 수 있다. 이 자료의
경우, '기숙사와 학생회관 집단에서는 남자 고양이의 평균 몸무게가 여자 고양이의 평균

몸무게보다 무거웠지만, 사회대 집단에서는 여자 고양이와 남자 고양이의 평균 몸무게에 차이가 없었다'로 해석된다.

두 변인의 상호작용효과가 없다면 그래프에서 선들이 서로 평행하게 그려진다. 평행한 선들이 의미하는 바는 종속변인에 대한 두 요인의 효과가 독립적이라는 것을 의미한다. 반대로 두 변인의 상호작용효과가 있다면 그래프의 선들은 [그림 21-1]에서와 같이 교차하거나 한 점을 향하는 양상으로 나타난다.

6) 효과크기와 결론 기술

이원변량분석 결과에서 각 효과에 대한 효과크기로 η_p^2(partial eta squared)라는 통계량을 사용한다. η_p^2는 [수식 21-1]과 같이 계산된다.

$$\eta_p^2 = \frac{SS_{effect}}{SS_{effect} + SSW}$$ ············· [수식 21-1]

η_p^2는 관심 있는 효과의 제곱합과 집단 내 제곱합의 총량 중 관심 있는 효과의 제곱합이 차지하는 비율을 의미한다. 우리 예에서 상호작용효과의 효과크기 $\eta_p^2 = \dfrac{3.351}{3.351 + 15.142}$ = 0.181는 성별과 서식지의 상호작용효과가 전체 변산성에서 다른 요인의 주효과에 의한 변산성을 제외한 나머지 변산성 중 18.1%를 설명한다는 것을 의미한다. 이원변량분석을 수행한 결과를 다음에 제시된 바와 같이 보고할 수 있다.

<표 21-5> 이원변량분석의 결과 기술 예시

성별과 서식지에 따른 고양이 몸무게의 차이를 분석하기 위해 평균 몸무게를 종속변인으로 하고 성별(남, 여)과 서식지(기숙사, 학생회관, 사회대)를 참가자 간 독립변인으로 하는 2×3이원변량분석을 수행하였다. 그 결과 유의수준 $\alpha = .05$수준에서 두 요인 사이의 상호작용효과가 통계적으로 유의하였다, $F_{2,30} = 3.319$, $p = .0499$, $\eta_p^2 = 0.181$. 상호작용효과의 해석을 위해 평균 몸무게에 대한 서식지에 따른 성별의 효과를 확인하였다. 그 결과, 기숙사와 학생회관 집단에서는 남자 고양이의 평균 몸무게가 여자 고양이의 평균 몸무게보다 컸지만, 사회대 집단에서는 여자 고양이와 남자 고양이의 평균 몸무게에 차이가 없었다.

제**22**장 상관과 회귀: 상관계수의 추론

1 개요

제22, 23, 24장에서는 두 개 또는 그 이상의 연속변인 사이의 관계에 대한 가설을 검정하는 방법을 다룬다. 두 연속변인 사이의 관련성을 기술하는 방법인 상관(correlation)과 회귀(regression)를 구분하여 그 목적과 통계적 추론 방법을 설명한다. 상관은 두 변인의 선형적인 관계를 파악하는 데 사용되고 회귀는 두 변인의 선형적 관계에 기초하여 한 변인의 변산성을 설명하는 데 도움이 되는 변인들을 찾는 데 주로 사용된다. 여기서는 Pearson 상관계수에 대한 영가설 검정절차를 소개한다.

2 절차

Pearson 상관계수는 두 연속변인의 선형적 관계의 방향과 강도를 나타내는 기술통계량이다(제9장 참조). 만약 연구자가 수집한 자료가 표본이고, 모집단의 특성에 관심이 있다면, Pearson 상관계수도 추론의 대상이 될 수 있다.

중성화 전과 후에 측정한 36마리 고양이들의 몸무게 자료를 이용하여 Pearson 상관계수를 파악해 보자(〈표 22-1〉 참조).

<표 22-1> 중성화 이전 몸무게와 중성화 이후 몸무게 원자료

고양이 번호	몸무게: 중성화 이전	몸무게: 중성화 이후	고양이 번호	몸무게: 중성화 이전	몸무게: 중성화 이후
1	5.4	6.0	19	4.3	3.8
2	5.3	4.6	20	4.5	4.7
3	3.7	3.8	21	3.9	3.7
4	4.8	4.3	22	3.0	4.1
5	4.2	4.5	23	2.2	3.3
6	4.3	4.6	24	3.9	4.5
7	4.3	4.3	25	3.2	3.3
8	3.7	4.5	26	2.4	2.5
9	4.0	4.6	27	3.2	4.7
10	4.5	4.3	28	2.7	3.5
11	4.7	5.1	29	2.3	2.9
12	3.6	4.2	30	3.0	4.3
13	2.8	3.8	31	3.7	3.8
14	3.4	4.2	32	1.8	3.4
15	2.7	3.6	33	1.4	3.6
16	1.5	2.9	34	2.4	3.9
17	2.6	4.5	35	3.1	4.3
18	2.8	4.2	36	4.0	4.4

1) 영가설과 연구가설 기술

연구자가 36마리 고양이의 모집단인 길고양이 전체에 대해 중성화 전과 후에 측정한 몸무게의 관계를 추론하고자 한다면 상관계수에 대한 영가설 검정을 활용할 수 있다. 상관계수에 대한 영가설 검정절차는 앞서 공부한 t검정이나 변량분석에서와 동일하다. 상관계수는 두 변인의 선형적 관계를 보여 주는 통계량이므로 영가설은 '두 변인은 모집단에서 선형적 관계가 없다'고 기술된다. 모집단 상관계수를 나타내는 기호 ρ(rho)를 이용하여 $\rho = 0$으로 기술할 수도 있다. ρ는 영어알파벳 r에 대응되는 그리스 문자이다.

영가설(H_0): X와 Y는 선형적 관계가 없다($\rho_{xy} = 0$)
연구가설(H_1): X와 Y는 선형적 관계가 있다($\rho_{xy} \neq 0$)

중성화 전과 후의 고양이 몸무게 자료에서 두 변인의 상관계수에 대한 영가설은 '모집단에서 고양이들의 중성화 전과 후의 몸무게 사이에 선형적인 관계가 없다'와 같이 쓸 수 있다.

2) 검정통계량의 설정

상관계수 r은 모수 ρ의 추정량으로 사용된다. [수식 22-1]과 같이 계산할 수 있다. 이 수식은 제9장에서 언급된 [수식 9-3]과 달리 두 변인의 표준점수 곱의 총합을 N이 아닌 $N-1$로 나누었다는 것을 확인하자. [수식 22-1]과 [수식 9-3]는 일견 달라 보이지만 두 공식으로 산출되는 상관계수의 값은 같다. 그 이유는 이 수식에 표현되지 않았지만, 이 수식에서 표준점수를 계산하기 위해 사용된 표준편차 또한 제곱합을 $N-1$으로 나눈 값의 제곱근이기 때문이다.

$$r = \frac{\sum_{i=1}^{N}(z_{xi} \cdot z_{yi})}{N-1} \qquad \text{············· [수식 22-1]}$$

상관계수에 대한 추론에는 상관계수 r을 [수식 22-2]와 같이 변환한 통계량 t가 사용된다.

$$t = \frac{r_{xy}}{\sqrt{\dfrac{1-r_{xy}^2}{N-2}}} \sim t_{N-2} \qquad \text{············· [수식 22-2]}$$

3) 영가설 분포와 유의수준, 기각값의 설정

상관계수에 대한 추론을 위해서 사용되는 영가설 분포는 t 분포이다. 상관계수 r을

[수식 22-2]와 같이 변환한 통계량은 '$\rho=0$이라는 영가설이 참일 때' 자유도 $N-2$의 t 분포를 따른다.

중성화 전과 후의 고양이 자료는 36마리 고양이를 포함하고 있으므로 상관계수를 변환한 검정통계량 t는 영가설이 참일 때 t_{34}를 따른다. 유의수준 .05의 양측검정을 사용한다면 기각값은 ± 2.030이다.

4) 검정통계량의 계산

중성화 전과 후의 고양이 몸무게 자료에서 두 몸무게의 상관계수는 .730이고, 이 값을 변환한 검정통계량 $t = \dfrac{0.730}{\sqrt{\dfrac{1-0.730^2}{36-2}}} = 6.227$이다.

5) 통계적 판단과 결론 기술

검정통계량 6.227은 기각값 ± 2.030보다 절댓값이 크므로 영가설을 기각한다. 영가설 분포 t_{34}에서 이 검정통계량보다 극단적인 값을 관찰할 확률 p값은 .0001미만으로 매우 작고 이 값은 유의수준 .05보다 작으므로 영가설을 기각할 수 있다. 따라서 모집단에서 중성화 전과 후에 측정한 고양이 몸무게에 선형적 관계가 있다고 판단할 수 있다. 또한, 상관계수는 그 자체로 효과크기이기 때문에 별도의 효과크기를 보고하지 않는다. 상관계수 추론에 관한 내용은 다음과 같이 보고할 수 있다.

상관계수 추론의 결과 기술 예시

중성화 전후의 고양이 몸무게의 선형관계를 확인하기 위하여 상관분석을 수행하였다. 중성화 수술 전후에 각각 측정된 몸무게는 중성화 전 몸무게가 무거울수록 중성화 후 몸무게도 무거운 경향이 있었으며 이 선형적 관계는 통계적으로 유의하였다. $r=0.730$, $t_{34}=6.227$, $p<.0001$.

제23장 상관과 회귀: 단순회귀분석

1 개요

연구자가 두 변인의 관계에 기초하여 예측을 하고자 한다면 단순회귀분석을 사용할 수 있다. 예를 들면, 연구자가 'X를 이용해서 Y를 예측할 수 있을 것이다'와 같은 가설을 검정할 수 있다. 이때, 다른 변인의 값을 예측하는 데 사용되는 변인을 독립변인 또는 예측변인이라고 부르고 독립변인/예측변인에 의해 예측되는 변인을 종속변인 또는 결과변인이라고 한다.

회귀분석(regression analysis)의 또 다른 중요한 목적은 예측변인으로 만들어진 수식인 회귀식(regression equation)에 기초하여 종속변인의 값을 예측하는 것이다. 예측변인의 개수에 따라 단순회귀분석(simple linear regression)과 중다회귀분석(multiple linear regression)으로 구분하는데 여기서는 예측변인이 한 개인 단순회귀분석을 설명한다.

2 목적

단순회귀분석은 관련이 있을 것으로 기대되는 두 변인의 선형관계를 확인할 뿐만 아니라 그 관계에 기초하여 한 변인으로 다른 변인의 값을 예측하는 데 사용된다. 연구자는 다음과 같은 궁금증을 해결하기 위해 단순회귀분석을 사용할 수 있다.

'변인 A를 이용하여 B를 예측할 수 있는가? 특정한 A값을 가진 참가자의 B값은 얼마로 예측되는가?'

'변인 A는 B의 변산성을 얼마나 설명하는가?'

'변인 A는 모집단에서도 B를 예측할 수 있는가?'

이 질문들은 차례대로 예측, 모형 적합성(model fit), 추론을 목적으로 하는 질문들이다.

3   회귀식

단순회귀분석은 통계모형(statistical model)의 관점으로 이해할 수 있다. 모형(model)이란 실제 세계보다는 단순하지만 꽤 그럴듯하게 실제를 잘 반영하는 무언가이다. 통계모형은 예측변인들을 조합하여 종속변인을 예측하는 함수를 의미한다. 통계모형은 어느 정도의 오차를 허용하면서 종속변인에 대한 유용한 정보를 제공한다.

단순회귀분석은 회귀식으로 종속변인을 예측하므로 단순회귀모형이라고도 부를 수 있다. [수식 23-1]에 단순회귀모형이 제시되었다.

$$Y_i = B_0 + B_1 X_i + e_i \qquad\qquad \cdots\cdots\cdots\cdots \text{[수식 23-1]}$$

Y_i는 i번째 참가자의 종속변인 측정값, X_i는 i번째 참가자의 예측변인 측정값이다. B_0와 B_1은 회귀모형의 모수로서 회귀계수(regression coefficient)라고 부른다. B_0는 절편(intercept)이라고 부르고 X_i가 0인 참가자에 대해 모형이 예측하는 값을 의미한다. B_1은 기울기(slope)이며 X_i가 한 단위 증가할 때 예측값의 변화량을 의미한다. X_i를 알고 있을 때 회귀식($B_0 + B_1 X_i$)을 이용하여 계산된 값은 Y_i에 대한 모형의 예측값(predicted value)이라고 부른다. 기호로는 $\hat{Y}$이라고 쓰고 Y hat이라고 읽는다. 마지막으로 e_i는 잔차(residual)라고 부르고, 모형의 예측값 $\hat{Y}_i$과 실제 측정값인 Y_i의 차이를 의미한다.

회귀분석을 한다는 것은 자료를 이용하여 회귀모형의 모수 B_0와 B_1을 추정한다는 것이다. 이 추정값들은 각각 $\hat{B}_0$, $\hat{B}_1$이라는 기호로 표기한다. 회귀계수를 추정하기 위해서는 최소제곱법(least squares method)이라는 방법이 사용된다. 이 방법은 자료의 잔차 제곱합 $\sum_{i=1}^{N} e_i^2$을 가장 작게 만드는 $\widehat{B_0}$, $\widehat{B_1}$을 추정값으로 결정하는 방법이다.

회귀계수의 추정값이 얻어지면 회귀식이 완성되고, 예측변인 X값이 주어지면 종속변인에 대한 예측값을 산출할 수 있다. X의 실수범위 전체와 그 예측값의 집합 $(X, \widehat{Y})$을 회귀선(regression line)이라고 한다. 단순회귀모형은 일차함수식의 형태이므로 회귀선은 언제나 직선으로 그려진다.

4 예측

한 연구자가 중성화 전과 후의 고양이 몸무게의 관계를 이용하여 중성화 전 몸무게로 중성화 후 몸무게를 예측하고자 한다. 중성화 전 몸무게가 예측변인, 중성화 후 몸무게가 종속변인인 회귀분석을 수행하면 중성화 전과 후 몸무게의 관련성을 파악할 수 있을 뿐만 아니라 자료에 포함되지 않은 무명 고양이의 중성화 전 몸무게를 알면 그 고양이의 중성화 후 몸무게를 예측할 수 있다.

[수식 23-2]와 [그림 23-1]은 각각 중성화 전과 후의 고양이 몸무게 자료를 이용한 회귀분석의 결과로 얻은 회귀모형과 회귀선을 포함한 그래프이다.

$$Y_i = 2.425 + 0.482 X_i + e_i \qquad \cdots\cdots\cdots\cdots \text{[수식 23-2]}$$

절편의 추정값 $\widehat{B_0}$ = 2.425는 중성화 전 몸무게가 0kg인 고양이에 대한 중성화 후 몸무게 예측값이다. 몸무게가 0kg인 고양이는 존재하지 않는 고양이이므로 절편이 실제적인 의미를 갖지 않는 경우도 많다. 이 절편은 예측변인의 범위 내에서 종속변인에 대해 예측하기 위해 주어지는 값이라고 생각할 수 있다. 기울기의 추정값 $\widehat{B_1}$ = 0.482는 중성화 전 몸무게가 1kg 차이 나는 두 고양이가 있을 때 그 두 고양이의 중성화 후 몸무게는 0.482kg 차이가 날 것으로 이 모형이 예측한다는 의미이다.

이 모형은 중성화 전 몸무게가 3kg인 고양이의 중성화 후 몸무게가 2.425 + 0.482 × 3 = 3.870일 것으로 예측한다. 학교 내 고양이 자료에는 중성화 전 몸무게가 3kg인 고양이가 포함되어 있다. 그러나 이 고양이의 실제 중성화 후 몸무게는 4.1kg이다. 예측값 (3.870)에서 원값(4.1)을 뺀 값인 −0.230kg은 이 고양이의 중성화 후 몸무게의 잔차이다. 잔차의 부호가 음수인 것은 모형이 이 고양이의 몸무게를 실제보다 가볍게 예측한다는 것을 의미한다.

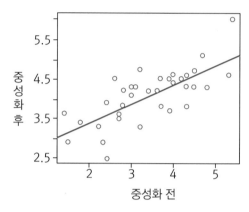

[그림 23-1] 단순회귀모형의 회귀선

5 적합성

연구자는 회귀모형에 의해 예측된 값이 실제를 얼마나 잘 예측하는지 어떻게 알 수 있을까? 모형의 예측값은 실제 종속변인의 값에 얼마나 가까울까? 모형의 예측값과 실제 종속변인 값이 가까운 정도를 모형 적합성이라고 한다. 모형이 실제를 잘 예측할수록 실제 종속변인의 값과 모형이 예측한 값의 차이, 즉 잔차가 작을 것으로 기대할 수 있다. 모형의 적합성이 높다는 것은 이 잔차의 크기가 작다는 것이다. 단순회귀분석에서 모형의 적합성은 R제곱(R^2)이라는 통계량으로 평가된다. [수식 23-3]은 R^2이 종속변인의 전체 분산 중 그 모형에 의해 예측된 값의 분산이 차지하는 비율로 정의된다는 것을 보여 준다.

$$R^2 = \frac{Var(\hat{Y})}{Var(Y)}$$

·············· [수식 23-3]

R^2은 비율이기 때문에 언제나 0과 1 사이의 값을 가진다. R^2이 0이라는 것은 '예측변인이 종속변인을 전혀 예측하지 못한다'는 것을 의미한다. 예측변인 X의 모든 수준에서 모형이 같은 예측값을 산출한다면 R^2은 0이 된다. 어떤 x에 대해서도 같은 값으로 예측된다는 것은 예측변인은 종속변인에 대해 아무런 정보도 제공하지 않는다는 것을 의미한다. R^2이 1이라면 그 의미는 '예측변인이 종속변인을 완전하게 예측한다'는 것이다. R^2이 1이라는 것은 예측값의 분산크기가 종속변인의 분산과 일치한다는 것이다. 이때는 모든 측정값의 잔차가 0이다. 한편, R^2은 예측변인과 종속변인 사이의 Pearson 상관계수 r을 제곱한 값이기도 하다. 단순회귀분석의 R^2은 예측변인 X와 종속변인 Y의 상관계수를 제곱한 숫자와 동일하다.

중성화 전 고양이 몸무게로 중성화 후 고양이 몸무게를 예측하는 회귀모형의 R^2은 0.533으로 산출된다. R^2은 '모형이 종속변인의 분산을 설명하는(account for 또는 explain) 정도'로 이해할 수 있다. R^2이 0.533이라면 '모형이 종속변인의 분산 중 53.3% 설명한다'라고 표현할 수 있다.

6 추론

1) 회귀계수에 대한 추론

연구자는 모집단에서 예측변인이 종속변인을 예측하는지에 대한 연구가설을 검정하기 위해 기울기 회귀계수에 대한 영가설 검정을 사용할 수 있다. 영가설과 연구가설을 다음과 같이 기술할 수 있다.

> 영가설(H_0): 모집단에서 예측변인과 종속변인은 관계가 없다(예측변인은 종속변인을 예측하지 못한다). $B_1 = 0$
> 연구가설(H_1): 모집단에서 예측변인과 종속변인은 관계가 있다(예측변인은 종속변인을 예측한다). $B_1 \neq 0$

회귀계수 $\widehat{B_1}$을 [수식 23-4]와 같이 변환한 검정통계량 t는 영가설이 참일 때, 자유도

$N-2$의 t 분포를 따른다.

$$t = \frac{\widehat{B_1}}{se(\widehat{B_1})} \sim t_{N-2} \qquad \text{............ [수식 23-4]}$$

$\widehat{B_1}$의 표준오차는 [수식 23-5]와 같이 정의된다. s_X와 s_Y는 각각 예측변인과 종속변인의 표준편차이다.

$$se(\widehat{B_1}) = \frac{s_Y}{s_X}\sqrt{\frac{1-r^2}{N-2}} \qquad \text{............ [수식 23-5]}$$

단순회귀분석에서 기울기 회귀계수 B_1에 대한 영가설 유의성 검정의 결과는 예측변인과 종속변인의 모집단 상관계수 ρ에 대한 영가설 검정결과와 일치한다. 그 이유는 예측변인과 종속변인을 모두 표준화하고 표준점수를 사용하여 단순회귀분석을 수행하면 B_1과 ρ가 일치하기 때문이다. ρ를 B_1의 표준화된 회귀계수(β_1)라고 부르기도 한다.

2) 모형 적합성에 대한 추론

모형 적합성을 나타내는 R^2에 대한 영가설은 '모형이 설명하는 종속변인의 변산성이 전혀 없다($\rho^2 = 0$)'이다. R^2에 대한 유의성 검정에는 R^2을 [수식 23-6]에 따라 변환한 검정통계량 F를 이용한다. 이 검정통계량에 대한 영가설 검정은 분자와 분모의 자유도가 각각 1과 $N-2$인 F 분포를 영가설 분포로 한다.

$$F_{observed} = \frac{R^2}{(1-R^2)/(N-2)} \sim F_{1,N-2} \qquad \text{............ [수식 23-6]}$$

우리 예에서 단순회귀모형의 적합성 지수 $R^2 = 0.533$이고, 검정통계량 $F = 38.78$이다. 이 검정통계량은 영가설 분포 $F_{1,34}$에서 유의성이 판단된다.

단순회귀분석에서는 B_1, ρ, ρ^2에 대한 영가설 유의성 검정결과가 모두 일치한다. 하나의 예측변인과 종속변인의 관계에 기초하여 예측이 이루어지고, 이 예측된 값의 분산

비율에 따라 모형 적합성이 평가되기 때문이다.

중성화 전과 후의 고양이 몸무게 자료를 이용한 회귀분석 결과 산출된 회귀계수와 표준오차, t값과 p값을 〈표 23-1〉에 제시하였다. 기울기 회귀계수 추정값 0.482는 통계적으로 유의한 것으로 나타났다. 유의확률이 .05보다 작으므로 중성화 전 고양이 몸무게로 중성화 후 고양이 몸무게를 통계적으로 유의하게 예측할 수 있다고 할 수 있다. B_1의 영가설 유의성 검정을 위한 t값 6.227은 22장의 상관계수의 추론을 위한 검정통계량과 같다는 것을 알 수 있다.

〈표 23-1〉 단순회귀분석 결과

	추정값	표준오차	표준화된 추정값	t값	p값
B_0	2.425	0.276		8.783	< .0001
B_1	0.482	0.077	.730	6.227	< .0001

중성화 전 고양이 몸무게로 중성화 후의 고양이 몸무게를 예측하기 위한 회귀분석의 결과를 다음과 같이 기술할 수 있다.

단순회귀분석의 결과 기술 예시

중성화 이전 몸무게로 중성화 이후 몸무게를 예측하기 위한 단순회귀분석 결과 중성화 이전 몸무게의 회귀계수 추정값이 0.482(se=0.077)로 산출되었으며 통계적으로 유의하였다, $t_{34} = 6.227$, $p < .0001$. 따라서 3월 몸무게가 1kg 증가할수록 9월 몸무게가 0.482kg 증가할 것으로 예측할 수 있다. $R^2 = 0.730$, $F_{(1,14)} = 38.78$, $p < .0001$

Q. 회귀분석의 확장

예측변인을 조합한 수식으로 결과변인을 예측하는 통계분석 도구인 회귀분석은 활용도가 매우 높습니다. 심리학에서 널리 사용되는 통계모형들은 대부분이 회귀분석의 확장된 형태라고 말할 수 있을 정도입니다. 기계학습(machine learning) 분야에서는 종속변인을 예측하기 위해 예측변인을 다양한 방식으로 활용하지만, 기계학습에서도 여전히 회귀분석은 예측을 위한 주요 도구입니다.

심리학 연구에서 사용되는 몇몇 통계분석 도구를 회귀분석의 관점에서 다음과 같이 정리할 수 있습니다.

- 변량분석(analysis of variance: ANOVA): 종속변인이 하나의 연속형 변인이고 예측변인이 한 개 이상의 범주형 변인인 회귀분석
- 공변량분석(analysis of covariance: ANCOVA): 종속변인이 하나의 연속형 변인이고 예측변인으로 연속형 변인과 범주형 변인을 모두 포함하는 회귀분석
- 다변량변량분석(multivariate analysis of variance: MANOVA): 종속변인이 두 개 이상의 연속형 변인이고 예측변인이 한 개 이상의 범주형 변인인 회귀분석
- 로지스틱 회귀분석(logistic regression): 종속변인이 하나의 이분형(binary) 변인인 회귀분석
- 다층모형(multilevel model): 무선계수(random coefficient)를 추가한 회귀분석
- 성장모형(growth model): 시점(time point)을 예측변인으로 사용한 회귀분석
- 경로분석(path analysis): 한 종속변인이 다시 다른 종속변인을 예측하는 회귀분석
- 요인분석(factor analysis): 종속변인이 여러 개의 관찰변인(observed variable)이고 예측변인이 잠재변인(latent variable)인 회귀분석
- 구조방정식모형(structural equation model: SEM): 경로분석과 요인분석이 결합된 모형

기계학습에서 사용되는 회귀분석은 기초통계에서 배우는 회귀분석에서 다음과 같은 점이 확장된 것입니다. 기계학습을 적용하는 자료는 예측변인의 수가 매우 많다는 특징이 있습니다. 회귀모형에 예측변인의 수가 많을 때의 주요한 문제는 분석 결과가 안정적이지 않다는 것입니다. 이 문제를 과적합(overfitting)이라고 부릅니다. 따라서 기계학습에서의 회귀분석은 과적합에 대처하기 위한 방법에 특화되어 있습니다.

- 변수선택(variable selection): 많은 예측변인 중에서 중요한 변인을 선택해서 예측변인의 수를 줄이는 방법
- 주성분분석(principal component analysis): 많은 예측변인이 지닌 정보를 가능한 많이 보존하는 주성분을 사용함으로써 예측변인의 수를 줄이는 방법
- 정규화(regularization): 안정적인 추정결과를 만들어내는 모수추정방법을 사용하는 방법

제**24**장 상관과 회귀: 중다회귀분석

1 개요

중다회귀분석은 여러 개의 예측변인으로 하나의 종속변인을 예측하기 위한 통계분석 방법이다. 여기서는 중다회귀모형 중 가장 단순한 형태인 두 개의 예측변인을 포함한 모형을 이용하여 중다회귀분석을 설명한다. 단, 하나의 연속형 예측변인과 하나의 범주형 예측변인을 사용한 중다회귀분석을 설명한다.

2 목적

중다회귀분석은 단순회귀분석과 같은 목적으로 사용된다. 종속변인을 예측하고, 모형 적합성을 평가하고, 예측변인의 효과에 대한 가설검정을 할 수 있다. 연구자가 단순회귀분석보다 중다회귀분석을 사용하는 이유는 종속변인에 대한 예측력을 높이기 위해서이다. 연구자가 종속변인을 잘 예측할 것이라고 가정하는 두 개의 예측변인을 측정했다고 하자. 하나의 모형에 두 개의 예측변인을 모두 포함한 중다회귀모형으로 종속변인을 예측하면 개별 예측변인으로 종속변인을 각각 예측할 때보다 잔차가 감소한다.

중다회귀분석에서는 단순회귀분석에서 배운 지식이 유지되지 않는 부분이 있다. 이후에 설명되겠지만 중다회귀분석에서의 지식이 단순회귀분석에서와 같이 유지되지 않는 이유는 예측변인 사이의 상관관계 때문이다. 실제 세계에서 수집된 변인들 가운데 상관관계가 전혀 없는 경우는 드물기 때문에 중다회귀분석을 사용하는 연구자는 결과를 해석할 때 이 점을 유의해야 한다.

3 회귀식

[수식 24-1]은 X_1과 X_2라는 예측변인 두 개로 종속변인을 예측하는 중다회귀모형이다.

$$Y_i = B_0 + B_1 X_{1i} + B_2 X_{2i} + e_i \qquad \cdots\cdots\cdots\cdots \text{[수식 24-1]}$$

Y_i는 i번째 참가자의 종속변인 측정값, X_{1i}과 X_{2i}는 i번째 참가자의 각 예측변인 측정값이다. B_0와 B_1, B_2는 회귀계수이고 e_i는 잔차이다.

중다회귀분석에서 회귀계수는 단순회귀분석에서와 약간 다르게 해석된다. B_0는 절편으로 X_1과 X_2의 수준이 모두 0인 참가자에 대해 모형이 예측하는 값이다. B_1은 X_1의 기울기이다. X_2를 통제(control)했을 때(X_2가 같은 수준인 사람들에서) X_1이 한 단위 증가하면 예측값이 변화하는 양으로 해석된다. B_2는 X_2의 기울기로, X_1을 통제했을 때(X_1이 같은 수준인 사람들에서) X_2가 한 단위 증가하면 예측값이 변화하는 양을 의미한다.

4 예측

한 연구자가 고양이의 성별과 중성화 이전 몸무게를 이용하여 중성화 이후 몸무게를 예측하기 위해서 〈표 24-1〉과 같은 자료를 이용하였다.

〈표 24-1〉 성별, 중성화 이전 몸무게, 중성화 이후 몸무게 원자료

고양이 번호	성별	몸무게: 중성화 이전	몸무게: 중성화 이후	고양이 번호	성별	몸무게: 중성화 이전	몸무게: 중성화 이후
1	남자	5.4	6.0	19	여자	4.3	3.8
2	남자	5.3	4.6	20	여자	4.5	4.7
3	남자	3.7	3.8	21	여자	3.9	3.7

4	남자	4.8	4.3	22	여자	3.0	4.1
5	남자	4.2	4.5	23	여자	2.2	3.3
6	남자	4.3	4.6	24	여자	3.9	4.5
7	남자	4.3	4.3	25	여자	3.2	3.3
8	남자	3.7	4.5	26	여자	2.4	2.5
9	남자	4.0	4.6	27	여자	3.2	4.7
10	남자	4.5	4.3	28	여자	2.7	3.5
11	남자	4.7	5.1	29	여자	2.3	2.9
12	남자	3.6	4.2	30	여자	3.0	4.3
13	남자	2.8	3.8	31	여자	3.7	3.8
14	남자	3.4	4.2	32	여자	1.8	3.4
15	남자	2.7	3.6	33	여자	1.4	3.6
16	남자	1.5	2.9	34	여자	2.4	3.9
17	남자	2.6	4.5	35	여자	3.1	4.3
18	남자	2.8	4.2	36	여자	4.0	4.4

다음 [수식 24-2]는 고양이의 성별과 중성화 이전 몸무게를 이용하여 중성화 이후 몸무게를 예측하기 위한 중다회귀분석의 결과이다.

$$Y_i = 2.450 + 0.186 \times (남자\ 고양이)_i + 0.447 \times (중성화\ 전\ 몸무게)_i + e_i$$

………… [수식 24-2]

회귀분석은 일반적으로 연속형 예측변인과 종속변인의 관계를 파악하기 위해 사용된다. 그런데 우리의 예에는 '성별'이라는 범주형 변인이 예측변인으로 포함되어 있다. 회귀분석에서 범주형 예측변인을 사용하는 경우 그 변인이 양적 의미를 갖는 임의의 숫자로 코딩되어야 회귀식을 도출할 수 있다. 범주형 변인을 수준에 따라서 0과 1로만 코딩하는 방법을 더미코딩(dummy coding)이라고 한다. 고양이의 성별은 남자 고양이와 여자 고양이로 두 수준인데 여기서는 여자 고양이를 0, 남자 고양이를 1로 코딩하였다. 이렇게 코딩하면 회귀계수는 다른 예측변인의 수준이 같을 때 여자 고양이와 남자 고양이의 예측값의 차이로 해석된다. 성별의 회귀계수는 중성화 전 몸무게가 같은 고양이 중 남자 고양이는 여자 고양이보다 중성화 후 몸무게가 0.186kg 더 무거울 것으로 예측할 수 있다는 의미이다. 또한, 중성화 전 몸무게의 회귀계수는 성별이 같은 고양이들에서는 중성화 전 몸무게가 1kg 더 무거워질수록 고양이의 중성화 후 몸무게 예측값이 0.447kg씩 증가한다는 것이다. 우리는 여자 고양이를 0으로 코딩했으므로, 절편은 회귀식에서 여자 고양이 중 중성화 전 몸무게가 0인 고양이가 존재할 수 있다면 그 고양이의 중성화 후 몸무게는 2.450kg일 것으로 예측된다는 것을 의미한다. 중다회귀분석의 회귀계수는 모형에 포함된 다른 예측변인의 수준이 동일하다는 가정을 할 때만 그 의미를 해석할 수 있다.

5 적합성

중다회귀분석도 모형 적합성 지표로서 전체 R^2(overall R^2)과 조정된 R^2(adjusted R^2)을 보고할 수 있다. 전체 R^2은 단순회귀분석에서와 마찬가지로 종속변인의 분산에서 예측값의 분산이 차지하는 비율이다. 그러나 예측변인 수가 하나가 아니므로 더는 예측변인과 종속변인의 단순상관 제곱과 같지 않다.

관찰된 전체 R^2은 추론을 목적으로 사용될 경우, 모집단에서의 R^2을 지나치게 크게 추정하는 경향이 있다. 모집단에서 실제로 예측변인이 종속변인을 전혀 예측하지 못하더라도(즉, $B=0$), 예측변인을 단순히 모형에 포함하는 것만으로 전체 R^2의 크기가 증가할 수 있다. 이렇게 과대추정된 것을 교정하기 위해 조정된 R^2을 계산한다. 조정된 R^2은 모형 간 적합성의 공정한 비교를 위해서 모형에 포함된 예측변인의 수가 증가한 만큼 R^2이 작아지도록 교정한다. 두 적합성 지수는 서로 다른 목적으로 사용된다. 전체 R^2은 적합성에 대한 가설검정을 위한 검정통계량으로 사용되는 반면, 조정된 R^2은 예측변인의 수와 종류가 서로 다른 모형 사이의 적합성을 비교하기 위해 사용된다.

고양이의 성별과 중성화 전 몸무게를 이용하여 중성화 후 몸무게를 예측하기 위한 중다회귀분석의 전체 R^2은 0.550이다. 이것은 성별과 중성화 전 몸무게로 예측된 값의 분산이 종속변인의 분산 중 55.0%를 설명한다는 의미이다. 조정된 R^2은 0.523으로 전체 R^2보다 작아진 것을 확인할 수 있다.

적합성 지수를 이용하여 예측변수의 수가 서로 다른 모형을 비교하기 위해서는 조정된 R^2을 사용한다. 제23장에서 중성화 전 몸무게를 예측변인으로 하는 단순회귀모형의 R^2은 0.533였다. 성별을 예측변인으로 추가한 모형의 적합성은 0.550이므로 중다회귀모형이 더 좋다고 말할 수 있을까? 그렇지 않다. 예측변인의 수가 더 많은 모형은 적은 모형보다 적합성이 예측변인의 수 때문에 더 높을 가능성이 있기 때문에 조정된 R^2을 이용하여 비교한다. 우리 예에서 중다회귀모형의 조정된 R^2인 0.523은 성별을 예측변인으로 추가한 중다회귀모형이 중성화 전 몸무게만으로 중성화 후 몸무게를 예측하는 단순회귀모형에 비해 적합성이 더 좋다고 보기 어려움을 말해 준다.

6 ┆ 추론

1) 회귀계수에 대한 추론

고양이의 성별과 중성화 전 몸무게가 모집단에서도 중성화 후 몸무게를 예측하는지 확인하기 위해 회귀계수에 대한 영가설 검정을 수행할 수 있다. 중다회귀분석의 회귀계수는 다른 예측변인의 효과를 통제한 상태에서의 관련성에 기초하여 종속변인을 예측한다. 영가설과 연구가설을 다음과 같이 기술할 수 있다.

> 영가설(H_0): 모형에 포함된 다른 예측변인의 효과를 통제했을 때, 검정하려는 회기계수가 모집단에서 효과가 없다. $\beta = 0$.
> 연구가설(H_1): 모형에 포함된 다른 예측변인의 효과를 통제했을 때, 검정하려는 회기계수가 모집단에서 효과가 있다. $\beta \neq 0$.

각 회귀계수에 대한 영가설 검정은 회귀계수 추정값을 표준오차로 나누어 산출한 검정통계량 t를 사용하고, 이 검정통계량은 영가설이 참일 때 t 분포를 따른다. 모형이 k개의 예측변인을 포함할 때, t분포의 자유도는 $N-k-1$로 계산된다.

고양이의 성별과 중성화 전 몸무게로 중성화 후 몸무게를 예측하기 위한 중다회귀분석 결과 산출된 회귀계수와 표준오차, 표준화된 회귀계수, t값과 p값을 〈표 24-2〉에 제시하였다.

<표 24-2> 중다회귀분석 결과

	추정값	표준오차	표준화된 추정값	t값	p값
절편	2.450	0.276		8.878	< .0001
성별	0.186	0.166	0.141	1.123	0.270
중성화 이전 몸무게	0.447	0.083	0.678	5.392	< .0001

모든 회귀계수에 대한 영가설 검정을 위한 영가설 분포는 자유도가 $36-2-1=33$인 t분포이다. 성별에 대한 회귀계수의 검정통계량 $t = \dfrac{0.186}{0.166} = 1.123$이고, 이 통계량에 대한 p값은 .270으로 유의수준 .05보다 크므로 영가설을 기각할 수 없다. 따라서 '중성화 전 몸무게의 영향을 통제하면, 성별은 중성화 후 몸무게를 통계적으로 유의하게 예측하지 못한다'고 결론 내릴 수 있다. 중성화 전 몸무게의 회귀계수에 대한 검정통계량 $t = \dfrac{0.447}{0.083} = 5.392$이고, p값은 0.0001보다 작아 영가설을 기각한다. 따라서 '성별이 같은 고양이라면, 고양이의 중성화 전 몸무게가 무거울수록 중성화 후 몸무게가 무거울 것으로 예측된다'고 결론 내릴 수 있다.

중다회귀분석에서 표준화된 회귀계수는 부분상관계수(partial correlation coefficient)라고도 부른다. 표준화된 회귀계수를 보고하는 이유는 이 계수가 측정된 변인의 단위를 모르더라도 효과의 크기를 알려 주기 때문이다. 이 계수는 표준편차 단위에서의 회귀계수로 해석한다. 성별의 효과는 중성화 전 몸무게의 효과를 통제했을 때 중성화 후의 남자 고양이 몸무게가 여자 고양이 몸무게보다 표준편차 단위로 0.141만큼 크다고 해석할 수 있다. 또한, 중성화 전 몸무게의 효과는 같은 성별끼리 비교했을 때, 중성화 전 몸무게가 1 표준편차 증가할 때마다 중성화 후 몸무게가 0.678 표준편차만큼 증가할 것으로 예측한다고 해석할 수 있다.

2) 모형 적합성에 대한 추론

모형 적합성에 대한 유의성 판단을 위해 전체 R^2에 대한 영가설 검정을 수행할 수 있다. 이때의 영가설은 '회귀모형이 설명할 수 있는 종속변인의 변산성이 없다'로 기술될 수 있다. 검정통계량 F는 [수식 24-3]과 같이 기술되고, 이 검정통계량의 검정을 위한 영가설 분포는 분자자유도 k, 분모자유도 $N-K-1$인 F 분포이다.

$$F_{observed} = \frac{R^2/k}{(1-R^2)/(N-k-1)} \sim F_{k, N-k-1} \quad \cdots\cdots\cdots\cdots \text{[수식 24-3]}$$

　고양이의 성별과 중성화 전에 측정한 몸무게로 중성화 후 몸무게를 예측하기 위한 중다회귀분석의 전체 R^2은 0.550, 예측변인의 수 $k = 2$이므로 [수식 24-3]에 의해 검정통계량 $F = 20.17$로 산출된다. 영가설 분포는 $F_{(2,33)}$에서 이 검정통계량에 대한 p값은 .0001보다 작다. 따라서 고양이의 성별과 중성화 전 몸무게로 중성화 후 몸무게를 예측하기 위한 중다회귀모형은 통계적으로 유의하다고 할 수 있다.

　고양이의 성별과 중성화 전 몸무게로 중성화 후 몸무게를 예측하기 위한 중다회귀분석의 결과를 다음과 같이 기술할 수 있다.

중다회귀분석 결과 기술 예시

> 고양이의 성별과 중성화 이전에 측정한 몸무게로 중성화 이후 몸무게를 예측하기 위한 중다회귀분석을 수행한 결과, 회귀모형은 통계적으로 유의한 것으로 나타났으며 고양이의 성별과 중성화 이전 몸무게는 중성화 이후 몸무게 분산의 55.0%를 설명하였다, $R^2 = 0.55$, $F_{2,33} = 20.17$, $p < .0001$. 회귀모형에 따르면 중성화 이전 몸무게의 효과를 통제했을 때 남자 고양이가 여자 고양이보다 중성화 이후 몸무게가 0.186kg 무거울 것으로 예측할 수 있었지만 회귀계수는 통계적으로 유의하지 않았다, $t_{33} = 1.123$, $p = .270$. 또한, 성별의 효과를 통제했을 때, 중성화 이전 몸무게가 1kg 증가하면 중성화 이후 몸무게가 0.447kg 증가할 것으로 예측할 수 있었으며 이 회귀계수는 통계적으로 유의하였다, $t_{33} = 5.392$, $p < .0001$.

Q. 일반 선형 모형: 변량분석과 회귀분석의 관계

우리는 지금까지 변량분석과 회귀분석을 서로 다른 분석으로 다루었습니다. 그렇지만 두 분석은 모두 일반 선형 모형(general linear model)이라는 큰 범주에 속하는 분석방법입니다. 일반 선형 모형은 변인들 사이의 직선적 관계를 파악하는 것을 목적으로 하는 모형들을 일컫는 말입니다. 이 범주 안에서 변량분석은 범주형 독립변인으로 연속형 종속변인을 예측하는 모형이고 회귀분석은 연속형 독립변인으로 연속형 종속변인을 예측하는 모형입니다. 우리가 사용하는 통계 소프트웨어는 두 분석을 수행하기 위해 같은 절차를 거치지만 분석 결과를 다른 방식으로 보여 줄 뿐입니다.

우리가 변량분석과 회귀분석을 별도의 분석 도구로 배우는 것은 역사적인 이유가 큽니다. 변량분석은 1920년대 영국의 통계학자 로널드 피셔(Ronald Aylmer Fisher)가 농작물의 생산량에 영향을 주는 요인들을 연구하기 위해 개발한 방법입니다. 또한, 회귀분석은 비슷한 시기에 역시 영국의 통계학자 칼 피어슨(Karl Pearson)에 의해서 개념이 정립되었습니다. 두 학자는 동시대에 활동하면서 현대 통계학에 큰 공헌을 하였습니다. 하지만 불행히도 두 학자는 수학적으로 같은 개념을 표현하기 위해 각자의 용어를 사용하였습니다. 예를 들면, 측정값의 변산성을 의미하는 용어로 피셔의 변량분석에서는 평균제곱(mean squares)라는 용어를 사용하지만 피어슨의 회귀분석에서는 분산(variance)이라는 용어를 사용합니다.

제25장	범주형 자료분석: 기대비율과의 적합성 검정

1 개요

    제25장과 제26장에서는 범주형 자료에 대한 가설을 검정하는 방법을 다룬다. 범주형 자료 분석을 위한 여러 가지 방법 가운데, 이 책에서는 한 범주형 변인의 모집단 비율에 관한 가설검정 방법과 두 범주형 변인의 관계에 대한 가설검정 방법을 다룬다. 여기서는 한 범주형 변인의 모집단 비율에 관한 가설검정 방법인 이항검정, 단일표본 비율 Z검정, 카이제곱 적합성 검정의 절차와 세 방법 사이의 관계를 설명한다.

2 이항검정

    이항검정(binomial test)은 한 범주형 변인의 가능한 결과 항목이 두 개일 때, 특정 항목이 관찰될 확률에 대한 가설을 검정하기 위해 사용된다. 이항검정은 어떤 결과가 우연히 발생한 것인지를 판단하기 위해서 자주 사용된다. 어떤 동전이 동전 던지기를 했을 때 앞면과 뒷면이 고르게 나오는 공평한 동전인지 알고 싶을 때 또는 누군가 문제를 풀 수 있는 지식이 없음에도 4지선다형의 객관식 문제를 추측으로 맞추었는지를 알고 싶을 때 이항검정을 사용할 수 있다.

    한 연구자가 고양이의 털 무늬가 있는 집단(고등어태비, 치즈태비, 삼색)과 단색인 집단(검은색, 회색, 흰색)의 비율이 모집단에서 5:5로 같은지 확인하기 위해 학교 내 고양이들의 털 무늬를 확인하였다(〈표 25-1〉 참조).

<표 25-1> 털 무늬와 털 무늬 유무 원자료

고양이 번호	털무늬	털무늬 재범주화	고양이 번호	털무늬	털무늬 재범주화	고양이 번호	털무늬	털무늬 재범주화
1	검은색	없음	13	흰색	없음	25	흰색	없음
2	검은색	없음	14	회색	없음	26	검은색	없음
3	치즈태비	있음	15	흰색	없음	27	고등어태비	있음
4	치즈태비	있음	16	회색	없음	28	고등어태비	있음
5	치즈태비	있음	17	회색	없음	29	고등어태비	있음
6	고등어태비	있음	18	고등어태비	있음	30	삼색	있음
7	치즈태비	있음	19	흰색	없음	31	회색	없음
8	고등어태비	있음	20	검은색	없음	32	고등어태비	있음
9	흰색	없음	21	삼색	있음	33	삼색	있음
10	고등어태비	있음	22	삼색	있음	34	삼색	있음
11	검은색	없음	23	삼색	있음	35	고등어태비	있음
12	치즈태비	있음	24	삼색	있음	36	삼색	있음

이항검정에서 두 항목이 관찰될 확률이 같을 것으로 기대한다면 둘 중 하나의 항목의 모비율을 모수로 설정하고, 그 모수를 중심으로 영가설을 기술할 수 있다. 무늬가 있는 고양이의 모집단 비율을 π라고 하면 우리 예에서 영가설은 다음과 같이 기술된다.

> 영가설(H_0): 무늬가 있는 고양이가 관찰될 확률이 0.5와 같다, $\pi = 0.5$.
> 연구가설(H_1): 무늬가 있는 고양이가 관찰될 확률이 0.5와 다르다, $\pi \neq 0.5$.

이항검정은 이항분포를 이용한 가설검정 방법이다. 제10장에서 이항분포에 대해 설명하였다. 이항분포는 시행 수(N)와 특정 사건의 관찰 확률(π)을 모수로 하는 분포이다. 이항검정을 위한 영가설 분포는 시행 수(사례 수)와 모집단 비율에 따라 결정된다. 이항검정에서의 검정통계량은 특정한 시행 수에서 어떤 사건(항목)이 관찰된 빈도 x가 된다.

유의수준과 검정의 방향이 결정된다면 영가설 분포에서 기각값도 결정된다. 검정통계량에 대응되는 p값은 영가설 분포인 이항분포에서 빈도 x보다 극단적인 빈도가 관찰될 확률의 합으로 계산된다.

간단한 예를 사용해서 이항검정의 논리를 살펴보자. 어떤 동전이 공평한지 알고 싶은 연구자가 동전을 세 번 던져서 앞면을 세 번 관찰했다. 동전이 공평하다면 앞면과 뒷면이 관찰될 확률이 같아야 하므로 연구자의 영가설은 '동전의 앞면이 관찰될 모비율(π)은 0.5이다'가 된다. 이때의 영가설 분포는 N이 3, π가 0.5인 이항분포 Binomial(3, 0.5)이다. 〈표 25-2〉에 이항분포의 확률질량함수에 따라 계산된 '동전이 공평할 때(앞면의 모비율이 .5일 때)' 동전을 세 번 던져서 앞면의 수가 영 번, 한 번, 두 번, 세 번 관찰될 확률이 제시되어 있다.

〈표 25-2〉 Binomial(3, 0.5)의 결과에 따른 확률

앞면의 수(x)	경우의 수$\binom{N}{x}$	확률($p(x)$)
0	1	0.125
1	3	0.375
2	3	0.375
3	1	0.125

동전이 공평할 때, 연구자가 관찰한 것과 같이 앞면이 세 번 관찰될 확률은 0.125이다. 연구자의 가설에 모비율이 모수보다 '크다' 또는 '작다'와 같은 방향성이 없다면 양측검정을 사용한다. 양측검정을 사용한다면 세 번 모두 앞면이 나올 확률(0.125)과 세 번 모두 뒷면이 나올 확률(0.125)을 더해서 p값(0.25)을 산출한다. 유의수준이 .05라면, p값이 유의수준보다 크므로 영가설을 기각할 수 없고, 동전이 공평하지 않다는 증거가 부족하다는 결론을 내린다.

우리 예에서 36마리의 고양이 중 22마리는 털 무늬가 있다. 이때, 모비율이 0.5라는 영가설을 검정해 보자. 이 이항검정의 영가설 분포는 Binomial(36, 0.5)이다. [그림 25-1]에 Binomial(36, 0.5)의 확률분포 그래프가 제시되었다. 이항검정은 N이 커질수록 확률을 직접 계산하기 어렵다. 이항분포는 좌우대칭이므로, 36마리 고양이 중 22마리 이상이 무늬가 있는 고양이일 확률은 $P(x=22)$부터 $P(x=36)$까지의 확률을 모두 더한 후에 2를 곱하는 방법으로 p값을 산출할 수 있다. 이렇게 계산한 확률 $p=0.243$이다. 이 확률은 모비율이 0.5라는 영가설이 참이라면 36마리 중 22마리가 무늬 있는 고양이인 것은 흔한 일이라는 것을 의미한다.

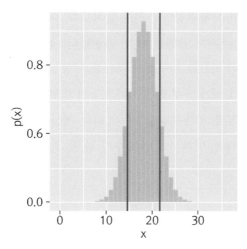

[그림 25-1] Binomial(36, 0.5)의 확률분포 그래프, 초록색 선은 $x=14$와 $x=22$

고양이의 성별이 고르게 분포되어 있는지에 대한 이항검정 결과를 다음과 같이 기술할 수 있다.

이항검정 결과 기술 예시

> 학교 안에 무늬가 있는 고양이와 없는 고양이가 고르게 분포되어 있는지 확인하기 위해 무선적으로 36마리의 학교 고양이를 선택하여 무늬가 있는지 여부를 확인한 결과 22마리가 무늬가 있는 고양이였다. 이항검정을 수행한 결과, 무늬가 있는 고양이와 없는 고양이가 고르게 분포되어 있다고 가정할 때 36마리 고양이 중 22마리 이상이 무늬가 있는 고양이일 확률은 .243으로 나타나 학교 고양이들 중 무늬가 있는 고양이와 단색 고양이의 비율이 다르다고 보기 어려웠다.

3 단일표본 비율 Z검정

이항검정은 이론적으로 예측되는 확률을 정확히 확인하는 방법이다. 다만 시행 수가 많을 때는 p값의 계산이 번거롭다는 단점이 있다. 그러나 이항분포는 시행 수가 커질수록 정규분포에 가까워진다는 특징이 있다. 이 책의 제13장에서 비율에 관한 추론을 다루면서 비율의 표집분포가 정규분포라고 가정할 수 있다는 것을 공부했다. 이 특징을 이용하면

4. 카이제곱 분포와 카이제곱 비율 검정

비율에 대한 Z검정을 사용할 수 있다. 이것을 단일표본 비율 Z검정(one sample proportion Z-test)이라고 한다. 이 검정을 위한 검정통계량은 [수식 25-1]과 같이 정의된다.

$$z = \frac{\hat{p} - \pi_0}{\sqrt{\frac{\pi_0(1-\pi_0)}{N}}}$$ ·········· [수식 25-1]

$\hat{p}$은 전체 시행 중 관심 있는 결과가 관찰된 비율($\hat{p} = \frac{x}{N}$)을 나타내고, π_0은 영가설이 참일 때의 모집단 비율이다. 이 검정통계량 z에 대한 검정을 위해 표준정규분포를 영가설 분포로 이용한다.

우리 예에서, $\hat{p}$은 22/36=0.611이다. π_0는 '무늬가 있는 고양이와 없는 고양이의 비율이 같다'는 영가설이 참일 때의 모집단 비율이므로 0.5이다. 이 값들을 이용하여 계산된 검정통계량은 $z = \frac{0.611 - 0.5}{\sqrt{\frac{0.5 \times (1-0.5)}{36}}} = 1.333$이다. 표준정규분포에서 +1.333보다 크거나 −1.333보다 작은 z값을 관찰할 확률은 0.182이다. 이 값이 단일표본 비율 Z검정의 p값이다.

같은 자료를 이용한 검정이었지만 이항검정과 단일표본 비율 Z검정의 p값이 완전히 일치하지는 않는 것을 발견할 수 있다. 그 이유는 사용한 자료의 사례 수에 있다. 이항분포와 정규분포는 N이 커질수록 유사해지기 때문이다. N이 커질수록 두 검정방법에 따른 p값의 차이는 작아진다. 두 검정방법의 p값이 다르다는 것은 고양이 털 무늬 자료의 사례 수 36이 충분히 크지 않다는 것을 의미하기도 한다. 이 경우에 연구자는 단일표본 비율 Z검정보다 이항검정 결과를 더 신뢰하는 것이 좋겠다.

4 ┃ 카이제곱 분포와 카이제곱 비율 검정

비율 검정을 위해서 카이제곱(chi-squared, χ^2) 분포를 이용할 수 있다. 카이제곱 분포는 자유도에 따라 모양과 위치가 달라지는 이론적 확률분포이다. [그림 25-2]는 자유도에 따라 변화하는 카이제곱 분포의 확률분포 그래프를 보여 준다.

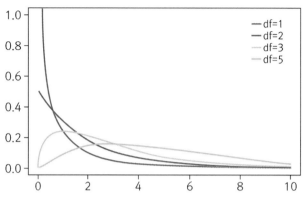

[그림 25-2] 카이제곱 분포의 확률분포 그래프

카이제곱 분포는 Z 분포로부터 자유도만큼의 측정값을 독립적으로 추출하고, 각 측정값들을 제곱한 값을 모두 더한 값이 이론적으로 따를 것이라고 기대되는 확률분포이다. 자유도가 1인 카이제곱 분포는 한 개의 z점수를 제곱한 값의 분포이다. 부록 4에 자유도와 누적확률에 따른 χ^2값이 표로 제시되어 있다.

카이제곱 검정은 카이제곱 분포를 영가설 분포로 이용한다. 이 검정의 검정통계량 χ^2은 단일표본 비율 Z검정의 검정통계량 z를 제곱한 값과 같다. 카이제곱 검정은 제곱한 값을 이용하므로 단측검정을 사용하지만 Z검정의 양측검정 결과와 같다.

비율 검정을 위한 카이제곱 검정의 검정통계량은 [수식 25-2]와 같다. 이 검정통계량은 '모집단에서 관심 항목의 비율이 π_0와 같다'라는 영가설이 참일 때 자유도가 1인 카이제곱 분포 $\chi^2_{(1)}$을 따른다.

$$\chi^2 = \frac{(x - \pi_0 \times N)^2}{N\pi_0(1 - \pi_0)} \sim \chi^2_{(1)} \qquad \cdots\cdots\cdots\cdots \text{[수식 25-2]}$$

학교 안에 무늬가 있는 고양이와 단색 고양이가 고르게 분포되어 있는지 확인하기 위해 선택한 36마리 중 22마리가 무늬가 있는 고양이일 때, 무늬가 있는 고양이의 모비율이 0.5라는 영가설을 검정하기 위해서 카이제곱 검정을 사용할 수 있다. 위에서 이 자료에 대한 Z검정의 검정통계량 $z = 1.333$였다. [수식 25-2]를 이용하여 계산한 카이제곱 검정을 위한 검정통계량은 1.333의 제곱인 $1.778(=\dfrac{(22-0.5\times36)^2}{36\times0.5\times(1-0.5)})$이다. 영가설 분포 $\chi^2_{(1)}$에서 p값은 1.778보다 큰 값을 얻을 확률이 된다. 이 값은 단일표본 비율 Z검정에서의 1.333에 대응되는 p값인 0.182와 같다.

5 카이제곱 적합성 검정

카이제곱 검정은 항목의 수가 두 개보다 많은 범주형 변인에 대한 가설검정을 위해서도 사용될 수 있다. 카이제곱 적합성 검정(chi-squared goodness-of-fit test)은 각 항목의 모비율에 대한 연구자의 가설에 따라 계산되는 기대빈도(expected frequency)와 자료에서 관찰되는 관찰빈도(observed frequency)의 차이(discrepancy)를 검정한다.

학교 내에 다양한 털 무늬를 가진 고양이들이 고르게 분포되어 있는지 알아보기 위해 36마리의 고양이를 선택하여 털 무늬를 확인하였다(〈표 25-4〉 참조).

〈표 25-4〉 털 무늬 원자료

고양이 번호	털 무늬	고양이 번호	털 무늬	고양이 번호	털 무늬
1	검은색	13	흰색	25	흰색
2	검은색	14	회색	26	검은색
3	치즈태비	15	흰색	27	고등어태비
4	치즈태비	16	회색	28	고등어태비
5	치즈태비	17	회색	29	고등어태비
6	고등어태비	18	고등어태비	30	삼색
7	치즈태비	19	흰색	31	회색
8	고등어태비	20	검은색	32	고등어태비
9	흰색	21	삼색	33	삼색
10	고등어태비	22	삼색	34	삼색
11	검은색	23	삼색	35	고등어태비
12	치즈태비	24	삼색	36	삼색

연구자는 학교 내 고양이들의 털 무늬를 검은색, 고등어태비, 삼색, 치즈태비, 회색, 흰색의 여섯 개 항목으로 구분하였고, 각각 16.7%(1/6)의 비율을 차지할 것이라는 가설을 가지고 있다. 카이제곱 적합성 검정에서는 각 항목에서 기대되는 사례의 비율에 따라 계산되는 빈도가 곧 기대빈도이다. 즉, 기대빈도는 '연구자의 가설이 옳다면 기대되는 항목의 빈도'이다. 연구자가 여섯 개 항목에 속하는 고양이들이 16.7%씩으로 고르게 분포할 것으로 기대했다면 여섯 항목에 대해서 기대빈도는 모두 36×0.167=6이 된다. 관찰빈도는 자료에서 관찰된 빈도이므로 우리 예에서는 검은색, 고등어태비, 삼색, 치즈태비, 회색, 흰색의 빈도이고, 각각 5, 9, 8, 5, 4, 5이다.

카이제곱 적합성 검정에서 영가설과 연구가설은 다음과 같이 기술할 수 있다.

영가설(H_0): 모든 항목에서 관찰빈도가 기대빈도와 같다.
연구가설(H_1): 적어도 하나의 항목에서 관찰빈도가 기대빈도와 다르다.

범주형 변인의 항목 수가 J개라면 검정통계량 χ^2은 [수식 25-3]과 같이 정의된다.

$$\chi^2 = \sum_{j=1}^{J} \frac{(O_j - E_j)^2}{E_j} \qquad \text{············ [수식 25-3]}$$

O_j는 j번째 범주의 관찰빈도, E_j는 j번째 범주의 기대빈도이다. 카이제곱은 각 항목에서 관찰빈도와 기대빈도의 차이를 제곱한 값을 기대빈도로 나눈 후 모두 더한 값이다. 다르게 보일 수 있지만, 카이제곱 비율 검정은 카이제곱 적합성 검정의 특별한 경우이다. 항목의 수 $J=2$일 때, [수식 25-3]은 [수식 25-2]로 변환될 수 있다.

카이제곱 적합성 검정의 영가설 분포는 $J-1$의 자유도를 갖는 카이제곱 분포 χ^2_{J-1}이다. 단, 검정통계량은 영가설 분포를 근사적으로 따른다. '근사적으로(approximately)'는 사례 수가 많아질수록 분포의 모양이 이론적 분포와 닮아갈 때 사용하는 표현이다. 따라서 카이제곱 적합성 검정은 모든 범주의 사례 수가 충분히 커야 정확한 검정이 된다.

우리 예에서 검정통계량은 다음과 같이 계산된다.

$$\chi^2 = \frac{(5-6)^2}{6} + \frac{(9-6)^2}{6} + \frac{(8-6)^2}{6} + \frac{(5-6)^2}{6} + \frac{(4-6)^2}{6} + \frac{(5-6)^2}{6}$$

$$= 0.167 + 1.5 + 0.667 + 0.167 + 0.167 + 0.167 = 3.333$$

학교 내 고양이들의 털 무늬를 여섯 가지로 구분했으므로 이 자료는 자유도가 6−1=5 인 카이제곱 분포 $\chi^2_{(5)}$를 영가설 분포로 이용한다. 영가설 분포에서 검정통계량 3.333에 대응되는 p값은 0.649이다. 유의수준이 .05일 때, p값이 유의수준보다 크므로 영가설을 기각하지 못한다. 따라서 모집단에서 검은색, 고등어태비, 삼색, 치즈태비, 회색, 흰색이 각각 16.7%일 때 연구자가 수집한 것과 같은 자료의 빈도를 얻는 것은 드물지 않은 일이 라는 결론을 내릴 수 있다.

학교 내 고양이들의 털 무늬 분포가 고른지 확인하기 위한 카이제곱 적합성 검정의 결 과를 다음과 같이 기술할 수 있다.

카이제곱 적합성 검정 결과 기술 예시

학교 내 고양이들의 털 무늬 분포가 고른지 확인하기 위해 무선적으로 선택한 36마리 고양이의 털 무늬 빈도는 검은색, 고등어태비, 삼색, 치즈태비, 회색, 흰색이 각각 5, 9, 8, 5, 4, 5였다. 카이 제곱 적합성 검정을 수행한 결과 여섯 가지 털 무늬를 가진 고양이의 비율이 모집단에서 동일하 다는 영가설을 기각할 수 없었다, $\chi^2 = 3.333$, $df = 5$, $p = .649$. 따라서 학교 내 고양이들의 털 무늬는 고르게 분포되어 있다고 할 수 있었다.

제**26**장 범주형 자료분석: 두 변인의
독립성 검정

1 개요

두 개의 범주형 변인 간 관계를 검정하기 위해 카이제곱 독립성 검정(chi-squared independence test)을 사용할 수 있다. 여기서는 카이제곱 독립성 검정의 논리와 절차를 소개한다.

2 논리

카이제곱 독립성 검정은 두 범주형 변인의 관계에 대한 가설을 검정하는 방법이다. 영가설과 연구가설을 다음과 같이 기술할 수 있다.

> 영가설(H_0): 두 변인이 서로 독립적일 때 기대되는 기대빈도와 관찰빈도의 차이가 없다.
> 연구가설(H_1): 두 변인이 서로 독립적일 때 기대되는 기대빈도와 관찰빈도의 차이가 있다.

한 연구자가 고양이의 성별과 털 무늬의 관계가 있는지 확인하기 위해 수집한 36마리 고양이의 자료에 대한 교차분할표를 〈표 26-1〉에 제시하였다.

<표 26-1> 교차분할표(빈도)

	검은색	고등어태비	삼색	치즈태비	회색	흰색	합계
남	3	4	0	5	3	3	18
여	2	5	8	0	1	2	18
합계	5	9	8	5	4	5	36

우리는 제8장에서 두 개의 범주형 변인 간 관계를 알아보기 위해 교차분할표를 만들어 조건부 비율을 비교하는 방법을 배웠다. 만약 한 변인의 각 수준에서 다른 변인의 항목별 조건부 비율이 같다면 이것은 '관계 없음'의 증거가 될 수 있다. 두 변인의 관계가 없다면 '두 변인 사이의 관계가 독립적(independent)'이라고 할 수 있다. 카이제곱 독립성 검정은 이 조건부 확률들에 대한 통계적 검정이라고 할 수 있다.

3 절차

두 변인의 항목 수가 각각 R개와 C개일 때, 카이제곱 독립성 검정의 검정통계량은 [수식 26-1]과 같이 정의된다.

$$\chi^2 = \sum_{c=1}^{C} \sum_{r=1}^{R} \frac{(O_{r,c} - E_{r,c})^2}{E_{r,c}} \qquad \cdots\cdots\cdots\cdots [수식 26\text{-}1]$$

$O_{r,c}$는 교차분할표에서 r번째 행과 c번째 열이 만나는 셀의 관찰빈도이고, $E_{r,c}$는 r번째 행과 c번째 열이 만나는 셀의 기대빈도이다. 카이제곱 독립성 검정의 검정통계량은 모든 셀에서 관찰빈도와 기대빈도의 차이를 제곱한 값을 기대빈도로 나눈 후 합산한 값이다.

교차분할표에서 셀 기대빈도는 '두 범주형 변인이 독립일 때 기대되는 셀빈도'이다. [수식 26-2]에 셀 기대빈도를 계산하는 방법을 기술하였다.

$$
\begin{aligned}
\text{기대빈도} &= \text{셀기대비율} \times \text{전체빈도} \\
&= \text{행주변비율} \times \text{열주변비율} \times \text{전체빈도} \\
&= \frac{\text{행주변빈도} \times \text{열주변빈도}}{\text{전체빈도}} \qquad\cdots\cdots\cdots\cdots\text{[수식 26-2]}
\end{aligned}
$$

우리 예에서 남자 고양이의 주변빈도가 18, 털 무늬가 검은색인 고양이의 주변빈도는 5이다. 성별과 털 무늬가 독립이라면, 남자 고양이이면서 털 무늬가 검은색인 고양이의 기대빈도는 두 주변빈도의 곱을 전체빈도로 나눈 값인 $\frac{5 \times 18}{36} = 2.5$이다. 이렇게 계산된 각 셀의 기대빈도가 〈표 26-2〉에 제시되었다.

〈표 26-2〉 기대빈도

	검은색	고등어태비	삼색	치즈태비	회색	흰색	합계
남	$\frac{5 \times 18}{36} = 2.5$	$\frac{9 \times 18}{36} = 4.5$	$\frac{8 \times 18}{36} = 4$	$\frac{5 \times 18}{36} = 2.5$	$\frac{4 \times 18}{36} = 2$	$\frac{5 \times 18}{36} = 2.5$	18
여	$\frac{5 \times 18}{36} = 2.5$	$\frac{9 \times 18}{36} = 4.5$	$\frac{8 \times 18}{36} = 4$	$\frac{5 \times 18}{36} = 2.5$	$\frac{4 \times 18}{36} = 2$	$\frac{5 \times 18}{36} = 2.5$	18
합계	5	9	8	5	4	5	36

우리 예에서 검정통계량은 다음과 같이 계산된다.

$$
\begin{aligned}
\chi^2 &= \frac{(3-2.5)^2}{2.5} + \frac{(4-4.5)^2}{4.5} + \frac{(0-4)^2}{4} + \frac{(5-2.5)^2}{2.5} + \frac{(3-2)^2}{2} + \frac{(3-2.5)^2}{2.5} \\
&\quad + \frac{(2-2.5)^2}{2.5} + \frac{(5-4.5)^2}{4.5} + \frac{(8-4)^2}{4} + \frac{(0-2.5)^2}{2.5} + \frac{(1-2)^2}{2} + \frac{(2-2.5)^2}{2.5} \\
&= 14.511
\end{aligned}
$$

카이제곱 독립성 검정의 검정통계량은 영가설이 참일 때 자유도가 $(R-1)(C-1)$인 카이제곱 분포 $\chi^2_{(R-1)(C-1)}$를 근사적으로 따른다. 우리 예에서 성별의 항목 수는 2, 털 무늬의 항목 수는 6이므로 영가설 분포는 자유도가 $(2-1) \times (6-1) = 5$인 카이제곱 분포이다. 고양이의 성별과 털 무늬의 관련성을 확인하기 위한 카이제곱 독립성 검정의 영가설 분포인 $\chi^2_{(5)}$에서 검정통계량에 대한 p값은 .013이다. 이 값은 유의수준 .05보다 작으므로 영가설을 기각한다. 또한, 우리 예의 검정통계량은 14.511이고 유의수준 .05에서의 기각값은 11.071로 검정통계량이 더 크므로 영가설을 기각한다. 따라서 고양이의 성별과 털 무늬는 관련이 있다고 할 수 있다. 카이제곱 독립성 검정도 점근적인 분포에 의한 검정이므로, 카이제곱 적합성 검정과 마찬가지로 모든 셀의 빈도가 충분할 때 정확한 결과를 얻을 수 있다.

　　고양이의 성별과 털 무늬의 관련성을 확인하기 위한 카이제곱 독립성 검정결과를 다음과 같이 기술할 수 있다.

카이제곱 독립성 검정 결과 예시

고양이의 성별과 털 무늬의 관련성을 알아보기 위해 무선적으로 수집된 학교 내 고양이 36마리의 성별과 털 무늬 빈도를 〈표 15-6〉에 제시하였다. 카이제곱 독립성 검정 결과, 성별과 털 무늬 사이의 관계는 유의수준 .05에서 통계적으로 유의하였다, $\chi^2 = 14.511$, $df = 5$, $p = .013$. 따라서 고양이의 성별과 털 무늬는 관련이 있다고 할 수 있었다.

실습

[Part III 가설검정: jamovi]

실습 1 jamovi 소개, 기술통계

○ 목표: jamovi 프로그램으로 자료를 불러들이고, 변수의 유형을 설정하고, 기술통계량을 산출하며 그래프 그리기

실습 2 t-test

○ 목표: 단일 표본 t검정, 독립표본 t검정, 대응표본 t검정 수행하기

실습 3 ANOVA

○ 목표: 일원변량분석과 이원변량분석 수행하기

실습 4 회귀분석

○ 목표: 단순회귀분석과 중다회귀분석 수행하기

실습 5 이항검정과 카이제곱 검정

○ 목표: 이항검정과 카이제곱 독립성 검정 수행하기

[Part III 가설검정: jamovi]

[실습 1] jamovi 소개, 기술통계

○ 목표: jamovi 프로그램으로 자료를 불러들이고, 변수의 유형을 설정하고, 기술통계량을 산출하며 그래프 그리기

Part III의 실습을 위해서는 jamovi를 사용한다. jamovi는 R처럼 통계분석을 위한 소프트웨어이다. R은 프로그래밍 언어이기 때문에 사용자가 원하는 분석을 하기 위한 자유도가 높지만, 익숙해지는 데까지 시간이 필요하다. jamovi는 사용자가 직접 구문을 쓰는 대신 클릭 몇 번으로 원하는 분석을 할 수 있어서 편리하다. 비슷한 기능을 가진 프로그램으로 SPSS가 있다. SPSS는 상업용 소프트웨어로 개인이 구매해서 사용해야 하지만 jamovi는 무료 소프트웨어이다.

jamovi 설치와 기본화면

jamovi는 두 가지 방법으로 이용할 수 있다. 첫 번째 방법은 jamovi 웹사이트에서 설치파일을 내려받고 컴퓨터에 설치해서 사용하는 것이다(https://www.jamovi.org/download.html). 두 번째 방법은 jamovi 웹사이트에서 로그인 후에 설치 없이 사용하는 것이다(https://www.jamovi.org/cloud.html). 이 책에서는 첫 번째 방법을 사용한다.

jamovi를 설치하고 처음 실행하면 다음과 같은 화면이 보인다. 좌우로 분할된 화면의 왼쪽은 자료를 입력하는 부분이고, 오른쪽은 분석결과가 제시되는 부분이다.

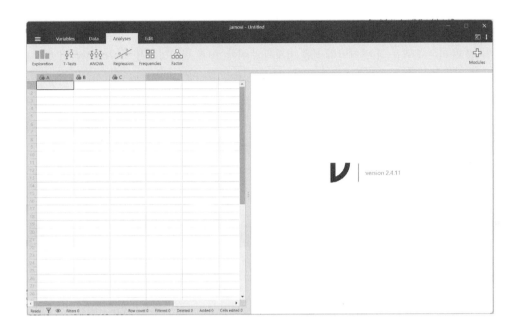

자료를 jamovi로 불러오기 위해서는 화면 왼쪽 위 햄버거 아이콘(≡)을 클릭하고, open 버튼을 눌러서 불러올 자료 파일을 선택한다. 예제파일인 'catweight.txt'를 불러오면 다음과 같이 왼쪽 창에 자료가 입력된다.

변인 특성과 기술통계

자료를 불러온 후에는 각 변인의 특성을 지정해 주어야 한다. 변인의 측정 수준에 따라서 변인을 취급하는 방법이 달라지기 때문이다. 화면 위 'Variables—Edit' 탭을 눌러 변인을 선택하거나 자료 창에서 변인이 입력된 열을 더블클릭하면 변인의 특성을 설정할 수 있다. 'weight1' 변인의 설정 상태를 확인해 보자. 변인의 측정 수준(Measure type)이 연속형(Continuous)으로 되어있는 것을 볼 수 있다. 이 변인은 몸무게이므로 만약 명명척도(Nominal)나 서열척도(Ordinal)로 지정되어 있다면 다음 그림과 같이 연속형 변인으로 바꾸어 준다. 마찬가지로 'weight2' 변인을 선택하여 연속형 변인으로 특성을 바꾸어 준다.

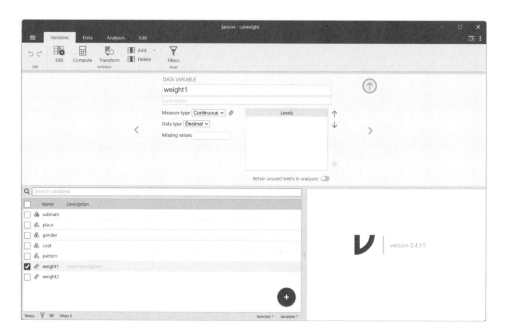

jamovi를 사용해서 변인들의 기술통계를 확인해 보자.

'Analyses → Exploration → Descriptives'를 클릭하면 다음과 같은 화면이 보인다.

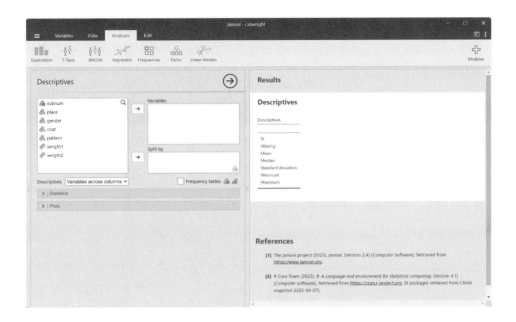

Descriptives라는 제목 아래 왼쪽 박스에 자료의 일곱 개 변인 이름이 나열되어 있다. 기술통계를 구하고자 하는 변인을 선택하여 화살표 오른쪽 'Variables'로 옮기면 그 변인의 기술통계량이 화면 오른쪽 결과 창에 제시된다. 다음 그림은 'weight1' 변인에 대한 기술통계량을 보여 준다.

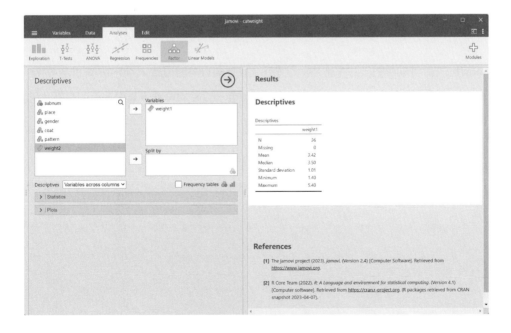

왼쪽 창 아래에 'Statistics'와 'Plots'를 열어 연구자가 확인하고자 하는 통계량과 그래프를 선택할
수 있다. 다음 그림은 'Plot'에서 histogram을 선택했을 때 weight1 변인의 히스토그램이 제시된
것을 보여 준다.

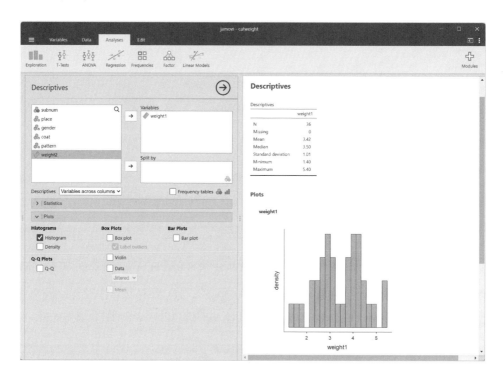

jamovi는 자료 파일과 연구자가 분석을 실행한 결과를 하나의 파일로 저장한다. 화면 왼쪽 위 햄
버거 아이콘을 클릭하고 Save as 버튼을 눌러서 파일을 저장할 경로와 파일 이름을 입력하고 저장
하면 .omv 확장자를 갖는 jamovi 파일이 생성된다.

[실습 2] t-test

○ 목표: 단일 표본 t검정, 독립표본 t검정, 대응표본 t검정 수행하기

단일표본 t검정

단일표본 t검정은 한 연속변인의 모평균에 대한 가설을 검정하기 위해 사용한다. 학교 내 고양이 자료의 중성화 이전 몸무게(weight1)가 4kg과 다른지 검증해 보자.

영가설

학교 내 고양이 자료의 weight1 변인의 모평균은 4kg이다.

절차

'Analyses → T-Tests → One Sample T test'

weight1 변인을 Dependent Variables로 옮긴 후 Hypothesis의 Test value에 4를 입력한다. 추가로 효과크기나 신뢰구간을 체크하면 확인할 수 있다.

다음 그림에는 Effect size를 선택해서 Cohen's d 통계량을 제시하였고, Descriptives를 선택해서 weight1 변인의 기술통계를 제시하였다.

결과

학교 내 고양이 자료의 중성화 이전 몸무게(weight1)의 평균은 3.42kg이며, 이 표본 평균과 4kg의 차이는 통계적으로 유의하다, $t(35)=-3.41$, $p=.002$, Cohen's $d=-0.568$.

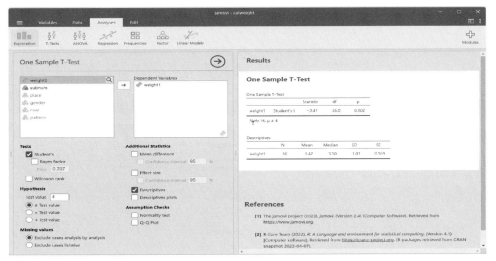

독립표본 t 검정

독립표본 t 검정은 두 집단의 모평균이 같다는 영가설을 검정하기 위해 사용한다. 학교 내 고양이 자료에서 성별(gender)에 따라 중성화 이전 몸무게(weight1)가 다른지 검증해 보자.

영가설

여자 고양이와 남자 고양이의 weight1 변인의 모평균은 같다.

절차

'Analyses → T-Tests → Independent Samples T-test'

weight1을 Dependent Variables로, gender를 Grouping Variable로 옮긴다. 추가로 Effect size와 Descriptives를 선택하면 다음 그림과 같은 결과가 산출된다.

결과

여자 고양이와 남자 고양이의 중성화 이전 몸무게(weight1) 평균은 각각 3.06kg과 3.79kg며, 이 차이는 통계적으로 유의하다, $t(34)=-2.32$, $p=.026$, Cohen's $d=-0.774$.

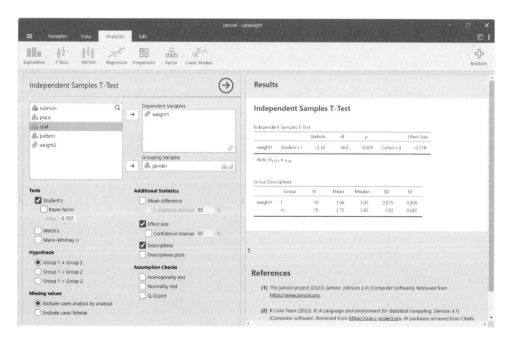

대응표본 t검정

대응표본 t검정은 한 참가자로부터 두 번 측정된 변인의 평균을 비교하기 위해 사용된다. 학교 내 고양이 자료에서 중성화 이전 몸무게(weight1)와 중성화 이후 몸무게(weight2)가 다른지 검증해 보자.

영가설

weight1 변인과 weight2 변인의 모평균은 같다.

절차

'Analyses → T-Tests → Paired Samples T-test'

weight1과 weight2를 Paired Variables로 옮긴다. 추가로 Effect size와 Descriptives를 선택하면 다음 그림과 같은 결과가 산출된다.

결과

중성화 이전 몸무게(weight1)의 평균과 중성화 이후 몸무게(weight2)의 평균은 각각 3.42kg과 4.08kg이고, 이 차이는 통계적으로 유의하다, $t(35)=-5.60$, $p<.001$, Cohen's $d=-0.934$.

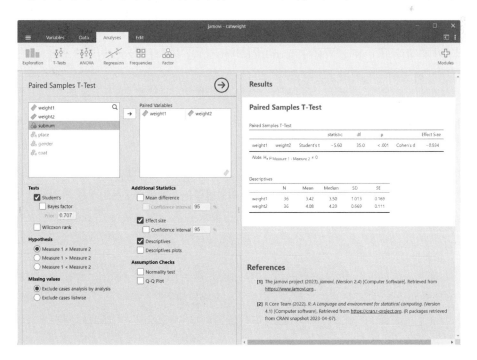

[실습 3] ANOVA

○ 목표: 일원변량분석과 이원변량분석 수행하기

일원변량분석

일원변량분석은 한 독립변인의 여러 수준에 따라 종속변인의 모평균에 차이가 있는지에 대한 가설을 검정하기 위해 사용된다. 학교 내 고양이 자료에서 서식지(place)에 따라 중성화 이전 몸무게(weight1)가 다른지 검증해 보자.

영가설

place 변인의 center 집단, dorm 집단, soc 집단 사이에서 weight1의 모평균은 같다.

절차

'Analyses → ANOVA → One-way ANOVA'

weight1을 Dependent Variables로, place를 Grouping Variable로 설정한다. Variance에서 Assume equal(Fisher's)를 선택하고, Additional Statistics에서 Descriptive table를 선택한다.

결과

서식지가 학생회관(center), 기숙사(dorm), 사회대(soc)인 집단의 평균은 각각 3.47kg, 4.13kg, 2.68kg며, 이 차이는 통계적으로 유의하다, $F(2,33)=8.81$, $p<.001$.

*등분산성을 가정하는 Fisher의 방법 대신 Welch의 방법을 사용하면 어떨까? Welch의 방법을 사용하면, F값, $df2$, p값이 조금 달라진다.

*jamovi의 독립표본 t검정에서도 Welch 검정을 사용할 수 있다. 다만, jamovi에서는 독립표본 t검정에서 등분산성을 가정하는 Student's t를, 일원변량분석에서는 등분산성을 가정하지 않는 Welch's ANOVA를 기본설정으로 사용한다.

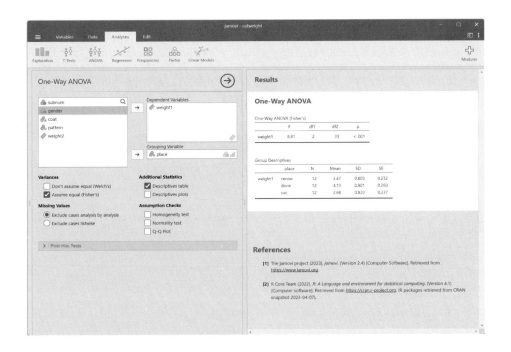

이원변량분석

이원변량분석은 하나의 연속변인의 평균에 대한 두 독립변인의 효과를 알아보기 위해 사용된다. 학교 내 고양이 자료에서 서식지(place)와 성별(gender)에 따라 중성화 이전 몸무게(weight1)가 다른지 검증해 보자.

영가설

place의 주효과: place의 각 수준에서 weight1의 모평균이 같다.

gender의 주효과: gender의 각 수준에서 weight1의 모평균이 같다.

place와 gender의 상호작용효과: place의 각 수준에서 weight1에 대한 gender의 효과가 같다. (또는, gender의 각 수준에서 weight1에 대한 place의 효과가 같다.)

절차

'Analyses → ANOVA → ANOVA'

weight1를 Dependent Variables로, place와 gender를 Fixed factors로 설정한다. Effect size는 partial η^2를 선택한다.

결과

서식지(place)의 주효과($F(2, 30)=12.38$ $p<.001$, $\eta_p^2=0.452$), 성별(gender)의 주효과($F(1, 30)$ $=9.74$, $p=.004$, $\eta_p^2=0.245$), 서식지(place)와 성별(gender)의 상호작용효과($F(2, 30)=3.32$ $p=.050$, $\eta_p^2=0.181$)가 모두 통계적으로 유의한 것으로 나타났다.

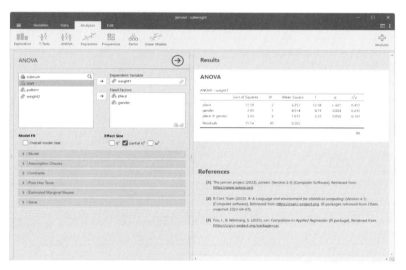

변량분석표는 각 변인의 주효과와 상호작용효과의 통계적 유의성만을 보여 줄 뿐 각 집단의 기술통계에 대해서는 말해 주지 않는다. 따라서 이원변량분석 결과를 보고할 때는 기술통계를 표 또는 그림으로 제시하는 것이 좋다.

독립변인의 주효과와 상호작용효과를 시각화하기

'Analyses → ANOVA → ANOVA'

Estimated Marginal Means에서 place, gender 요인을 모두 Marginal Means로 옮기고, Output에서 Marginal means plots를 선택한다.

해석하기

그래프의 x축은 place이다. center, dorm 수준에서는 gender가 m일 때의 선이 gender가 f일 때의 선에 비해 평균이 높은 것으로 나타났지만 soc 수준에서는 m의 선과 f의 선이 평균 차이를 보이지 않았다. 이것은 성별의 효과가 서식지에 따라 동일하지 않다는 것을 의미한다. 상호작용효과가 나타나면 이처럼 하나의 요인만으로는 종속변인의 평균을 예측할 수 없고, 두 개의 독립변인의 수준이 모두 주어질 때 종속변인의 평균을 예측할 수 있다.

*본문의 [그림 21-1]과는 x축이 달라졌다.

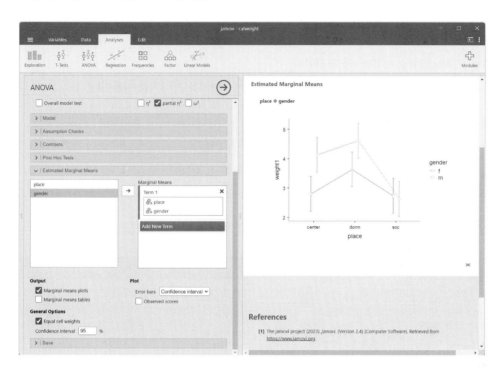

[실습 4] 회귀분석

○ 목표: 단순회귀분석과 중다회귀분석 수행하기

단순회귀분석

단순회귀분석은 하나의 예측변인으로 종속변인을 예측하려는 목적으로 수행된다. 학교 내 고양이의 중성화 이전 몸무게(weight1)를 예측변인으로 사용해서 중성화 이후 몸무게(weight2)를 예측하는 모형을 검정해 보자.

영가설

weight2는 weight1과 관계가 없다(weight1을 이용해서 weight2를 예측할 수 없다).

절차

'Analyses → Regression → Linear Regression'

weight2를 Dependent Variables로, weight1을 Covariates로 설정한다. 그리고 Model Fit → Overall Model test → F test를 체크한다.

*공변량(covariates)은 프로그램에 따라서 연속형 예측변인을 가리키는 이름이다.

결과

중성화 이전 몸무게(weight1)를 이용해서 중성화 이후 몸무게(weight2)를 예측하기 위한 회귀모형은 $\hat{y}=2.425+0.482\times weight1$이며, 통계적으로 유의하다, $R^2=0.533$, $F(1,34)=38.8$, $p<.001$. weight1은 weight2를 통계적으로 유의하게 예측할 수 있다, $b=0.482$, $t=6.23$, $p<.001$. 이 모형은 weight2의 분산 중 53.3%를 설명한다.

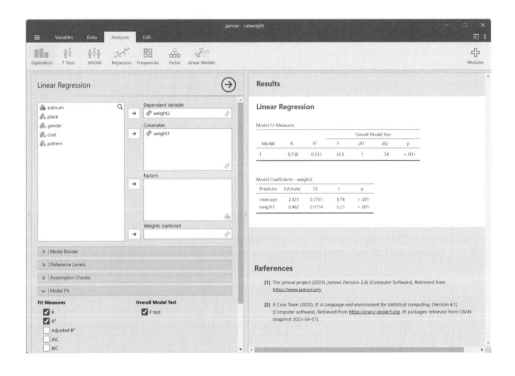

중다회귀분석

중다회귀분석은 두 개 이상의 예측변인으로 종속변인을 예측하기 위한 목적으로 수행된다. 중성화 이전 몸무게(weight1)와 성별(gender)을 사용해서 중성화 이후 몸무게(weight2)를 예측하는 모형을 검정해 보자.

영가설

weight1: gender의 효과를 통제하면, weight1 변인으로 weight2를 예측할 수 없다.
gender: weight1의 효과를 통제하면, gender 변인으로 weight2를 예측할 수 없다.

절차

'Analyses → Regression → Linear Regression'

weight2를 Dependent Variables로, weight1을 Covariates로 설정하고, gender를 Factors에 입력한다. 그리고 Model Fit → Overall Model Test → F test를 클릭한다.

*요인(factors)은 범주형 예측변인을 가리키는 용어로 사용된다.

결과

중성화 이전 몸무게(weight1)와 성별(gender)을 이용해서 중성화 이후 몸무게(weight2)를 예측하기 위한 회귀모형은 $\hat{y}=2.450+0.447\times\text{weight1}+0.186\times\text{gender(m)}$ 이며, 통계적으로 유의하다, $R^2=0.550$, $F(2,33)=20.2$, $p<.001$. gender의 효과를 통제했을 때 weight1은 weight2를 통계적으로 유의하게 예측할 수 있다, $b=0.447$, $t=5.39$, $p<.001$. 또한, weight1의 효과를 통제했을 때 남자 고양이가 여자 고양이에 비해 weight2가 0.186kg 무거울 것으로 예측할 수 있으나 이 차이는 통계적으로 유의하지 않다. $b=0.186$, $t=1.12$, $p=0.270$. 이 모형은 weight2의 변량 중 55.0%를 설명한다.

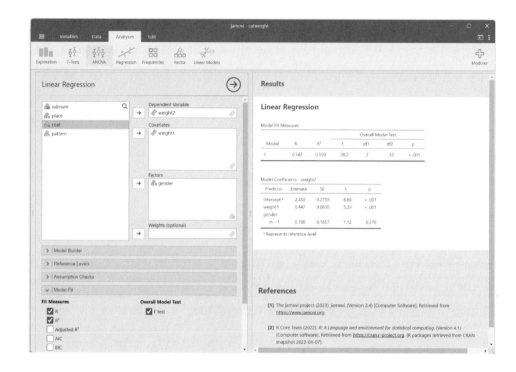

[실습 5] 이항검정과 카이제곱 검정

○ 목표: 이항검정과 카이제곱 독립성 검정 수행하기

이항검정

이항검정은 두 범주를 가진 범주형 변인에서 비율에 관한 가설을 검정하기 위해 사용된다. 학교 내 고양이 자료에서 털 무늬가 있는 고양이의 모비율이 0.5라는 영가설을 검정해 보자.

영가설

털 무늬가 있는 고양이의 모비율이 0.5이다.

절차

'Analyses → Frequencies → 2 Outcomes: Binomial Test'

pattern 변인을 분석 창으로 옮기고 Test value에 0.5를 입력한다.

결과

털 무늬가 있는 고양이는 전체 36마리 중 22마리로 비율은 0.611이었는데 이 비율은 0.5와 통계적으로 유의한 차이를 보이지 않는다, $p=.243$. (.243은 $N=36$, $p=0.5$인 이항분포에서 x가 22 또는 그보다 큰 값들의 확률을 모두 더한 후 2를 곱한 값이다.)

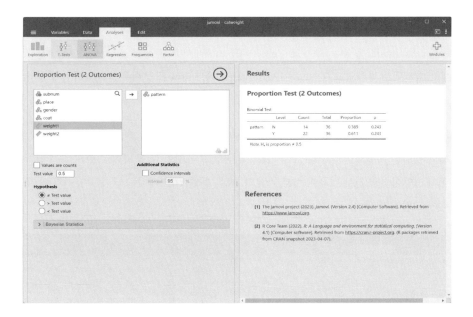

카이제곱 독립성 검정

카이제곱 독립성 검정은 두 범주형 변인의 관계에 대한 가설을 검정하기 위해 사용된다. 학교 내 고양이 자료에서의 성별(gender)과 털 무늬(coat)의 관계를 검정해 보자.

영가설

gender와 coat는 관계가 없다.

절차

'Analyses → Frequencies → Independent Samples: χ^2 test of association'
관계를 검정하려는 두 변인을 각각 Rows와 Columns로 옮긴다. 여기서는 coat를 Rows로, gender를 Columns로 옮겼다. 추가로 'Cells → Counts'에서 Expected counts를 선택하면 교차분할표에 기대빈도가 제공되고, 'Cells → Percentages'에서 Row를 선택하면 coat의 수준별 gender의 조건부 비율이 제공된다.

결과

털 무늬와 성별은 독립적이지 않다, $\chi^2 = 14.5$, $df = 5$, $p = .013$. 털 무늬의 수준에 따라 남자 고양이와 여자 고양이의 조건부 비율이 서로 다르다. 예를 들면, 치즈태비는 남자 고양이가 많지만, 삼색은 여자 고양이가 많다.

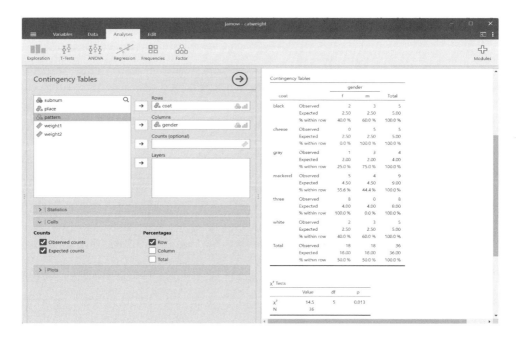

[부록 1] 표준정규분포표

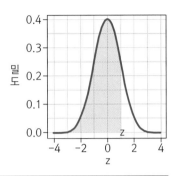

z	0	1	2	3	4	5	6	7	8	9
0.0	0.500	0.504	0.508	0.512	0.516	0.520	0.524	0.528	0.532	0.536
0.1	0.540	0.544	0.548	0.552	0.556	0.560	0.564	0.567	0.571	0.575
0.2	0.579	0.583	0.587	0.591	0.595	0.599	0.603	0.606	0.610	0.614
0.3	0.618	0.622	0.626	0.629	0.633	0.637	0.641	0.644	0.648	0.652
0.4	0.655	0.659	0.663	0.666	0.670	0.674	0.677	0.681	0.684	0.688
0.5	0.691	0.695	0.698	0.702	0.705	0.709	0.712	0.716	0.719	0.722
0.6	0.726	0.729	0.732	0.736	0.739	0.742	0.745	0.749	0.752	0.755
0.7	0.758	0.761	0.764	0.767	0.770	0.773	0.776	0.779	0.782	0.785
0.8	0.788	0.791	0.794	0.797	0.800	0.802	0.805	0.808	0.811	0.813
0.9	0.816	0.819	0.821	0.824	0.826	0.829	0.831	0.834	0.836	0.839
1.0	0.841	0.844	0.846	0.848	0.851	0.853	0.855	0.858	0.860	0.862
1.1	0.864	0.867	0.869	0.871	0.873	0.875	0.877	0.879	0.881	0.883
1.2	0.885	0.887	0.889	0.891	0.893	0.894	0.896	0.898	0.900	0.901
1.3	0.903	0.905	0.907	0.908	0.910	0.911	0.913	0.915	0.916	0.918
1.4	0.919	0.921	0.922	0.924	0.925	0.926	0.928	0.929	0.931	0.932
1.5	0.933	0.934	0.936	0.937	0.938	0.939	0.941	0.942	0.943	0.944
1.6	0.945	0.946	0.947	0.948	0.949	0.951	0.952	0.953	0.954	0.954
1.7	0.955	0.956	0.957	0.958	0.959	0.960	0.961	0.962	0.962	0.963
1.8	0.964	0.965	0.966	0.966	0.967	0.968	0.969	0.969	0.970	0.971
1.9	0.971	0.972	0.973	0.973	0.974	0.974	0.975	0.976	0.976	0.977
2.0	0.977	0.978	0.978	0.979	0.979	0.980	0.980	0.981	0.981	0.982
2.1	0.982	0.983	0.983	0.983	0.984	0.984	0.985	0.985	0.985	0.986
2.2	0.986	0.986	0.987	0.987	0.987	0.988	0.988	0.988	0.989	0.989
2.3	0.989	0.990	0.990	0.990	0.990	0.991	0.991	0.991	0.991	0.992
2.4	0.992	0.992	0.992	0.992	0.993	0.993	0.993	0.993	0.993	0.994
2.5	0.994	0.994	0.994	0.994	0.994	0.995	0.995	0.995	0.995	0.995
2.6	0.995	0.995	0.996	0.996	0.996	0.996	0.996	0.996	0.996	0.996
2.7	0.997	0.997	0.997	0.997	0.997	0.997	0.997	0.997	0.997	0.997
2.8	0.997	0.998	0.998	0.998	0.998	0.998	0.998	0.998	0.998	0.998
2.9	0.998	0.998	0.998	0.998	0.998	0.998	0.998	0.999	0.999	0.999

활용법

[부록 1]의 표준정규분포표에는 0부터 +2.99까지 각 z값에 대한 누적확률이 제시되어 있다. 표의 제목 열(첫 번째 열)에는 일의 자리와 소수점 첫째 자리까지의 숫자가, 제목 행(첫 번째 행)에는 소수점 둘째 자리 숫자가 있다. 원하는 z값을 나타내는 열과 행이 만나는 곳의 누적확률이 그 z값보다 작은 값을 가지는 사례의 비율이다.

예시

z값 1.96보다 작은 값을 가지는 사례의 비율(z값 1.96에 대한 누적확률)은 0.975이다.
표준정규분포의 전체 면적은 1이므로 z값 1.96보다 큰 값을 가지는 사례의 비율은 1−0.975=0.025이다.
표준정규분포는 좌우대칭이므로 −1.96보다 작거나 1.96보다 큰 사례의 비율은 각각 0.025이다.
따라서 ±1.96보다 극단적인 값을 가지는 사례의 비율은 .05이다.

[부록 2] t 분포표

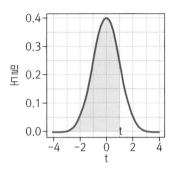

df	누적확률					
	0.9	0.95	0.975	0.99	0.995	0.999
1	3.078	6.314	12.706	31.821	63.657	318.309
2	1.886	2.92	4.303	6.965	9.925	22.327
3	1.638	2.353	3.182	4.541	5.841	10.215
4	1.533	2.132	2.776	3.747	4.604	7.173
5	1.476	2.015	2.571	3.365	4.032	5.893
6	1.440	1.943	2.447	3.143	3.707	5.208
7	1.415	1.895	2.365	2.998	3.499	4.785
8	1.397	1.860	2.306	2.896	3.355	4.501
9	1.383	1.833	2.262	2.821	3.250	4.297
10	1.372	1.812	2.228	2.764	3.169	4.144
11	1.363	1.796	2.201	2.718	3.106	4.025
12	1.356	1.782	2.179	2.681	3.055	3.930
13	1.350	1.771	2.160	2.650	3.012	3.852
14	1.345	1.761	2.145	2.624	2.977	3.787
15	1.341	1.753	2.131	2.602	2.947	3.733
16	1.337	1.746	2.120	2.583	2.921	3.686
17	1.333	1.740	2.110	2.567	2.898	3.646
18	1.330	1.734	2.101	2.552	2.878	3.610
19	1.328	1.729	2.093	2.539	2.861	3.579
20	1.325	1.725	2.086	2.528	2.845	3.552
21	1.323	1.721	2.080	2.518	2.831	3.527
22	1.321	1.717	2.074	2.508	2.819	3.505
23	1.319	1.714	2.069	2.500	2.807	3.485
24	1.318	1.711	2.064	2.492	2.797	3.467
25	1.316	1.708	2.060	2.485	2.787	3.45
26	1.315	1.706	2.056	2.479	2.779	3.435
27	1.314	1.703	2.052	2.473	2.771	3.421
28	1.313	1.701	2.048	2.467	2.763	3.408
29	1.311	1.699	2.045	2.462	2.756	3.396
30	1.310	1.697	2.042	2.457	2.750	3.385
40	1.303	1.684	2.021	2.423	2.704	3.307
50	1.299	1.676	2.009	2.403	2.678	3.261
60	1.296	1.671	2.000	2.390	2.660	3.232
70	1.294	1.667	1.994	2.381	2.648	3.211
80	1.292	1.664	1.990	2.374	2.639	3.195
90	1.291	1.662	1.987	2.368	2.632	3.183
100	1.290	1.660	1.984	2.364	2.626	3.174
∞	1.282	1.645	1.960	2.326	2.576	3.090

활용법

[부록 2]의 t 분포표에는 자유도와 누적확률에 따른 t값이 제시되어 있다. 표의 제목 열(첫 번째 열)에는 자유도, 제목 행(첫 번째 행)에는 누적확률이 있다. 확인해야 하는 t 분포의 자유도와 사용하려는 유의수준을 확인하여 자유도와 (1-유의수준)이 만나는 곳의 t값을 찾으면 그 값이 기각값이다. 단, 첫 행에는 누적확률이 제시되어 있으므로 양측검정을 위해서는 자유도와 (1-유의수준/2)이 만나는 곳의 t값을 기각값으로 이용해야 한다.

예시

자유도가 15인 t 분포에서 유의수준이 .05일 때 양측검정의 기각값은 ± 2.131이다(누적확률 0.975).

자유도가 15인 t 분포에서 유의수준이 .05일 때 단측검정의 기각값은 $+1.753$(또는 -1.753)이다 (누적확률 0.95).

자유도가 15인 t 분포에서 유의수준이 .01일 때 양측검정의 기각값은 ± 2.947이다(누적확률 0.995).

[부록 3] F 분포표: 95% 누적확률

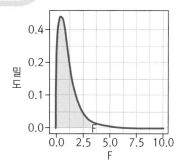

df2	df1									
	1	2	3	4	5	6	7	8	9	10
1	161.45	199.50	215.71	224.58	230.16	233.99	236.77	238.883	240.54	241.88
2	18.513	19.000	19.164	19.247	19.296	19.330	19.353	19.371	19.385	19.396
3	10.128	9.552	9.277	9.117	9.013	8.941	8.887	8.845	8.812	8.786
4	7.709	6.944	6.591	6.388	6.256	6.163	6.094	6.041	5.999	5.964
5	6.608	5.786	5.409	5.192	5.050	4.950	4.876	4.818	4.772	4.735
6	5.987	5.143	4.757	4.534	4.387	4.284	4.207	4.147	4.099	4.060
7	5.591	4.737	4.347	4.120	3.972	3.866	3.787	3.726	3.677	3.637
8	5.318	4.459	4.066	3.838	3.687	3.581	3.500	3.438	3.388	3.347
9	5.117	4.256	3.863	3.633	3.482	3.374	3.293	3.230	3.179	3.137
10	4.965	4.103	3.708	3.478	3.326	3.217	3.135	3.072	3.020	2.978
11	4.844	3.982	3.587	3.357	3.204	3.095	3.012	2.948	2.896	2.854
12	4.747	3.885	3.490	3.259	3.106	2.996	2.913	2.849	2.796	2.753
13	4.667	3.806	3.411	3.179	3.025	2.915	2.832	2.767	2.714	2.671
14	4.600	3.739	3.344	3.112	2.958	2.848	2.764	2.699	2.646	2.602
15	4.543	3.682	3.287	3.056	2.901	2.790	2.707	2.641	2.588	2.544
16	4.494	3.634	3.239	3.007	2.852	2.741	2.657	2.591	2.538	2.494
17	4.451	3.592	3.197	2.965	2.810	2.699	2.614	2.548	2.494	2.450
18	4.414	3.555	3.160	2.928	2.773	2.661	2.577	2.510	2.456	2.412
19	4.381	3.522	3.127	2.895	2.740	2.628	2.544	2.477	2.423	2.378
20	4.351	3.493	3.098	2.866	2.711	2.599	2.514	2.447	2.393	2.348
21	4.325	3.467	3.072	2.840	2.685	2.573	2.488	2.420	2.366	2.321
22	4.301	3.443	3.049	2.817	2.661	2.549	2.464	2.397	2.342	2.297
23	4.279	3.422	3.028	2.796	2.640	2.528	2.442	2.375	2.320	2.275
24	4.260	3.403	3.009	2.776	2.621	2.508	2.423	2.355	2.300	2.255
25	4.242	3.385	2.991	2.759	2.603	2.490	2.405	2.337	2.282	2.236
26	4.225	3.369	2.975	2.743	2.587	2.474	2.388	2.321	2.265	2.220
27	4.210	3.354	2.960	2.728	2.572	2.459	2.373	2.305	2.250	2.204
28	4.196	3.340	2.947	2.714	2.558	2.445	2.359	2.291	2.236	2.190
29	4.183	3.328	2.934	2.701	2.545	2.432	2.346	2.278	2.223	2.177
30	4.171	3.316	2.922	2.690	2.534	2.421	2.334	2.266	2.211	2.165
40	4.085	3.232	2.839	2.606	2.449	2.336	2.249	2.180	2.124	2.077
50	4.034	3.183	2.790	2.557	2.400	2.286	2.199	2.130	2.073	2.026
60	4.001	3.150	2.758	2.525	2.368	2.254	2.167	2.097	2.040	1.993
70	3.978	3.128	2.736	2.503	2.346	2.231	2.143	2.074	2.017	1.969
80	3.960	3.111	2.719	2.486	2.329	2.214	2.126	2.056	1.999	1.951
90	3.947	3.098	2.706	2.473	2.316	2.201	2.113	2.043	1.986	1.938
100	3.936	3.087	2.696	2.463	2.305	2.191	2.103	2.032	1.975	1.927
∞	3.841	2.996	2.605	2.372	2.214	2.099	2.010	1.938	1.880	1.831

df1: 분자자유도, df2: 분모자유도

활용법

[부록 3]의 F 분포표에는 자유도에 따른 누적확률 95%의 F값이 제시되어 있다. 표의 제목 열(첫 번째 열)에는 분모 자유도, 제목 행(첫 번째 행)에는 분자 자유도가 있다. 확인해야 하는 F 분포의 자유도 두 개가 만나는 곳의 F값이 유의수준 .05에서의 기각값이다.

예시

분자 자유도가 2, 분모 자유도가 30인 F 분포에서 유의수준이 .05일 때의 기각값은 3.316이다.

[부록 4] χ^2 분포표

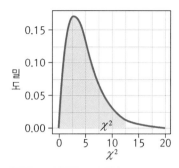

df	누적확률					
	0.9	0.95	0.975	0.99	0.995	0.999
1	2.706	3.841	5.024	6.635	7.879	10.828
2	4.605	5.991	7.378	9.210	10.597	13.816
3	6.251	7.815	9.348	11.345	12.838	16.266
4	7.779	9.488	11.143	13.277	14.860	18.467
5	9.236	11.070	12.833	15.086	16.750	20.515
6	10.645	12.592	14.449	16.812	18.548	22.458
7	12.017	14.067	16.013	18.475	20.278	24.322
8	13.362	15.507	17.535	20.090	21.955	26.124
9	14.684	16.919	19.023	21.666	23.589	27.877
10	15.987	18.307	20.483	23.209	25.188	29.588
11	17.275	19.675	21.920	24.725	26.757	31.264
12	18.549	21.026	23.337	26.217	28.300	32.909
13	19.812	22.362	24.736	27.688	29.819	34.528
14	21.064	23.685	26.119	29.141	31.319	36.123
15	22.307	24.996	27.488	30.578	32.801	37.697
16	23.542	26.296	28.845	32.000	34.267	39.252
17	24.769	27.587	30.191	33.409	35.718	40.790
18	25.989	28.869	31.526	34.805	37.156	42.312
19	27.204	30.144	32.852	36.191	38.582	43.820
20	28.412	31.410	34.170	37.566	39.997	45.315
21	29.615	32.671	35.479	38.932	41.401	46.797
22	30.813	33.924	36.781	40.289	42.796	48.268
23	32.007	35.172	38.076	41.638	44.181	49.728
24	33.196	36.415	39.364	42.980	45.559	51.179
25	34.382	37.652	40.646	44.314	46.928	52.620
26	35.563	38.885	41.923	45.642	48.290	54.052
27	36.741	40.113	43.195	46.963	49.645	55.476
28	37.916	41.337	44.461	48.278	50.993	56.892
29	39.087	42.557	45.722	49.588	52.336	58.301
30	40.256	43.773	46.979	50.892	53.672	59.703
40	51.805	55.758	59.342	63.691	66.766	73.402
50	63.167	67.505	71.420	76.154	79.490	86.661
60	74.397	79.082	83.298	88.379	91.952	99.607
70	85.527	90.531	95.023	100.425	104.215	112.317
80	96.578	101.879	106.629	112.329	116.321	124.839
90	107.565	113.145	118.136	124.116	128.299	137.208
100	118.498	124.342	129.561	135.807	140.169	149.449

활용법

[부록 4]의 χ^2 분포표에는 자유도와 누적확률에 따른 χ^2값이 제시되어 있다. 표의 제목 열(첫 번째 열)에는 자유도, 제목 행(첫 번째 행)에는 누적확률이 있다. 확인해야 하는 χ^2분포의 자유도와 사용하려는 유의수준을 확인하여 자유도와 (1−유의수준)이 만나는 곳의 χ^2값을 찾으면 그 값이 기각값이다.

예시

자유도가 3인 χ^2분포에서 유의수준이 .05일 때 기각값은 7.815이다.

❖ 참고문헌 ❖

이정모 (1992). 통계적 분석−추론 실험 설계의 개념적 기초. 성균관대학교 산업심리학(미발간). https://m.blog.naver.com/metapsy/40203131664. 2024.3.1. 자료 받음.

Bakker, M. & Wicherts, J. M. (2011). The (mis)reporting of statistical results in psychology journals. *Behavior Research Methods, 43*, 666−678.

Cassidy, S. A., Dimova, R., Giguere, B., Spence, J. R., & Stanley, D. J. (2019). Failing grade: 89% of introduction-to-psychology textbooks that define or explain statistical significance do so incorrectly. *Advances in Methods and Practices in Psychological Science, 2*(3), 233−239.

Cohen, J. (1988). *Statistical power analysis for the behavioral sciences* (2nd ed.), Erlbaum.

Fisher, R. A. (1935). *The design of experiments*. Oliver and Boyd.

Haller, H. & Krauss, S. (2002). Misinterpretations of significance: A problem students share with their teachers? *Methods of Psychological Research, 7*(1), 1−20.

Stevens, S. S. (1946). On the theory of scales of measurement. *Science, 103*, 677−680.

Wasserstein, R. L., & Lazar, N. A. (2016). The ASA statement on p−values: context, process, and purpose. *The American Statistician, 70*(2), 129−133.

❖ 찾아보기 ❖

저자 소개

한유화(Han, Yuhwa)

충북대학교 심리학과를 졸업하고 동 대학원에서 심리학 박사학위를 받았다. 학위 과정에서는 박광배 교수의 지도 아래 연구방법론을 공부하고 법심리학 분야의 연구를 수행하였다. 현재까지 충북대학교 심리학과에서 강사로 재직하면서 '심리통계' '변량분석과 회귀분석' '고급측정이론' '다차원척도법' 등의 방법론 과목과 '법심리학' 과목을 맡아 강의해 왔다. 또한, 국민참여재판제도 및 배심원의 의사결정 기준과 관련 요인들에 관심을 가지고 연구하고 있으며 이 과정에서 필요한 자료의 속성 및 연구방법에 관한 연구에도 관심을 가지고 있다.

이우열(Lee, Wooyeol)

연세대학교 심리학과를 졸업하고 Vanderbilt 대학교의 Quantitative Methods 프로그램에서 박사학위를 받았다. 현재는 충북대학교 심리학과에서 학부생과 대학원생을 대상으로 연구방법론과 심리측정, 심리학 연구를 위한 통계모형들을 가르치고 있다. 심리학 연구 과정에서 발생할 수 있는 방법론적 문제에 대해 논의하고, 경험적 연구자들에게 적절한 분석도구를 제공하는 데 관심이 있다.

웹사이트 https://sites. google.com/view/wooyeollee

누구나 쉽게 따라 할 수 있는

심리통계
Easy for Anyone to Follow
Psychological Statistics

2024년 10월 20일 1판 1쇄 인쇄
2024년 10월 30일 1판 1쇄 발행

지은이 • 한유화 · 이우열
펴낸이 • 김진환
펴낸곳 • (주) **학지사**

　　　　　04031 서울특별시 마포구 양화로 15길 20 마인드월드빌딩
대 표 전 화 • 02)330-5114　　팩스 • 02)324-2345
등 록 번 호 • 제313-2006-000265호

홈 페 이 지 • http://www.hakjisa.co.kr
인스타그램 • https://www.instagram.com/hakjisabook

ISBN 978-89-997-3258-4　93180

정가 20,000원

출판미디어기업 **학지사**

간호보건의학출판 **학지사메디컬** www.hakjisamd.co.kr
심리검사연구소 **인싸이트** www.inpsyt.co.kr
학술논문서비스 **뉴논문** www.newnonmun.com
교육연수원 **카운피아** www.counpia.com
대학교재전자책플랫폼 **캠퍼스북** www.campusbook.co.kr